Neurocuídate

SARA TELLER

Neurocuídate

Edición de Francesc Miralles

Prólogo de Sonia Fernández-Vidal

AGUILAR

Penguin
Random House
Grupo Editorial

Primera edición: septiembre de 2023

Ilustraciones interiores de Sofía Sánchez Martín
Edición a cargo de Francesc Miralles

Printed in Spain – Impreso en España

ISBN: 978-84-03-52402-6
Depósito legal: B-12.103-2023

Compuesto en Mirakel Studio, S. L. U.

Impreso en Black Print CPI Ibérica S. L.
Sant Andreu de la Barca (Barcelona)

AG 2 4 0 2 6

Por aquellos que marcharon y por los que están por llegar.
Adiós, Mario. Tu esencia siempre formará parte de mí.
Hola, futura hija. Aún no tienes nombre,
no te conozco, pero ya cuentas con todo mi amor.

ÍNDICE

PRÓLOGO DE SONIA FERNÁNDEZ-VIDAL 9

1. EL AMOR, EL SEXO Y OTRAS DROGAS 13
2. PLACER Y DESEO 38
3. DEL MIEDO A LA RESILIENCIA 68
4. REDES SOCIALES Y CEREBRO SOCIAL 104
5. EL ALIENTO DE LA VIDA 135
6. UN *SPA* SOBRE LOS HOMBROS 159
7. EJERCICIO FÍSICO Y YOGA 191
8. NUTRIR BIEN EL CEREBRO 218
9. DORMIR PARA ESTAR DESPIERTOS 259
10. EL CEREBRO EXITOSO Y CREATIVO 299
11. CONSCIENCIA Y SENTIDO DEL «YO» 336

AGRADECIMIENTOS 377
BIBLIOGRAFÍA Y REFERENCIAS 379

PRÓLOGO
EL VIAJE MÁS FASCINANTE

En los distintos campos de la exploración científica, pocas fronteras del conocimiento despiertan tanta fascinación como el funcionamiento del cerebro humano. Tal vez por ello muchos investigadores lo consideran la estructura más compleja y misteriosa del universo.

El actual auge de la neurociencia responde a ese interés, ya que dentro de este extraordinario órgano reside la esencia de nuestros pensamientos, emociones y experiencias. El mismo Buda decía, hace dos milenios y medio: «Somos lo que pensamos. Todo lo que somos surge de nuestros pensamientos. Con nuestros pensamientos construimos el mundo».

Si nuestro mundo y nuestra vida dependen de cómo usamos el cerebro, merece la pena que indaguemos en las profundas conexiones que hay entre la mente, el cuerpo y todo lo que lo rodea.

A través de las páginas de este libro emprenderemos el viaje más emocionante que puede hacerse: el que nos lleva a los secretos de la mente y a las profundas implicaciones que tiene para nuestras vidas.

De la mano de la joven neurocientífica y divulgadora, la doctora Sara Teller, este libro es una invitación a hacernos toda clase de preguntas y a responder muchas de ellas a medida que nos adentramos en los reinos ilimitados del cerebro.

Lo que aprenderás en *Neurocuídate* tendrá implicaciones directas en la calidad de tu vida, aumentando tu comprensión de cómo piensas, sientes y vives. Conocer nuestro cerebro nos permite, al mismo tiempo, comprender mejor a los demás y apreciar la interconexión de todas las cosas, lo cual nos vuelve más reflexivos y espirituales.

En ese sentido, la neurociencia es una puerta abierta a la autoconciencia, al crecimiento personal y al bienestar.

Adentrarte en las complejidades de la mente te permitirá introducir pequeños y grandes cambios para moldear tu forma de vivir. A medida que te familiarices con tus procesos cognitivos, descubrirás claves que explican tus hábitos, tus reacciones, los momentos de euforia y los de apatía o desilusión.

Escrito de manera amena y práctica, este libro nos muestra el enorme potencial del cerebro y su plasticidad, además de exponer sus debilidades y algunos procesos poco adaptados a los tiempos de ahora, los cuales son clave para poder entendernos mejor.

Conocer nuestro cerebro y cómo cuidar de él te invita a expandir sus límites. Esta sabiduría nos ayuda no solo a salvaguardar nuestra salud mental, sino también a desplegar el potencial de transformación que reside dentro de nosotros.

Con capítulos que abarcan del deseo y la sexualidad a los enigmas de la conciencia, así como nuestra capacidad de fluir y ser felices con nuestro trabajo y nuestra vida, este viaje te dará una nueva visión sobre todo lo que te sucede por dentro, que al mismo tiempo explica lo que te pasa por fuera.

El propósito de estas páginas es ver cómo, desde la neurociencia, puedes entender y transformar tu vida cotidiana y tu relación con los demás.

Sara Teller ha elaborado un libro muy completo y divulgativo que nos invita a ir más allá de lo que creemos saber del cerebro, y que contempla la delicada danza entre la genética, el ambiente y los hábitos, es decir, entre nuestra biología, el entorno en el que hemos crecido y nuestra voluntad de dirigir nuestra vida —a través de nuestra mente— en una u otra dirección.

Deseo que este libro te sirva de guía para hacerte amiga de tu mente y, desde una mayor comprensión, te ayude a tomar las decisiones necesarias para una vida más armónica y saludable contigo, con los demás y con el mundo que te rodea.

En tus manos tienes una obra llena de explicaciones clarificadoras, curiosidades, claves prácticas y conexiones hacia otras áreas de conocimiento. Convertirte en exploradora de tu propio cerebro te permitirá vivir con más conciencia, sabiduría y felicidad.

¡Disfruta del viaje!

DRA. SONIA FERNÁNDEZ-VIDAL

1
EL AMOR, EL SEXO Y OTRAS DROGAS

Qué sucede en el cerebro durante el deseo sexual, el enamoramiento y el amor a largo plazo

Tengo que confesar algo. Cuando empecé a interesarme por cómo funcionaba el cerebro, hacia los diecisiete años, me dio mucha rabia escuchar lo de que solo podemos estar enamorados un máximo de *tres años.*

Pensé: ¿En serio? ¿Y estos neurocientíficos cómo lo saben? Es más, ¿cómo se atreven a soltar semejante barbaridad? Este cálculo fue popularizado en 2003 por el novelista francés Frédéric Beigbeder, que, en *El amor dura tres años,* disecciona así el amor:

1. En el primer año, la relación es novedosa y excitante. Al estar enamorados no vemos los defectos de la otra persona.
2. El segundo año la pasión mengua. Hay menos sexo, aunque no se considera grave, y la comunicación se vuelve más escasa. ¿Se habrán agotado los temas de los que hablar?
3. El tercer año surgen los problemas de fondo de la pareja y en muchos casos desemboca en una ruptura o en apatía conformista.

Esto sucede según este autor francés, que es más optimista que otros muchos, porque algunos investigadores reducen el tiempo a un año o incluso a unos pocos meses.

Pero volvamos a lo de los tres años. Mi personita romántica de diecisiete años se dijo que esto podía sentenciar el enamoramiento. Quizá el solo hecho de saber que el enamoramiento dura poco ya nos condiciona para que no dure, ¿no? Es lo que en psicología se llama *profecía autocumplida*.

Dos décadas después, como licenciada en Física y doctora en Neurociencia puedo entender estos cálculos y ver qué hay de verdad absoluta o relativa en ellos.

Para empezar, debemos comprender la diferencia entre el deseo sexual, el enamoramiento y el amor de largo recorrido. En este capítulo vamos a abordar estas diferentes fases según una gran experta en el estudio del amor en el cerebro: la antropóloga y bióloga Helen Fisher.

Estas tres fases no se tienen por qué dar todas ni de manera secuencial —el juego del amor no es ciencia exacta—, aunque yo las expondré según el orden típico en el que se suelen experimentar. ¡Vamos allá!

1.ª Fase: deseo sexual

Aunque como mujer me cueste admitirlo, al sentir deseo sexual básicamente interviene la testosterona. Esta hormona sexual que suele ir asociada a la masculinidad es la que despierta el apetito sexual tanto en hombres como en mujeres.

La cuestión es que *ellos tienen un nivel de testosterona de veinte a cuarenta veces mayor que nosotras*, lo cual podría explicar muchas cosas.

El 90 % de esta hormona se segrega en ellos en los testículos, y en nosotras en los ovarios (y glándulas suprarrenales). Además de estimular el deseo, en ellos es responsable de aspectos físicos que relacionamos con lo masculino, como el vello facial, el aumento de la masa muscular y una voz grave.

Por regla general, las mujeres presentan los niveles más altos de testosterona entre el día doce y el catorce del ciclo menstrual. A nivel biológico tiene mucho sentido, ya que se corresponden con la ovulación, cuando la mujer tiene más probabilidades de quedarse embarazada, así que tener una libido alta esos días favorecerá la reproducción.

UNA VIAGRA FEMENINA

¿Sabías que se llegó a elaborar una viagra femenina hecha con testosterona? Sí. Los investigadores de Procter & Gamble (fabricantes de la colonia Old Spice y de los pañales Pampers) aplicaron un gel de testosterona a la piel de varias mujeres y comprobaron que estas aumentaron sus relaciones sexuales. El problema fue que a algunas de ellas les creció vello facial, se les puso la voz grave y presentaron calvicie de patrón masculino, así que el gel de «viagra femenina» nunca fue aprobado por la Administración de Alimentos y Medicamentos (FDA, por sus siglas en inglés) de Estados Unidos.

La clave de los estrógenos

No está del todo claro el papel de los estrógenos en el deseo sexual. Estas hormonas, al igual que la testosterona, están presentes tanto en hombres como en mujeres, pero en este caso nosotras somos las que las tenemos en mayor proporción, normalmente el doble.

Algunos estudios han demostrado que el aumento de estrógenos favorece el aumento de dopamina, un neurotransmisor que facilita el encuentro sexual. Además, como más adelante veremos, la testosterona y la dopamina también están muy relacionadas.

Los estrógenos desempeñan un papel esencial en la buena salud del tejido genital femenino, que es clave para una respuesta sexual satisfactoria. Vamos, que puedes dar las gracias a tus estrógenos por mantener tu aparato genital femenino en forma para darte placer.

¿Qué, cómo? Pues, por ejemplo, una falta de estrógenos va asociada a una mayor sequedad vaginal, lo cual dificulta las relaciones sexuales. En cambio, cuando estamos en nuestro pico de estrógenos —durante la ovulación—, nuestra piel y cabello lucen mucho mejor, así por no hablar de nuestro humor (no, no es un mito, aunque tampoco es como se pinta, varía en intensidad en la manera de manifestarse según la mujer).

Esto es así porque una subida de estrógenos favorece la producción de neurotransmisores como la dopamina, la serotonina e incluso la noradrenalina y las endorfinas. Esta inyección liberada en el cerebro nos aporta bienestar, felicidad, motivación e incluso concentración.

CÓMO AUMENTAR NUESTRO NIVEL DE TESTOSTERONA

- Tomar un suplemento de cinc ha demostrado ser efectivo en el aumento del nivel de esta hormona sexual.
- Reducir la grasa corporal a la vez que realizamos ejercicio físico, además de una dieta rica en nutrientes. Es decir, cambiar grasa por músculo.

- Suprimir el consumo de alcohol, gran enemigo de la testosterona.
- Dormir suficientes horas. Los estudios demuestran que menos de seis horas diarias hacen caer los niveles de esta hormona.
- Disminuir el estrés, otro gran enemigo de la testosterona. Para ello hay que evitar llenar la agenda y dejar de preocuparnos excesivamente por las cosas. Un poco de dieta digital y no hacer pronósticos puede ayudar.

Así que, de manera directa e indirecta, los estrógenos nos predisponen física y mentalmente para el encuentro sexual y nos ayudan a tener una respuesta sexual satisfactoria.

Si eres hombre, tampoco te escapas de los grandes efectos de los estrógenos, ya que estos se encargan de regular la producción de espermatozoides y la función eréctil nada menos.

Como dato curioso, en las ratas se ha visto cómo los estrógenos y la progesterona, una hormona producida por los ovarios, inducen la llamada postura de *lordosis*. Es cuando la hembra arquea la espalda, propulsando el trasero hacia atrás, lo cual informa al macho de que está receptiva sexualmente.

Algunas mujeres también adoptan esta postura cuando les entran las ganas.

La regulación del hipotálamo

Puede que ahora te preguntes: ¿Y por qué te estoy hablando de hormonas cuando esto es un libro sobre el cerebro?

Pues porque estas hormonas son generadas gracias al *hipotálamo*, la parte del cerebro que regula el funcionamiento del sistema nervioso y la actividad de la *hipófisis*, una glándula del tamaño de un guisante que segrega numerosas hormonas.

El hipotálamo da una orden a la hipófisis, que producirá las hormonas sexuales en los ovarios y los testículos.

Por consiguiente, el área que más se activa en el cerebro cuando una persona siente deseo sexual es el hipotálamo. Pero no creáis que el hipotálamo se dedica solo a regular la conducta sexual, también participa en funciones vitales como la sed, el hambre, la respiración, la presión sanguínea o los latidos del corazón. El hipotálamo viene a ser la centralita que se ocupa de que el cuerpo mantenga su equilibrio biológico, también llamado *homeostasis*.

Cuando tienes mucha hambre o sed, cualquier alimento o bebida satisfará esas ganas y algo parecido sucede cuando una persona siente un impulso sexual inducido por la testosterona. Desde un punto de vista puramente biológico, lo que se desea es tener relaciones sexuales, y poco importaría la persona. La cuestión es satisfacer esas ganas.

En el momento en que siento la necesidad de tener sexo, debo ponerme en movimiento para buscar esa recompensa. Y en esto la dopamina (uno de los neurotransmisores de los que hablamos antes) desempeña un papel fundamental. Gracias a ella se motiva la acción (tener sexo) para llegar a la homeostasis, tras la satisfacción del impulso natural.

Por eso, si se incrementan la testosterona y el estrógeno, aumenta también la dopamina que te ayudará a satisfacer esa necesidad.

La psicología del deseo

Sin embargo, aunque es importante, el efecto de las hormonas en el deseo sexual no lo es todo. ¿O acaso tú sientes las mismas ganas tanto si tienes un buen día como un mal día? ¿No ves reducida tu libido cuando sufres mucho estrés?

No somos solo un cóctel bioquímico. Nuestro deseo sexual varía también según las circunstancias sociales, según nuestros pensamientos, creencias, estilo de vida…

Hay muchas regiones corticales y subcorticales que inciden en los estímulos sexuales y esto afectará al deseo. Sí, no somos solo animales, tenemos una parte pensante de nuestra mente que nos condiciona, que procesa los estímulos y situaciones sexuales, los interpreta y valora. A partir de ahí decidimos.

Eso sucede tanto en hombres como en mujeres. Y no sabemos en qué proporción actúa frente al apetito sexual impulsado básicamente por la testosterona.

Un ejemplo claro de cómo nuestra psique se impone al cuerpo es que muchas mujeres posmenopáusicas aumentan el interés sexual al tomar estrógenos, pero una importante proporción no lo hace.

Las hormonas no lo son todo. Tu estado anímico, tus creencias, tu dieta..., hay muchísimos factores que influirán en tu deseo. Y, por supuesto, la persona que tengas delante.

Ah, y te cuento: resulta que varios estudios demuestran que no es cierto que los hombres sean más sexuales que las mujeres, como dice el tópico. Quizá ellos sienten más excitación a causa del mayor nivel de testosterona, pero, según muestran las estadísticas, las mujeres tienen más relaciones sexuales que ellos.

¿Qué pasa en el cerebro cuando llegamos al orgasmo?

Se produce una fiesta en él. ¡De verdad! Si cuando sentimos amor podemos llegar a activar diecinueve áreas del cerebro, al llegar al orgasmo se activan unas treinta. Es la actividad que más partes del cerebro despierta.

Curioso, ¿verdad?

Solo hay una parte que no se suma a la fiesta (y menos mal): la corteza orbitofrontal lateral. Por un rato, al apagarse esta parte, dejamos de pensar en cómo tenemos que comportarnos, en nuestras preocupaciones cotidianas.

Quizá por eso, un estudio muy famoso titulado *Un cerebro que divaga es un cerebro infeliz* vio que el momento en el que nos sentimos más presentes es cuando disfrutamos de la actividad sexual.

Durante el orgasmo se produce dopamina (se activa el sistema de recompensa del cerebro, sentimos más excitación y motivación), oxitocina (si estoy en contacto con la persona se libera esta neuroquímica que nos hace sentirnos a gusto y en confianza), endorfinas y encefalinas (opiáceos naturales que se liberan en el cerebro y nos hacen sentir placer, gozo y bienestar).

Todo este cóctel neuroquímico quizá explique por qué alguna gente con mucho estrés o ansiedad dice que a veces necesita sexo para relajarse.

Al finalizar el orgasmo entra en escena la hormona prolactina, que se encargará de disminuir el deseo sexual. Es curioso: al ser la reducción del deseo más rápida en las mujeres (entre cinco y diez segundos), también somos mucho más rápidas en volvernos a activar.

2.ª Fase: el enamoramiento

Dicen que el objetivo del deseo sexual es motivarnos a buscar la unión sexual, pero, si lo pensamos en términos de reproducción, es el enamoramiento el que hace que esta prospere.

Si no existe un mecanismo en mi cerebro que me haga parar y fijarme en una sola persona, nunca voy a comprometerme tanto como para acabar teniendo descendencia. Lo gracioso y paradójico es que, como pronto veremos, este mecanismo necesita anular partes de la razón para funcionar.

Así pues, tenemos que dejar de pensar para caer en las redes del amor. Y la primera culpable de que eso ocurra es nuestra querida dopamina.

Cuando nos enamoramos, la dopamina es quien toma el control de nuestro cerebro. Estar enamorada o desear estar con la persona amada hace que se libere en mi cerebro esta sustancia neuroquímica que crea un estado de euforia, de chute de energía, a veces incluso de dependencia, porque queremos pasar todo el tiempo al lado de la otra persona.

La dopamina se libera gracias a la activación del *circuito de recompensa* del cerebro. De hecho, sería correcta la popular expresión de que el amor es como una droga, ya que las partes del cerebro que se activan cuando alguien es adicto, por ejemplo, a la cocaína, son las mismas que cuando estamos enamorados: el denominado *núcleo accumbens* que forma parte del circuito de recompensa.

Cuando estás con tu pareja, además, también liberas endorfinas que, como vimos, te hacen sentir gozo y bienestar.

Un experimento revelador

La antropóloga y bióloga Helen Fisher llevó a cabo el siguiente experimento para ver qué partes del cerebro son responsables del enamoramiento. Cada participante tenía que llevar dos fotografías: una de su persona amada y otra de una persona neutra, es decir, de alguien que no le produjera impacto emocional. Antes de pasar al escáner de resonancia magnética funcional, les daba un cuestionario para medir el grado de enamoramiento.

Una de las preguntas de este test era: «¿Cuántas veces al día piensas en tu persona amada?».

Una vez dentro del escáner, se les enseñaba la foto de la persona amada. Después, para que no influyera en el remanente de emociones que había despertado la primera foto en el cerebro, se les enseñaba un número y se les pedía restar de siete en siete este número hasta que aparecía la foto neutra. Los científicos capturaban lo que la imagen neutra les despertaba, y luego volvían a ver en pantalla otro número al que tenían que volver a restar siete cifras. Finalmente se les mostraba de nuevo la primera foto.

Gracias a este experimento, se vio cómo en las personas enamoradas se activa el sistema de recompensa y motivación del cerebro. Los investigadores prestaron especial atención al área tegmental ventral (ATV), donde se libera la dopamina cada vez que este circuito se ve activado. Es entonces cuando se focaliza la atención, por eso todo nos parece curioso de la persona amada. Al mismo tiempo, tenemos más energía y podemos experimentar sentimientos de euforia e incluso de obsesión.

En el mismo experimento se estudió también el llamado *núcleo caudado* (dentro del núcleo estriado), que pone la atención en la recompensa y te mueve para conseguirla. Contribuye a dirigir el movimiento corporal, el control de la excitación sexual, las sensaciones de placer y la motivación para extraer las recompensas que subjetivamente creemos que necesitamos. En concreto, la dopamina que se libera durante este proceso es la que nos ayudará a detectar la recompensa y nos generará la motivación para conseguirla. Por ejemplo, el núcleo caudado es el que nos motivará a meternos en Tinder o salir a la discoteca a ligar, si lo que buscamos es el placer sexual.

Hay partes del cerebro, en cambio, que no se activan o que decrecen mucho su actividad en el enamoramiento: la amígdala y la corteza prefrontal.

Una amígdala menos activa hará que no tengamos miedo de conocer al otro, ganaremos en confianza y seremos capaces de asumir más riesgos. Quizá por eso se dice que cuando estamos enamorados hacemos más locuras.

Por su parte, la corteza prefrontal es la parte del cerebro que nos ayuda a concentrarnos, a tomar decisiones de manera más racional, la que pone el juicio y regula nuestra conducta.

El hecho de que no nos funcione bien cuando nos enamoramos es el causante de la expresión «el amor es ciego». No sé si te ha pasado alguna vez que te has enamorado de alguien y que todos tus amigos/as te han dicho «¿Adónde vas? ¿Qué le ves a ese tío/a?». Y tú no entiendes nada, ya que todo te parece perfecto en él o ella. Claro, esto es porque, sin la corteza prefrontal se borra el juicio. Solo al cabo de los meses, cuando el efecto de la droga decae, es decir, cuando nuestro sistema de recompensa frente al mismo estímulo se va desensibilizando, empezamos a producir menos dopamina. Es entonces cuando el cerebro recobra poco a poco su actividad normal hasta que la venda se nos cae de los ojos.

Según la doctora Helen Fisher, esto ocurre entre los doce y los quince meses. Y, en parte, menos mal que no dura más, porque el enamoramiento puede ser muy intenso y vivir drogado por el amor puede tener consecuencias fatales, ya que dejas de estar atento a cuanto te rodea. Así que da gracias si tu enamoramiento no ha durado mucho más de un año —la tercera parte de lo que decía Beigbeder—, porque esto aumenta tus probabilidades de supervivencia.

El estrés de estar enamorado

Y, espera, porque aún no te he explicado lo mejor, y es que el cerebro enamorado también libera noradrenalina. ¿Te suena? Es una de esas hormonas que soltamos cuando sentimos estrés. Este incremento de la noradrenalina causa taquicardia, palpitaciones, aumento en la presión sanguínea, hace que te tiemblen las manos, eleva la atención, la excitación sexual y puede causar insomnio.

Estos niveles pueden explicar por qué a veces los enamorados parecen ansiosos y presentan incluso niveles altos de cortisol. Eso ocurre, sobre todo, si la persona de la que estás super enamorada pasa de ti o crees que no te presta suficiente atención para sentirte segura o tranquila.

Como muchos de estos síntomas se perciben en el corazón, tal vez por eso se diga que uno *late* de amor y que el amor se halla ahí y no en el cerebro, quién sabe.

Los niveles elevados de noradrenalina mejoran la capacidad de recordar estímulos nuevos, lo cual puede influir en que el enamorado retenga muchos detalles, incluso los más nimios, acerca de su ser amado, así como todos los momentos que pasó junto a él o ella. ¿No es fascinante?

La noradrenalina sumada a la dopamina hace que la fijación que sientes por esa persona sea muy intensa. En esta vida frenética en la cual vas corriendo de un lado para el otro, que el cerebro te haga parar y prestar atención a una sola cosa es esencial. Creo que, si no funcionara así, la especie humana hoy en día estaría extinguida.

Hemos visto entonces que, cuando nos enamoramos, nos volvemos adictos (dopamina), ansiosos (noradrenalina y cortisol) y resulta que también nos acercamos bastante al TOC (trastorno obsesivo compulsivo), como ahora veremos.

Y es que al enamorarnos bajan nuestros niveles de serotonina, que regula el humor, la memoria, la atención, el sueño, el hambre... De ahí que los enamorados experimenten cambios bruscos de humor y/o pérdida de apetito. Tener niveles bajos de serotonina causa la obsesión que sentimos por la otra persona y hace que no podamos dejar de pensar en ella.

Un seguro de fidelidad

Por último, aunque suene obvio, el enamoramiento causa más deseo sexual. A mayor dopamina, mayor testosterona. ¿Recuerdas que la testosterona era la hormona del apetito sexual? Bien, pues esta hormona desciende en los hombres que están enamorados y, por el contrario, las mujeres elevan sus niveles.

Y tiene su lógica. Se cree que esta disminución de la testosterona en el hombre favorece que este se concentre en la persona amada. Le ayuda a sentir un amor más sentimental e idealista por la persona elegida, mientras que a su vez hace que la mujer quiera tomar mayores riesgos.

La incertidumbre que supone iniciar una nueva relación, por lo tanto, se puede enfrentar mejor gracias al aumento de testosterona. Es como si la biología quisiera, de alguna manera, que los enamorados se asemejaran lo máximo posible durante un breve periodo de tiempo (entre doce y veinticuatro meses).

En referencia a todo esto, seguro que has escuchado que el hombre es más visual y la mujer más mental a la hora de enamorarse. No me gusta esta clase de etiquetas, más aún cuando los estudios al respecto son muy contradictorios entre sí. Sin embargo, aquí voy a hacer una excepción, aunque tampoco quiero que te la creas a pies juntillas.

Algunos estudios muestran que el hombre suele enamorarse de manera más visual, es decir, presentan una mayor actividad en la región cerebral asociada con la integración de estímulos visuales (aunque, contra los tópicos, sobre todo presta atención a la cara) mientras que a la mujer se le activan áreas del cerebro relacionadas con la atención, la memoria y la emoción. Según interpretan algunos científicos, esto es porque la mujer está más interesada en el aspecto romántico del amor o porque tiene que recordar el comportamiento del hombre para saber si será buen padre o marido.

Y eso nos lleva a otra pregunta: ¿Puede ser que, si tenemos mucho sexo con alguien, nos acabemos enamorando de esa persona? Todo es posible y la biología juega a favor de esa idea. ¿Por qué? Pues porque el aumento de los niveles de testosterona puede elevar los niveles de dopamina, noradrenalina y reducir los de serotonina, justo lo que sucede cuando nos enamoramos. Otra cuestión es que ese romance perdure en el tiempo. Ahora veremos qué cambia en el cerebro y qué neurotransmisores son los responsables del *amor verdadero,* que es como solemos referirnos al amor de largo plazo.

3.ª Fase: el amor

Sinceramente, no sabía con qué nombre titular esta etapa. ¿Amor verdadero? ¿Amor duradero? ¿Amor para toda la vida?

Es complicado, ya que cada pareja es un mundo y que dure o que sea verdadero al final lo decide cada cual. Hay gente que lo llama *la etapa del apego o del afecto estable,* aunque el término *apego* se queda corto para mí.

Lo que voy a describir ahora es qué sucede cuando el enamoramiento se apaga y entramos en esa fase de calma en la que vemos a la persona tal y como es, y la aceptamos y queremos así. Ya no siento mariposas en el estómago y quizá no estoy haciéndolo por las esquinas, pero me encuentro a gusto, en equilibrio, asentada y serena con la otra persona. Siento que la otra persona suma a mi vida y me ayuda a seguir creciendo, a seguir madurando.

Para mí eso es amor, así que finalmente decidí denominar esta última etapa *amor.* Así, a secas. Y, ojo, que este amor no necesariamente tiene que venir tras el enamoramiento. De nuevo, cada caso es diferente. Puede ser que hayas empezado una relación con una amistad por la que ya sentías este tipo de amor y no hayas pasado por la fase del enamoramiento, aunque lo más normal es que una cosa lleve a la otra.

Cuando entramos en la fase del amor, la bioquímica de nuestro cerebro vuelve a cambiar. Tanto la dopamina como la noradrenalina disminuyen. La corteza prefrontal recupera su actividad y el hipotálamo se calma, mientras que otras partes del cerebro que todavía no han tenido su momento de protagonismo, como la corteza cingulada anterior (CCA) y la ínsula, muestran más actividad igual que la corteza prefrontal (vuelve el juicio).

Así lo constató la doctora Helen Fisher en sus experimentos. Podía distinguir a la persona que estaba en una relación larga gracias a la actividad de estas partes que nos ayudan a darnos cuenta de lo que sentimos.

¿Será que el amor nos ayuda a saber mejor dónde estamos y de ahí el sentimiento de estabilidad que genera?

No se sabe exactamente. Como lo describe esta autora estadounidense en su libro *¿Por qué amamos?*: «Las regiones cerebrales asociadas a las emociones, la memoria y la atención empiezan a responder de forma diferente. Qué es lo que están haciendo esas partes del cerebro es algo que nadie sabe».

¡Qué pena no saberlo! Con lo que le gusta al cerebro dar respuesta a todo... Pero, en este caso, personalmente prefiero seguir viviendo en la ignorancia. Es bonito que haya cosas sin explicar, más aún cuando hablamos de amor. Me da la sensación de que así sigue viva la magia.

Oxitocina: la hormona del apego

Con todo, voy a romper un poquito esta magia porque, desde el plano neuroquímico, se cree que hay dos sustancias muy presentes en el cerebro de una persona que ama: la oxitocina y la vasopresina. En esta fase de amor maduro, la primera se encuentra en grandes cantidades en las mujeres y la segunda en los hombres. Ambas tienen funciones similares, pero generan acciones diferentes, como ahora veremos, y son fabricadas principalmente por el hipotálamo.

Seguro que has oído hablar mucho de la oxitocina. Se le han dado sobrenombres como *la hormona del abrazo, de la confianza* o *del apego*, ya que se libera cuando estamos en contacto con nuestros seres queridos. Está presente también durante el parto, dando lugar a las contracciones del útero y estimulando las glándulas mamarias para producir la leche materna. También es una hormona muy presente en el vínculo madre-hijo y, como te he contado en la primera parte del capítulo, es liberada al tener un orgasmo. ¡Incluso se da entre perros y amos!

En el orgasmo, los niveles de vasopresina aumentan de forma espectacular en los hombres, así como los de la oxitocina se elevan en las mujeres. Estas hormonas contribuyen a la sensación de unión y cercanía.

Además de calmar nuestro sistema nervioso, la oxitocina también disminuye el cortisol. Quizá por eso las relaciones largas nos dan soporte emocional y nos preparan para enfrentar situaciones estresantes, como pueden ser un parto, la lactancia o la crianza de un niño.

La monogamia de los ratones de pradera

¿Y qué hace la vasopresina? Para explicarte bien su papel, quiero contarte algo acerca de los ratones de la pradera.

La vasopresina es liberada en grandes cantidades por los hombres que llevan años en una relación. Por eso se la denomina a menudo *la hormona de la monogamia*. Y resulta que los ratones de pradera es una de las pocas especies monógamas que existen en el mundo de los mamíferos.

Cuando estos roedores se emparejan, pasan el resto de su vida con su compañero. Incluso cuando la pareja muere, el superviviente mantiene el duelo hasta el final de sus días. ¡Esto es algo difícil de ver incluso en nuestra especie! Basta decir que, en el primer mundo, se rompe una pareja cada cinco minutos.[1]

---

[1] Estadística de Nulidades, Separaciones y Divorcios elaborada por el Instituto Nacional de Estadística de España, 2015.

Y es gracioso, porque se han hecho muchísimos experimentos con estos roedores y con sus parientes promiscuos: los ratones de montaña.

De entrada, se ha visto que los machos de la pradera monógamos presentan abundancia de receptores de vasopresina en el sistema de recompensa del cerebro. Si se les bloquea la liberación de vasopresina en el cerebro, los machos empiezan a copular con una hembra tras otra, y abandonan su pareja si ven que pueden aparearse con una nueva.

Vamos, que sin vasopresina estos ratones se vuelven promiscuos como sus amigos los ratones de montaña.

En estos últimos, los de montaña, los machos promiscuos presentan pocos receptores de vasopresina. Cuando se les inyecta esta hormona, enseguida comienzan a defender el espacio que les rodea frente a otros machos. Y si se les pone delante una hembra, se vuelven inmediatamente posesivos con ella, aunque no se conviertan del todo en monógamos.

Eso sucede quizá porque poseen pocos receptores de vasopresina, así que por mucha hormona que se les inyecte no hará su efecto.

La conclusión de estos experimentos es que un nivel elevado de receptores de vasopresina da origen al celo conyugal, a la defensa territorial y la fidelidad, mientras que un nivel bajo genera una tendencia promiscua. Todo depende de la genética de los animales.

¿Es la monogamia un hecho cultural?

Y ahora estarás pensando: muy bien, pero, en los humanos, ¿qué pasa con este tema? ¿Ser monógamo es algo programado biológicamente o se adquiere a través de la cultura?

El hombre tiene un gran número de receptores de vasopresina, pero el papel de esta se asocia sobre todo con formas de autodefensa adaptativa. Ayudan a actuar ante cualquier peligro que pueda poner en riesgo el hogar y la familia y hace crecer su competitividad frente a otros machos. De hecho, se cree que la vasopresina es también la causante de que las mujeres, al parir, se vuelvan un tanto agresivas cuando se trata de defender a su bebé.

El tema de la monogamia está aún por aclarar, ya que la producción de vasopresina y oxitocina dependen de los niveles de andrógenos. Y aquí la testosterona puede cambiarlo todo.

Hay estudios que muestran una correlación negativa entre estas hormonas del amor y la testosterona. Los altos niveles de testosterona hacen bajar la vasopresina y la oxitocina. Quizá por eso los hombres solteros presentan niveles más altos de testosterona que los hombres casados. Y a medida que el apego del hombre hacia su familia crece, los niveles de testosterona descienden. De hecho, se ha comprobado que cuando un hombre tiene a un bebé en brazos (chute de oxitocina), la testosterona baja.

El bienestar que sentimos al compartir la vida con la persona amada, además de oxitocina y vasopresina, genera serotonina y endorfinas. ¡Un super combo! La serotonina es llamada *la hormona de la felicidad* y las endorfinas, ya lo hemos comentado antes, son opiáceos que hacen decrecer la sensación de dolor a la vez que aumentan los sentimientos de placer y bienestar. Así que es normal que la gente quiera experimentar una y otra vez este cóctel maravilloso a pesar de no tener la certeza de que el amor sea para siempre.

CÓMO AUMENTAR NUESTRO NIVEL DE SEROTONINA Y OTROS BÁLSAMOS NATURALES

- Una fuente segura de estas sustancias químicas para nuestro cerebro es hacer el amor; sin embargo, también se liberan con la práctica de ejercicio.
- Frecuentar la compañía de personas agradables y positivas libera, asimismo, endorfinas y oxitocina, con lo que nos sentiremos bien y en calma.
- Una dieta equilibrada, rica en triptófano (precursor de la serotonina). Puedes encontrarlo en los huevos, el plátano, el aguacate, la leche, en pescados y carnes. También abunda en los cereales integrales. Este ayuda a elevar los niveles de serotonina.
- Los suplementos con omega 3 también pueden ser efectivos.
- El deporte, como ya hemos dicho, y exponernos al sol nos recargará de esta droga natural.
- Conviene evitar las bebidas estimulantes, así como todo aquello que nos produzca estrés.

Cómo mantener la chispa

A su vez, sentirse cómodo y querido por la pareja lleva a tener más y mejor vida sexual, y eso promueve el bienestar físico. Pero, cuidado, porque en exceso también puede producir el efecto contrario.

Por un lado, como vimos, unos valores de oxitocina demasiado altos pueden bajar la testosterona, reduciendo entonces el apetito sexual.

Por otro lado, el aumento de oxitocina puede hacer disminuir también la dopamina y la noradrenalina, sustancias excitantes que contribuyen a que se den esos encuentros sexuales.

Si estas sustancias decaen, probablemente mi motivación para irme a la cama con mi pareja decrecerá, por mucho que tenga el deseo de hacerlo.

¿Qué puedes hacer para no perder la chispa cuando llevas muchos años en pareja? Para mantener viva la llama del amor, necesitamos que la dopamina y la testosterona sigan vivas en nuestros cerebros. La testosterona ya vimos que se incrementa teniendo una vida sexual activa, entre otras cosas. Y la dopamina se puede incrementar de muchas maneras. Por ejemplo, hacer cosas emocionantes y distintas en pareja estimula el amor romántico, ya que la dopamina y la noradrenalina aumentan. ¿Qué tipo de actividades? Eso se lo dejo a tu imaginación.

¿De quién nos enamoramos?

Cuando nos encontramos con alguien nuevo, según las estadísticas, nos fijamos un 55 % en su aspecto físico y su lenguaje corporal, un 38 % en cómo habla y, tristemente, solo un 7 % de nuestra atención va a lo que dice. Todo parece indicar que el físico y el lenguaje corporal son la puerta de entrada del enamoramiento.

Pero, si nos dejaran en una sala llena de personas que nos parecen atractivas, ¿a quién elegiríamos? Según Helen Fisher, elegiríamos a aquellas que coinciden en una lista inconsciente y consciente de lo que buscamos en una pareja, una lista que hemos ido elaborando a lo largo de los años.

El cirujano y doctor en neurociencias, experto en temas amorosos, Eduardo Calixto, afirma que la mujer escoge al hombre a través del olfato y el hombre se deja enamorar si esta le parece atractiva. Según este científico, las féminas detectan así a los hombres con altas probabilidades de tener hijos/as sanos, aunque sean muy diferentes a ellas. Dice que una mujer analiza la capacidad inmunológica de su pareja en tres segundos y es capaz de rechazar su selección, si el futuro padre de sus hijos/as no garantiza la subsistencia biológico-económica y social.

¿Es posible el amor eterno?

Helen Fisher cree que la finalidad evolutiva del amor no es otra que tener la capacidad de tolerarnos durante los años que dura la crianza. No es una visión muy romántica que digamos. Por su parte, Eduardo Calixto sostiene que el amor no dura para siempre de forma natural, sino que es una elección activa y consciente. De hecho, según el autor de *El perfecto cerebro imperfecto*, podemos amar profundamente hasta a siete parejas en la vida. La psiquiatra Marian Rojas Estapé, de fuerte formación cristiana, hace hincapié en la importancia de poner voluntad en la relación para que esta sobreviva.

Cuando leo todo esto, me parece que se trata al amor como si fuera algo trabajoso. Yo, tengo a mi lado a una pareja con la que llevo más de diez años y no considero que tengamos que esforzarnos constantemente para que el amor funcione ni llenarnos de paciencia para hacer de la relación algo llevadero. En mi caso, creo que el amor se da de manera fácil. Quizá porque las sustancias que segregamos en esta fase del amor maduro son, como dice D. Z. Lieberman, autor del libro *Dopamina*, las del aquí y el ahora, las que te hacen disfrutar de los pequeños detalles, de la estabilidad, de lo cotidiano.

Aunque es cierto que la dopamina no puede faltar ni en un nivel individual ni de pareja, si hay demasiada dopamina buscaremos fuera, según este profesor de psiquiatría y ciencias del comportamiento, porque lo que tenemos nunca nos parecerá suficiente.

La dopamina no se consigue exclusivamente a través de la actividad sexual. Mi pareja y yo somos considerados por los amigos como personas inquietas, porque nos gusta ir a eventos, viajar, hacer deporte juntos, descubrir nuevos bares de Barcelona y recorrer todos los senderos posibles de Cataluña.

En mi humilde opinión, para mantener viva la dopamina, aunque estés con alguien, es fundamental que te sientas libre, completa, con tus propias inquietudes, amistades, proyectos, hobbies... Esto fomentará una neuroquímica de felicidad en tu cerebro que, de entrada, ya hace más fácil que estés mejor con tu pareja, y con la gente en general.

Está claro que siempre habrá conflictos, lo raro sería que no los hubiera. Significaría que no hay expresión real de opiniones. Cada uno es diferente, con un cerebro cableado de manera diferente, que piensa y siente diferente. ¡Lo difícil es que nos entendamos! Se trata de tener buena comunicación y saber adaptarse cuando toca.

¿Y qué hay del poliamor?

Existe mucho debate sobre si la monogamia es algo natural, innato, o si ha sido impuesta por la sociedad en la que vivimos. Ya vimos que pocos animales son monógamos (2-5 %). Y está claro que si tuviéramos por naturaleza una tendencia a la monogamia no existiría la infidelidad o el famoso poliamor.

Desde un punto de vista antropológico y social, en todo caso, tiene sentido haber llegado a la monogamia. Básicamente porque es la mejor manera de optimizar los recursos: comida, casa, cuidado de los hijos... Pero ¿y si te dijera que también estamos hablando de recursos cognitivos?

Pues así es. Para que las relaciones de poliamor sobrevivan, se necesita de muchísima comunicación y de un gran esfuerzo de empatizar con el otro. No es nada fácil. Luego súmale todo el tiempo y energía que necesitas de más para aportar calidad a todas tus relaciones. Puede ser muy motivante y enriquecedor, pero también cansará mucho a tu cerebro.

Tal vez por eso las relaciones monógamas siguen siendo, al menos sobre el papel, las más frecuentes.

Hay investigadores que creen que un ser humano es capaz de amar a diferentes personas a la vez, pero siguiendo una jerarquía (la expresión de amor es única para cada persona que queremos). Lo que aún continúa siendo un tema un poco peliagudo del que hablar, ya que no hay muchos estudios al respecto. También combatir los celos puede ser algo costoso en una relación poliamorosa. Tan solo imaginar que nuestra pareja está con otras personas a lo mejor despierta celos de manera innata, animal (igual que le sucede a los monos). Se activan partes del cerebro que muestran miedo a la pérdida (corteza cingulada), y este hace aumentar los niveles de testosterona y cortisol en el cerebro. En muchos casos, esto produce una mayor competitividad y posesividad por estar con la persona amada. Aunque una vez más, gracias a la corteza prefrontal, podemos cambiar nuestras tendencias innatas y creencias monógamas, de tal manera que nos sea posible disfrutar tranquilamente del poliamor.

Los tres ingredientes de la relación estable

Para esta cuestión volvemos a leer al doctor Eduardo Calixto. Este neurocientífico mexicano, experto en temas de amor y conducta humana, explica que, tras la etapa de enamoramiento, el cerebro valora tres requisitos para una relación estable:

1. *Apreciación*. Es obvio que una pareja debe gustarte. El cerebro valora la simetría de la cara e incluso se ha comprobado que los bebés reaccionan más positivamente a un rostro simétrico que a uno desequilibrado. Por sexos, parece ser que la mayoría de las mujeres aprecian la voz grave, los hombros amplios y, en general, los cuerpos

proporcionados. Los varones heterosexuales, por su parte, se fijan en los hombros breves y en la dimensión curvilínea de la mujer.

2. *Inteligencia*. Seas hombre o mujer, necesitas admirar a tu pareja. Sin eso, la relación no se sostendría. Según el doctor Calixto, la inteligencia se manifiesta en el sentido del humor, en la buena conversación y en la ayuda mutua para resolver problemas.
3. *Reconocimiento social*. Aunque parezca poco práctico, nos gusta que nuestra pareja sea atractiva para otros o, por lo menos, que genere admiración en su entorno. Más allá del aspecto físico, las personas que tienen éxito en su profesión nos resultan más deseables, quizá porque vemos el potencial de mejora económica que revierte en beneficio de la pareja y de su posible descendencia.

Eduardo Calixto afirma que si se dan estos tres ingredientes en nuestro compañero o compañera, es más difícil que seamos infieles. A diferencia de la atracción o el enamoramiento, en el amor a largo plazo valoramos coordenadas más racionales y objetivas.

¿Y qué pasa si me dejan?

La desesperación del amor no correspondido cuando uno está enamorado suele asociarse a una caída en picado de los niveles de dopamina. Se siente algo parecido al síndrome de abstinencia, cuando nos quitan aquello a lo que nos hemos vuelto adictos. Por eso se recomienda hacer lo mismo que alguien que deja una droga:

- Evitar por un tiempo los entornos y actividades que relacionamos con esa persona.

- Poner la atención en otros lugares, hacer cosas nuevas y frecuentar otros ambientes.
- Hacer cosas que nos hagan sentir bien, aunque nos falte la motivación: deporte, alimentarnos de forma saludable, no descuidar el aseo...
- Pasar tiempo al aire libre. La luz del sol ha demostrado ser un buen remedio para los amantes decaídos, ya que estimula la glándula pineal que eleva el estado de ánimo.
- Evitar la autocompasión y el anclaje al pasado. Cada vez que te pilles revolcándote en el ayer, vuelve al ahora y procura hacer lo mejor que puedas tu día.
- Hacer planes ilusionantes, por inciertos que sean.

Para cerrar el capítulo y esta tercera sección que hemos llamado *amor*, quiero recordar algo que sabemos que quizá parezca obvio, pero que a menudo queda obviado. *No puedes dar lo que no tienes*, así que no habrá amor saludable si no pasa primero por el amor por ti misma.

Al final los demás nos hacen de espejo y muchas veces vertemos en la pareja nuestras propias frustraciones.

¿Hasta qué punto te quieres? ¿Cómo podrías amarte mejor?

Tanto si quieres una pareja estable, un rollo temporal o una experiencia poliamorosa, si te cuidas y te tratas bien, será más fácil que esta dimensión tan humana te sonría.

Por eso, ser cariñoso contigo mismo no es un acto de egoísmo, sino todo lo contrario, ya que revierte en el bien de todos los demás. ¿Estás dispuesto a ello?

Como decía el poeta irlandés Oscar Wilde, «Amarse a uno mismo es el comienzo de una aventura que dura toda la vida».

2
PLACER Y DESEO

La importancia de comprender su neuroquímica para lograr una vida equilibrada con buenos hábitos

Quiero empezar este capítulo hablando de la diferencia entre gustar y querer, o, lo que es lo mismo, entre placer y deseo. No sé si te has planteado alguna vez que no es lo mismo querer algo a que te guste aquello que deseas.

Por ejemplo, durante mucho tiempo yo quería, más bien soñaba con convertirme en una gran científica, estar en un laboratorio investigando y publicar resultados que cambiaran la vida de las personas. Luego, una vez me metí en esa labor, vi que no me gustaba tanto como creía. Me sentía sola investigando, haciendo un trabajo repetitivo… Para mí, realizar cien experimentos iguales era como pasar un mismo producto por la caja de un súper cien veces. A menudo me sentía frustrada ante los resultados de los experimentos. La parte que me gustaba era la de analizar los resultados, interpretar las gráficas y sacar conclusiones.

Creo que todo científico se da cuenta en un cierto punto de su carrera de que su deseo de cambiar el mundo investigando es bastante utópico. Tu contribución acaba siendo un grano de arena en una playa inmensa. Y eso pasa con todo, a veces deseamos algo porque tenemos una idea utópica al respecto, porque les hace ilusión a las personas de nuestro entorno o porque está bien visto a nivel social.

El otro día coincidí con una profe de yoga recién llegada de la India. Me contaba que, tras muchos años soñando con ello, una vez allí lo había pasado fatal. Venía más cansada y exhausta que cuando se marchó. Hay una explicación científica para esto. La neuroquímica que se desprende en el cerebro cuando deseamos algo y cuando lo disfrutamos es completamente diferente. De alguna manera, ya lo vimos en el primer capítulo del libro: no es lo mismo desear estar con alguien (deseo sexual) que disfrutar al lado de esa persona (amor profundo).

Diferencia entre la neuroquímica del deseo y la del placer

Para entender por qué deseamos, debemos empezar hablando sobre el placer, porque generalmente deseamos aquello que nos genera placer.

Ahora me gustaría que te preguntaras qué cosas te causan placer. La comida y el sexo son dos buenas respuestas. Normalmente las personas disfrutan al realizar estas dos actividades. Y, si te paras a pensar, justo estas dos funciones son necesarias para garantizar nuestra supervivencia y preservar la especie.

El cerebro genera una recompensa inmediata cada vez que haces este tipo de acciones que te ayudan a conseguir un equilibrio homeostático (que te recuerdo que se da cuando las demandas físicas se ven resueltas). Si la experiencia te ha gustado, el cerebro entonces pide más. Hará que quieras repetir esa actividad gracias a la neuroquímica del deseo, en la que la dopamina desempeña el papel principal.

Cuando probamos por primera vez algo y nos gusta, se libera un pico de dopamina en el cerebro. En cambio, si al día siguiente lo volvemos a probar, ya no hay incremento de dopamina en ese momento, sino antes: cuando anticipas que lo vas a disfrutar, ya que sabes que obtendrás placer. Es decir, la dopamina se libera no cuando notas el placer, sino cuando lo deseas. Y ese deseo te impulsa a realizar dicha conducta para buscar la recompensa.

La dopamina, por tanto, la primera vez que pruebas algo que te gusta tiene una función y la segunda vez tiene otra, como ahora veremos. Por ejemplo, la primera vez que tomaste un batido de chocolate, el chute de dopamina permitió que no olvidases ningún detalle referente a aquello que tanto te gustó: dónde me tomé el batido, la marca del chocolate, su precio... La dopamina es muy importante en el proceso de aprendizaje. Todo aquello que despierta tu interés se graba más a fuego en tu memoria gracias a la acción de este neurotransmisor. Cualquier novedad o sorpresa está vinculada a un incremento de dopamina. Cuando algo supera nuestras expectativas, ahí tienes el chute de dopamina.

Deseo y supervivencia

Esto tiene sentido a nivel evolutivo. Imagina a un ancestro tuyo muerto de hambre en la época en la que se alimentaban básicamente de verduras y semillas. Si de repente descubriera un árbol lleno de cierta fruta dulce y madura, supondría un gran tesoro para poder tener reservas energéticas. Cuando nuestro predecesor probara la fruta del árbol, si le pareciera muy sabrosa, su cerebro, gracias a la dopamina, guardaría todos los detalles de esa experiencia en su memoria: la ubicación del lugar, el tipo de árbol, el delicioso sabor de la fruta... ¿Para qué? Pues para recordar cómo volver, para promover sus ganas de comer más de esa fruta, ya que facilitaría su supervivencia.

Esa es la razón de que los alimentos calóricos (grasas y azúcar) sean los que acostumbran a despertarnos más placer. Eran alimentos vitales para la supervivencia de nuestros antepasados. El cerebro se encarga de que, gracias a la liberación de dopamina ante estos alimentos, se despierten nuestras ganas de consumirlos más.

Sin embargo, aunque en el pasado tenía sentido, ahora ya no es así. La mayoría de nosotros vivimos sobrealimentados, sin embargo, la dopamina sigue actuando igual y nos puede ese deseo heredado de nuestros ancestros del que se aprovechan las grandes empresas alimentarias.

La primera función de la dopamina, como ya hemos dicho, es ayudarnos a recordar todos los detalles de algo que nos ha gustado, y normalmente está asociada a funciones básicas para sobrevivir como individuo y como especie, como por ejemplo comer, beber, dormir, mantener relaciones sexuales y sociabilizar. Sin embargo, si hay una segunda función importante de la dopamina (aunque tiene otras muchas), es la de impulsarte a desear más algo que te ha causado placer y así empujarte a buscarlo. La dopamina, con esas ganas de más consigue que nos movamos, nos da la motivación necesaria para conseguir aquello que nos ha gustado. Te anima a actuar, hace que te esfuerces por conseguir lo que deseas.

Si la dopamina pudiera hablar, diría: *¡QUIERO MÁS!*

Por ejemplo, se ha demostrado en experimentos con ratas que, si se suprime la producción de dopamina en el cerebro, los animales dejan de buscar las recompensas que en situaciones normales desearían, como el agua azucarada.

Por el contrario, en varios experimentos se ha visto que, si se inyecta en el cerebro más dopamina, los roedores se esfuerzan mucho más por conseguir aquello que les gusta, su recompensa.

En los seres humanos no se puede realizar este tipo de experimentos, pero, curiosamente, las personas que padecen de Parkinson presentan niveles bajos de dopamina. Y es que otra función de la dopamina es que ayuda al control motor. Así, cuando los pacientes son tratados con L-Dopa (un medicamento que aumenta la dopamina en el cerebro), muestran una motivación compulsiva hacia ciertas actividades placenteras.

DESPERTARES

Un episodio extraordinario en la historia de la L-Dopa es el que contaba el neurólogo y divulgador Oliver Sacks en su libro *Despertares*. En él narra la historia de veinte pacientes ingresados en una institución mental de Nueva York aquejados de encefalitis letárgica, lo que les mantenía en un estado prácticamente vegetativo.

En la década de 1960, el doctor Sacks utilizó la recién aparecida L-Dopa en dosis altas para despertar a unos pacientes que llevaban más de un cuarto de siglo dormidos. El súbito aumento de dopamina en el cerebro los trajo de vuelta a la vida, que había cambiado radicalmente desde la última vez que habían estado conscientes. Tristemente, estos despertares fueron temporales. Llegado un punto, la L-Dopa dejó de hacer efecto y los pacientes regresaron al letargo del que habían sido rescatados.

Awakenings, como se llama el libro en inglés, se publicó en 1973 y se considera un clásico de la literatura médica. En 1990 fue adaptado al cine en una emotiva película con actuaciones magníficas de Robert De Niro y Robin Williams, que interpreta al neurólogo.

DESEAR ES VITAL

Lo que más me sorprendió descubrir acerca de este tema fue que tenemos más partes del cerebro involucradas en sentir deseo que en experimentar placer. Parece ser, por lo tanto, que para el cerebro desear es de vital importancia.

Ciertamente, cuando nos encontramos en un mal estado físico y mental, los niveles de dopamina pueden reducirse de forma notable. Cuando esto sucede, las personas pierden las ganas de vivir y se deprimen. Por el contrario, quienes presentan niveles altos de dopamina suelen tener una gran motivación y deseo de vivir. Así que podemos decir que *desear es vital.*

El problema viene cuando estás todo el tiempo deseando y te olvidas de vivir el presente y de disfrutar del placer de lo que tienes.

La neuroquímica que te hace sentir placer está relacionada con opiáceos endógenos como las endorfinas —que ya sabes que son consideradas la morfina natural del cerebro y que se activan después de hacer, por ejemplo, ejercicio físico y son un analgésico natural— y con los endocanabinoides, como la anandamida, menos conocidos, pero muy importantes, ya que ayudan a regular el humor, la emoción, la motivación, el apetito, el control del peso y la cognición, además de mejorar nuestra capacidad de afrontar el estrés, la ansiedad, el procesamiento de la memoria, el desarrollo neuronal (neurogénesis en el hipocampo) y la neuroprotección. Estos generan el mismo placer que la marihuana en el cerebro y se liberan en los denominados *centros hedónicos,* o centros de placer del cerebro, situados en diferentes partes del cerebro como el núcleo accumbens y el pálido ventra (forman parte del circuito de recompensa del cerebro).

Por el contrario, la parte del cerebro que se activa al desear es el *circuito de recompensa*, liderado principalmente por el núcleo accumbens, en el que se libera dopamina por un tubo. La dopamina liberada llega desde el área tegmental ventral (ATV), que reside en el mesencéfalo.

El circuito de recompensa puede dividirse en dos partes. La primera, que engloba el núcleo accumbens y partes del sistema límbico como la amígdala y el hipocampo, es llamada por muchos el *circuito mesolímbico* o circuito del deseo (*circuito corto de la figura, que va desde el ATV hasta el núcleo accumbens*). Cada vez que sentimos placer se activa, pero ya hemos visto que la dopamina que se libera en el núcleo accumbens no es la responsable directa del placer, sino que solo nos induce el deseo y nos da la motivación para conseguir lo que nos da placer.

Y quizá mientras leías este capítulo pensabas: *Muy bien, siento placer al comer, o al realizar otras funciones vitales para mi supervivencia, pero también siento placer al leer, al ver una película, al tener una conversación interesante... ¿y esto qué tiene de vital?* Tienes razón. Y es que aún falta que te presente el segundo circuito de recompensa del cerebro: el llamado circuito mesocortical, donde las neuronas que producen la dopamina llevan sus conexiones hasta la corteza prefrontal, que está involucrada en procesos cognitivos superiores. Esto causa, entre muchas otras cosas que luego veremos, que sintamos placeres más evolucionados, como leer un libro, ver una obra de arte o escuchar una buena canción.

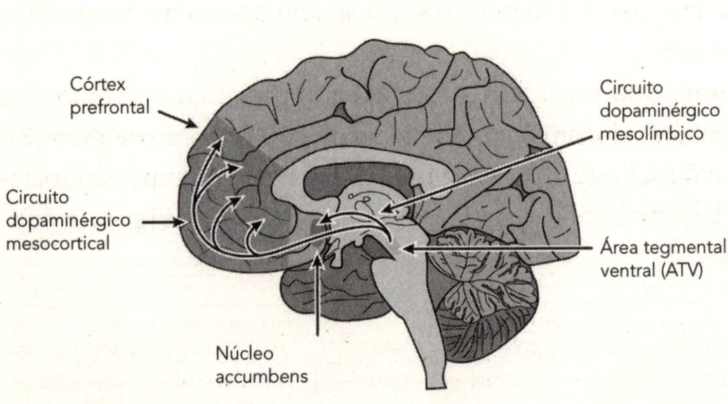

Algunos científicos consideran que podemos añadir a la neuroquímica del placer la oxitocina y la serotonina, ya que estos dos neurotransmisores también se liberan cuando experimentamos algo placentero en el presente, como sucedía con los anteriores (endorfinas, serotonina, oxitocina, anandamida). Como dice el profesor de psiquiatría D. Z. Lieberman en su libro *Dopamina,* son la neuroquímica del aquí y ahora. En cambio, la dopamina, la que nos hace desear, suele liberarse ante aquello que anticipamos, lo que aún no existe, de manera que es una neuroquímica orientada hacia el futuro.

Insatisfacción futura versus vitalidad presente

El cerebro, de manera automática, intenta predecir constantemente qué sucederá ante cualquier situación, para así mantenernos sanos y salvos. Así que, cuando se produce un *error feliz* en esta predicción, es decir, cuando lo que sucede es mejor de lo que se esperaba, entonces se pone en marcha la liberación de dopamina. Por ejemplo, si pensaba que iba a suspender un examen y luego veo un siete en el tablón, mi cerebro experimenta un error feliz. Cuando alguien a quien yo pensaba que no le gustaba de repente confiesa su amor hacia mí, tengo otro error feliz.

Ante cada error feliz se segrega dopamina en el cerebro. La cantidad de dopamina producida depende de cómo de grande o pequeño sea este error en la predicción de la recompensa esperada. A continuación vemos la fórmula que se emplea para cuantificarlo:

En cualquier situación, por tanto, si la recompensa recibida es mayor de la que esperabas, tus niveles de dopamina suben y te sientes satisfecho (estaríamos en el caso del error feliz). Por el contrario, cuando no obtienes la recompensa esperada, tus niveles de dopamina bajan. Cuando los niveles de dopamina bajan, sientes insatisfacción y/o frustración (podríamos hablar de error infeliz).

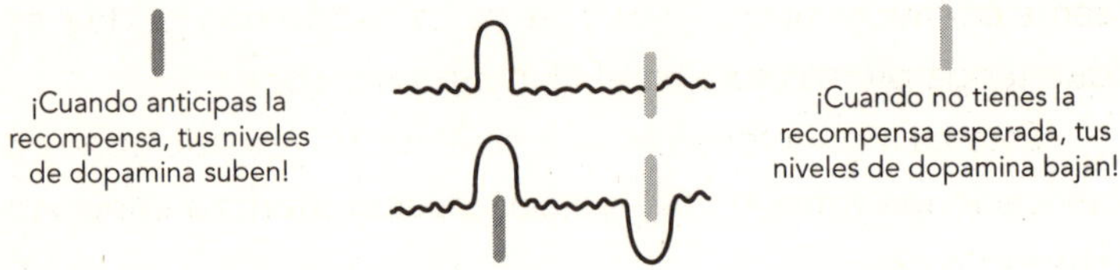

Como es normal, lo conocido crea menos recompensas inesperadas, es decir, las rutinas crean menos errores felices porque ya conocemos con precisión la actividad y sus consecuencias y la dopamina ya no está presente para darte esa sensación de emoción. Sin embargo, cuando nos atrevemos o nos enfrentamos a mucha incertidumbre, pasa lo contrario. ¿Sabes cuál es la ciencia detrás de la tragaperras? Pues sí, jugar con el error de predicción de recompensa.

Para ello, el célebre doctor Skinner hizo unos experimentos con palomas. En el experimento, las aves tenían que darle a una palanca para que saliera comida. Si el número de presiones que había que dar a la palanca para que bajara la comida era constante (por ejemplo, dándole siempre tres veces a la palanca), entonces las palomas se aburrían y dejaban de hacerlo. En cambio, cuando el número de pulsaciones cambiaba al azar, las palomas estaban enganchadas dándole a la palanquita, tuvieran hambre o no. De ahí surgió la base científica de las tragaperras y es lo que se utiliza también en muchos algoritmos de las redes sociales o los videojuegos.

LAS ADICCIONES PREVISTAS

El éxito de los juegos en línea se basa en la ingente información que se recopila de los jugadores. Se analiza cuánto tiempo juegan, cuándo dejan de jugar, rutinas, etcétera. Los millones de datos acumulados de los jugadores permiten saber exactamente qué activa y desactiva la dopamina. Por ejemplo, en el denominado *cofre del tesoro,* un premio presente en muchos videojuegos, se ha calculado que lo ideal es que tenga premio solo en el 25 % de los casos.

Esto es algo a tener en cuenta antes de engancharnos a aplicaciones y juegos que sorben nuestro tiempo e incluso nuestro dinero.

Por esto mismo también liberamos mucha más dopamina cuando nos enamoramos de alguien que cuando la relación se alarga en el tiempo. La novedad trae sorpresas y las sorpresas generan errores felices. Por eso hay personas que, una vez se acaba la química del enamoramiento, dejan a la persona querida. Están enganchados a la excitación de la dopamina, del deseo, y les cuesta experimentar la neuroquímica del placer, de la calma y el bienestar.

También puede suceder a nivel laboral. Las personas más *dopaminérgicas*, cuando llevan tiempo en el mismo trabajo, por mucho que les guste, cambian porque ya no hay nada nuevo e interesante que vivir en él. Ante la carencia de ese chute de dopamina, buscan algo diferente que les aporte de nuevo esa neuroquímica.

Incluso podemos verlo en los viajes. Recuerdo que una temporada que estuve viajando sola por el Sudeste Asiático había dos Saras dentro de mí. Una quería quedarse en el sitio donde estaba, porque ya estaba bien y a gusto y la otra me decía: *¿y si hay otro sitio mejor que aún no has visitado?*

El lado oscuro de la dopamina

La dopamina es muy necesaria, como hemos visto, pero también la culpable de que muchas veces no sepamos disfrutar de lo que tenemos, de que queramos más y pensemos que debe existir algo mejor. Cuando mi vida se centra en la búsqueda de dopamina, solo puedo sentir insatisfacción, porque siempre necesitaré más, siempre voy a desear más. No importa todo lo que tenga, siempre querré más.

¿Cuánta gente hay trabajando mil horas, sacrificando su vida para conseguir más bienes, más riqueza, más estatus, más poder aunque sepamos que, como ya se ha comprobado una y otra vez, tener más no da la felicidad?

Es importante sentir que tienes suficiente para vivir y cubrir tus necesidades básicas. Más allá de eso, desear más te lleva al juego infinito de *nunca es suficiente,* porque la dopamina siempre te pedirá seguir. En el momento en que alcances el lugar donde querías llegar para ser feliz, ya habrá aparecido una nueva meta, de modo que la felicidad se esfumará rápidamente, porque siempre estará proyectada al futuro:

> *Cuando consiga el trabajo de mis sueños seré feliz.*
> *Cuando me quede embarazada seré feliz.*
> *Cuando gane mucho dinero estaré feliz.*
> *Cuando conozca el amor de mi vida me sentiré plena y feliz.*

Existen mil ejemplos como estos.

Yo fui la primera que caí en la trampa de posponer la felicidad. Cuando estudiaba la carrera de Física y sufría, pensaba: *No pasa nada, cuando la acabes, serás feliz.* La acabé y entonces vino el máster y tuve el mismo razonamiento. Después el doctorado. Y se repetía el engaño de *Todo este sacrificio vale la pena, ya que cuando lo acabes serás mucho más feliz.*

En la base de este pensamiento puede estar la creencia judeocristiana de que no pasa nada por ser infeliz en la tierra, ya que serás feliz en el cielo.

En mi caso, la revelación me llegó cuando, en el momento de acabar el doctorado, sentí que lo disfrutaba un poco, pero se esfumó enseguida. Al cabo de un par de días de recibir el título con *cum laude* en mi mente surgió otra meta que quería alcanzar: esa vez era la de viajar sola.

Ahí me di cuenta, por fin, de que si pasaba mi vida sacrificándome por cumplir mis retos, ¿cuándo sería feliz?, ¿en qué momento?

La dopamina te mete en un círculo de insatisfacción permanente. Hasta que comprendes que el presente es realmente lo único que tenemos. Si no nos sentimos bien ahora, entonces ¿cuándo?

Aunque no todo es blanco o negro. Necesitamos el placer y el deseo. Tampoco se trata de vivir la vida solo en el presente, a base de recompensas inmediatas, sin luchar por nada futuro. Tener objetivos en la vida nos hace también ser felices ahora. Ya decía Paulo Coelho que «es la posibilidad de realizar un sueño lo que hace que la vida sea interesante». Albergar deseos y sueños no es malo. Al revés. Tener objetivos en la vida, como veremos, es neurosaludable y aporta mucho bienestar físico y emocional. Ya hemos visto que necesitamos dopamina para sentirnos vitales, motivados con la vida. El problema es cuando nos volvemos adictos a ella y creemos que si no conseguimos nuestros deseos, no podremos ser felices.

Yo tengo un truco para saber si he caído en el lado oscuro de la dopamina. Siempre me pregunto: ¿qué pasa si aquello que tanto deseo no se cumple? Si veo que siento frustración, rabia o tristeza, entonces es que estoy enganchada al deseo, a la dopamina.

¿QUÉ HACER SI HAS CAÍDO EN EL LADO OSCURO DE LA DOPAMINA?

1. *Observa la relación que tienes con aquello que deseas.* ¿Qué pasa si no se cumple? ¿Sentirías tristeza, rabia o frustración o no pasaría nada? Si realmente ves que existe un gran apego a ello, puede ayudarte a replantearte tus emociones la reflexión de que la vida trae felicidad y desgracia, es impredecible, aleatoria, y sería pretencioso, e incluso caprichoso, pensar que tiene que darnos todo lo que queremos.
2. *Aprovecha el deseo como un empuje para esforzarte más,* pero permítete a la vez disfrutar del camino. El presente es en realidad lo único que tenemos. Si no nos sentimos bien ahora, entonces ¿cuándo?
3. *Es normal desear, pero sería mejor si moderásemos las expectativas. Aprender a no esperar tanto y a saber lo que desear.* Cuanto menos deseo y mis deseos son más realizables, menos errores de predicción y menos frustración. No es lo mismo desear un trabajo mejor que te toque la lotería.
4. *Pasa del pensar al sentir.* Empieza a tener más conexión con tus sentidos, con lo que percibes ahora, en vez de con lo que piensas. A través de la emoción, del sentir, los recuerdos quedan más fuertemente grabados en nuestro cerebro y aprendemos mejor cuanto más sentimos. Entonces, si te pasas la vida pensándola en vez de sintiéndola, ¿qué recordarás de aquí a unos años?

El deseo saludable

Una de las lecciones que me ha enseñado el yoga es a sentir desapego por el deseo. Decía el gran maestro Patanjali que la perseverancia y el desapego son dos pilares fundamentales en la vida de un yogui. Perseverancia para perseguir lo que uno desea y, a la vez, desapego por aquello que uno desea.

Esa sería una forma saludable de relacionarnos con el deseo. Intentarlo siempre con fuerza, pero sin obsesionarnos por ello.

A mí me ayudó entender que la vida no está aquí para complacerte en todo lo que quieres. Sería pretencioso o de niña mimada pensar lo contrario.

Creo que es importante aceptar que desear es algo natural y humano, pero al final la realidad acabará siendo lo que tenga que ser, porque no depende cien por cien de ti. Como decían los filósofos estoicos, la sabiduría es saber qué depende de ti, y ocuparte de ello, y reconocer lo que no depende de ti y, por lo tanto, no merece tu preocupación.

Si quiero controlar la realidad completamente, pensando en cómo quiero que sea todo, el sufrimiento está asegurado. Me crearé todo el tiempo expectativas futuras y tendré siempre las de perder, ya que pocas veces la realidad va a ser como yo la había imaginado.

La deuda emocional

Existe un término llamado *deuda emocional,* que el doctor Vicente Simón, de la facultad de Psicología de la Universidad de Valencia, define como: «El estado afectivo que resulta en un sujeto al adquirir un compromiso de futuro consigo mismo tras haber establecido un vínculo emocional con objetos de su imaginación, objetos que no existen en la realidad presente [deseo]».

Esta deuda emocional es la insatisfacción que se siente cuando te habías hecho ilusiones con algo que finalmente no se ha cumplido. Para que esto no suceda, necesitamos degustar el presente.

En mis clases de yoga, y en la vida en general, yo pongo mucho foco en pasar del pensar al *sentir*. Con *pensar* hablo de dopamina, de futuro, de estar todo el tiempo haciendo planes, viviendo en mi mente y poco conectada a lo que estoy experimentando ahora. Es muy típico que, mientras hacemos algo, estemos pensando en otras cosas que llegarán luego, sobre todo cuando hacemos cosas rutinarias. Nos proyectamos hacia el futuro constantemente, como si este momento no valiera la pena, cuando al final cada momento acaba construyendo tu día, tu vida.

Por ejemplo, puedo estar en una clase de yoga, haciendo diferentes posturas mientras pienso solo en conseguir hacerme una foto chula y publicarla en Instagram. O bien puedo estar en la clase, saboreando cada postura, sintiendo la grandeza de tomar contacto con una experiencia presente con todo lo que soy y lo que me rodea, sumergiéndome de verdad en lo que estoy haciendo. Y sí, puedo tener el deseo de avanzar y que me salga bien según qué postura, eso no es malo, pero no debo dejar que esa aspiración me lleve a un lugar insano. Lo óptimo sería aprovechar el deseo como un empuje para esforzarme más, pero permitirme disfrutar del camino.

Como vimos, sentir placer se consigue gracias a la neuroquímica del aquí y ahora, es decir, cuando nos abrimos a sentir el presente. Puedes estar leyendo este libro para aprender muchas cosas y después saber cómo cuidar mejor tu cerebro. Este deseo te ha motivado a tener este libro entre tus manos. Pero ojalá estés disfrutando de cada palabra, de cada explicación. Ojalá todo esto que voy contando te haga sentir, despierte cosas en ti. De este modo dará igual si al final encuentras o no lo deseado, te llenará saber que mientras me leías lo disfrutaste.

Ya lo decía Ortega y Gasset (aunque atribuyéndolo erróneamente a Cervantes): «El camino siempre es mejor que la posada».

Lo importante es que ir en busca de aquello que quieres no te impida ser feliz ahora, disfrutar de tus rutinas hasta llegar a ese lugar.

Por último, es importante que recordemos que, a través de la emoción, del sentir, los recuerdos quedan más fuertemente grabados en nuestro cerebro. Por consiguiente, la cuestión es si te vas a pasar la vida pensándola en vez de sintiéndola.

¿Qué recordarás de aquí a unos años? Seguro que no serán situaciones en las que estabas pensando en otras cosas. Tenemos una mente pensante, pero la vida no está en la mente, la vida se experimenta, se degusta, se siente, ¡se vive!

Hábitos y adicciones: vivir bajo recompensas inmediatas

Un caso extremo del deseo por encima del placer es el de las adicciones. Pero para entender qué pasa ahí, primero necesitamos saber cómo se genera un hábito.

Como expliqué en mi libro anterior, *El cerebro de la gente feliz*, para crear un hábito, primero se activa una señal, lo que llamamos un *trigger*, por ejemplo, siento que tengo sueño, estoy cansado. Entonces se ejecuta la conducta frente a esa señal, que en este caso puede ser tomarme un café.

Aunque parezca fácil en este ejemplo, a veces cuesta reconocer cuál ha sido esa señal que impulsa según qué comportamiento.

La cuestión es que cada vez que recibo una señal actúo de igual forma, y con ello refuerzo el mismo circuito neuronal. Por plasticidad, este cada vez se hará más fuerte, porque en vez de carreteras secundarias estaré creando autopistas que faciliten la acción-reacción. Como el cerebro quiere ser eficiente y optimizar recursos, busca ahorrar energía y la actividad neuronal tenderá a circular por estas autopistas. Y ahí empieza a construirse el hábito.

¿Y por qué repetimos un cierto comportamiento y no otro bajo esa señal? Pues bien, porque hay una recompensa inmediata que libera una neuroquímica de placer en tu cerebro y activa el circuito del deseo, el mesolímbico. Si sabes que comportándote de cierta manera obtienes una recompensa, repetirás ese mismo comportamiento para seguir teniendo la misma recompensa ante la misma señal.

Cuando realizas una rutina que te resulta gratificante por algún motivo, el cerebro considera que es importante y deseará repetirla a causa de la dopamina. La repetición convertirá esa rutina en hábito por la plasticidad neuronal. En el ejemplo citado, la recompensa será despertarme y sentirme animado para empezar el día.

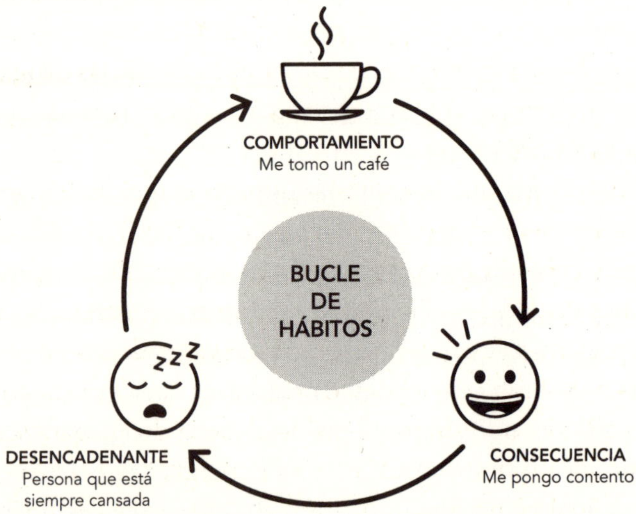

Fuente: Figura del libro *El cerebro de la gente feliz,* Ferran Cases & Sara Teller, Grijalbo, 2021.

Lo que está claro es que necesitamos una recompensa para crear un hábito. También hay veces que estas recompensas no son claras a primera vista, pero si una indaga un poco, puede descubrirlas.

Lamentablemente los hábitos más fáciles de crear suelen ser aquellos que dañan nuestra salud. Los hábitos fáciles de crear llevan asociada una gran recompensa inmediata. Es más fácil comer guarradas y sentir placer en el momento que comer sano y sentirte bien a largo plazo. Es más fácil emborracharte y salir de fiesta que quedarte en casa porque al día siguiente tienes que estudiar para aprobar un examen y sentirte orgullosa. Es más fácil pasar la noche despierto, tumbado en el sofá viendo Netflix, que irte a la habitación a leer un libro y descansar tranquilamente.

El caso extremo es la adicción a sustancias como pueden ser el alcohol, la nicotina, la marihuana o drogas más fuertes. Todas ellas activan el circuito de recompensa del cerebro, haciendo que se liberen grandes niveles de dopamina.

Es importante este punto. Las drogas liberan mucha más dopamina que otras recompensas naturales como la comida o el sexo. Nada natural puede igualar el efecto de las drogas. Por eso se vuelven tan adictivas. Y recuerda que el lema de la dopamina es «quiero más».

Hay drogas que liberan más dopamina que otras y son aún más adictivas. Y cuanto más rápido es el efecto, mayor el deseo y la adicción. Encima, cada vez te vuelves más tolerante. Se produce una desensibilización de la dopamina, como les sucedió a los pacientes de Oliver Sacks, con lo que el circuito de recompensa mesolímbico (del deseo) reacciona cada vez menos. Por eso, cada vez necesitamos más dosis de la droga para sentir el mismo efecto hasta entrar en una dependencia extrema, en la que al final ya no distingues si realmente lo haces por placer o por no sentir el malestar que se crea cuando no lo consumes (el famoso mono). O quizá se junten ambas cosas, ya que, como me encanta decir en mis cursos: el cerebro va en busca del placer y evita el dolor.

Hay gente que vive buscando recompensas inmediatas todo el tiempo. Y pueden darte la felicidad de manera momentánea, pero lo más seguro es que acabes dependiendo de ellas. Te vuelves esclavo de la dopamina, de la recompensa inmediata. Y encima te hacen sentir culpable y vacío, porque piensas en el *yo* de ahora pero te olvidas de qué quiere, de qué necesita el *yo* futuro.

No te comas la nube

Cuidar de tu salud y bienestar, cumplir tus propósitos, depende de recompensas que vemos a largo plazo y que requieren posponer las gratificaciones inmediatas. Tomamos decisiones impulsivas que sabemos que no nos convienen, pero nos autojustificamos en el momento porque nos cuesta mucho resistirnos al placer momentáneo. ¿Dónde queda ahí nuestro libre albedrío?

Para dejar de estar a merced de nuestros placeres momentáneos, necesitamos poner consciencia, parar el piloto automático y decidir qué queremos realmente. Necesitamos que se active el otro circuito de recompensa, el mesocortical, el circuito del control donde participa la corteza prefrontal (que pone razón en el asunto).

Es curioso que la misma dopamina que te impulsa a crear malos hábitos es la que puede ayudarte a salir de ellos, dependiendo de qué circuito active: si el del deseo, mesolímbico, o el del control, mesocortical.

Hay un célebre experimento que el psicólogo Walter Mischel llevó a cabo con niños y niñas de tres a cinco años. Les pusieron en la mesa una nube dulce —en inglés, *marshmallow*— y les dieron dos opciones: o comerla en ese momento o esperar quince minutos y comerse dos.

Algunos niños no tardaron ni cinco segundos en comerse la nube, mientras que los que supieron contenerse obtuvieron doble premio. Eso sucedió solo con un tercio del grupo.

Lo más interesante es que los psicólogos hicieron un seguimiento a estos niños y niñas los catorce años siguientes, lo cual les permitió llegar a conclusiones interesantes: el tercio que había esperado a comer la nube para obtener un premio doble presentó un mayor índice de éxitos académicos y personales que el resto. Por su parte, los niños impulsivos se habían desarrollado con una menor autoestima y con más propensión a la agresividad.

En palabras de Mischel, «la incapacidad para retrasar la gratificación puede tener efectos negativos potenciales bastante importantes».

El mensaje es que el autocontrol y la paciencia nos conducen a recompensas mayores en el futuro.

AYUNOS DE DOPAMINA

¿Sabías que, según un estudio de la plataforma Dscout, tocamos nuestro teléfono un promedio de dos mil seiscientas veces al día? Esto ha provocado que en el Silicon Valley se desarrollen *ayunos de dopamina* para reducir la adicción al móvil. Popularizada por el doctor Cameron Sepah, puedes hacer así esta cura depurativa:

1. Crea un espacio diario libre de dispositivos móviles, redes sociales y videojuegos. Te será especialmente beneficioso si lo haces dos o tres horas antes de acostarte.
2. Asimismo, elige un día libre a la semana para hacer veinticuatro horas de dieta digital.
3. Dedica esos tiempos liberados a actividades analógicas y tranquilas, como leer, pasear o escuchar música. Cualquier cosa que no implique recompensa inmediata te servirá para hacer ayuno de los picos de dopamina.

El lado bueno de la dopamina

Hay personas que dejan el tabaco o el alcohol, o que pueden pasarse horas encerradas en una biblioteca estudiando, o bien trabajan hasta las tantas de la mañana. A veces dejamos de quedar para tomar unas birras con un amigo para asistir a nuestra clase de yoga.

Todo esto es gracias a la corteza prefrontal, encargada de evaluar las consecuencias de tus posibles actos y de decirte qué conducta es preferible en cada momento. Al final es la que te ayuda a tener presente qué es lo que necesitas, más allá de lo que de forma automática tu cuerpo te pide.

El circuito dopaminérgico que engloba esta parte del cerebro nos ayuda a conseguir nuestras recompensas a largo plazo, como los niños que recibieron dos nubes. La dopamina te impulsa, te ayuda a esforzarte por aquello que quieres en un futuro. Este es el lado bueno de la dopamina. Estás tan motivada con aquello que quieres alcanzar, que te esfuerzas sin darte cuenta para conseguirlo. Si tengo muchas ganas de triunfar, me esforzaré al máximo para conseguirlo gracias a la dopamina. Si tengo muchas ganas de estar delgada, comeré sano, haré deporte y resistiré las tentaciones gracias a la dopamina.

Sin la dopamina, ese esfuerzo no existiría. Ese es su lado bueno.

La dopamina puede ayudarte a conseguir objetivos a largo plazo. Otra forma de conseguirlo es a través de tu fuerza de voluntad, pero, como pronto veremos, esta es limitada.

IMPULSIVIDAD ADOLESCENTE

Los niños y adolescentes son más vulnerables a dejarse llevar por las recompensas inmediatas, y hay una explicación para ello. La corteza prefrontal que pone freno a los impulsos no está del todo desarrollada. También las personas estresadas o las que padecen ansiedad tienen problemas para contenerse, debido al *secuestro amigdalino*, que es cuando la corteza prefrontal queda subordinada por la amígdala. Es decir, cuando la emoción se antepone a la razón.

¿Por qué cuesta crear un nuevo hábito?

Como hemos visto, adquirir un nuevo hábito significa crear nuevas conexiones, gracias a la plasticidad neuronal. Sin embargo, esto tiene un precio. Sabemos que para ahorrar energía la actividad cerebral tiende a viajar por los mismos circuitos neuronales de siempre, es más fácil ir en piloto automático. Así que, crear nuevos caminos supone, inicialmente, un gran coste cognitivo.

Crear un nuevo hábito a veces cuesta porque significa enfrentarse a malos hábitos o adicciones, a la búsqueda de recompensas a **corto plazo**. Normalmente los **buenos hábitos** están asociados a **recompensas a largo plazo**. Con estrés cuesta tener los «propósitos» a largo plazo en mente.

La corteza prefrontal participa en la construcción del hábito y lo va fijando cada vez que lo llevamos a cabo. Toma conciencia para reconocer las señales, parar o cambiar la rutina y valorar las consecuencias.

Por su parte, la dopamina se libera cuando hay una motivación, un objetivo; es la que decide el motivo de querer llevar a cabo el nuevo hábito. Para poner a esta poderosa aliada de tu parte, deséalo. Utiliza esa ansia a tu favor.

También puede ayudarte cambiar malos hábitos por placeres saludables, es decir, aumentar la neuroquímica del placer (las endorfinas y endocannabinoides) para contrarrestar la neuroquímica de la dopamina.

CÓMO SUBIR LAS ENDORFINAS Y LOS ENDOCANNABINOIDES

- La *endorfina* es conocida por liberarse cuando hacemos deporte (correr, ir en bici, bailar, patinar, nadar o simplemente caminar), con lo que nos aporta una sensación de bienestar. Este neurotransmisor se desprende también al realizar otro tipo de actividades que nos producen placer, como comer dulces (mejor cacao puro), reír (con sonreír ya vale), escuchar música, practicar sexo, pasar tiempo con la persona querida o pasear por la naturaleza.
- Podemos subir los niveles de *endocannabinoides* a través de la comida; por ejemplo, tomar aceite de oliva virgen extra puede ayudar. Los masajes, la meditación, el yoga, las técnicas de respiración, tomar el sol y los ejercicios aeróbicos también aumentan los niveles de endocannabinoides. La anandamida forma parte de la familia de los endocannabinoides. En sánscrito, *ananda* significa *amor interno, felicidad, beatitud.* Me encanta esta palabra. La anandamida está considerada por muchos neurocientíficos

como el neurotransmisor de la felicidad. ¿Y cómo elevas tus niveles de anandamida? Comiendo chocolate negro (cacao), meditando, practicando yoga o realizando cualquier otro ejercicio físico que te guste.

Autocontrol y fuerza de voluntad

Si ves que ni poniéndote recompensas sanas logras salir de la adicción de la dopamina que te lleva a los malos hábitos, entonces puedes probar con el autocontrol y la fuerza de voluntad. Aunque, cuidado, porque como veremos tienen sus limitaciones.

En ciencia existen muchos experimentos en los que se ha estudiado la fuerza de voluntad y el autocontrol, como el ya mencionado de los niños y las nubes de caramelo, que nos daba a entender que la propensión al autocontrol les trajo beneficios a largo plazo. Por consiguiente, entrenar la fuerza de voluntad desde pequeños puede darnos frutos de mayores. Que el razonamiento se imponga al impulso hace desarrollar una forma de pensar que ayuda en la toma de decisiones y al cumplimiento de metas futuras.

En todo caso, como decía al inicio de esta sección, ojo con el abuso de la fuerza de voluntad. Te cuento ahora un experimento muy chulo para que entiendas por qué te lo digo.

Varios participantes entran en una habitación que huele a galletas y donde hay una mesa con un plato lleno de rábanos y otro lleno de galletas. A la mitad de ellos se les pide probar los rábanos y a la otra mitad las galletas. Después se les da un rompecabezas geométrico y tienen treinta minutos para resolverlo.

En realidad el problema matemático no tiene solución. Los investigadores buscan saber cuánta motivación tienen los participantes para estar ahí dándole al coco, intentando resolver el problema en cuestión (poniendo fuerza de voluntad para solucionarlo). El estudio demostró que las personas que comieron los rábanos se dieron por vencidas a los ocho minutos, mientras que quienes comieron galletas perseveraron unos veinte minutos.

De ahí se extrajo la conclusión de que cuando uno se esfuerza por contenerse una vez (cuando ha *gastado* mucho autocontrol), después cuesta más volverse a contener. La fuerza de voluntad es limitada, se agota.

Emplear constantemente la fuerza de voluntad para resistir las tentaciones desgasta el cerebro. El autocontrol es como un músculo que se fatiga si se usa en exceso, pero, como todo músculo, se puede entrenar. Al principio te costará y te cansará, pero a la larga cada vez te será más fácil usar tu fuerza de voluntad. Por eso, en los típicos libros para lograr objetivos te dicen que descompongas un objetivo grande en pasos pequeños. El cerebro primero necesita tener clara una dirección o propósito, después necesita disfrutar, tener pequeñas recompensas durante el proceso y no tirar cien por cien de fuerza de voluntad, porque cuando la fuerza de voluntad se agota es más fácil dejarse llevar por el piloto automático y volver a los viejos hábitos.

Recuerdo que vivía con una amiga que, cuando llegaba a casa, siempre se tomaba una cerveza. Me decía que después de todo el día trabajando mil horas escuchando a pacientes, lo único que quería era relajarse con un poco de alcohol. Aunque sabía que no se trataba de un hábito saludable para ella y deseaba dejarlo, ¿sabes cuándo lo consiguió? El día que dejó de trabajar tantas horas.

Supongo que la reducción de estrés y no gastar tanta fuerza de voluntad hizo que ya no necesitara tanto una recompensa inmediata.

Esto se ve muy claro en los propósitos de Año Nuevo. Mucha gente se propone ir al gimnasio. Al principio empiezas motivado y vas cada día, luego la motivación baja y tiras de fuerza voluntad. Pronto comienzas a flojear. Después de unas semanas, tras un día agotador te encuentras de nuevo tirada en el sofá viendo la tele. A no ser que seas una persona con mucho autocontrol, muy disciplinada, que está acostumbrada a posponer las recompensas, te será difícil lograr el objetivo.

Para evitar estas derrotas, en la sección siguiente te muestro algunos neuroconsejos que pueden ayudarte. Pero antes quiero comentar que aquellas personas que todo el tiempo intentan quedar bien, que hacen mucho uso de su autocontrol para ser aceptadas a nivel social, también gastan muchos más recursos cognitivos para aparentar ser alguien que no son. Querer gustar cansa. Otro punto a favor para mostrarnos tal y como somos.

Una vida con propósito

Según el doctor Robert H. Lusting, existe una importante diferencia entre la felicidad y el placer. Solemos pensar equivocadamente que la felicidad es recibir placer, pero ya hemos visto que la búsqueda del placer está impulsada por la dopamina, y que la química del placer viene de la mano de los opiáceos endógenos y los endocannabinoides. La llamada *hormona de la felicidad*, la serotonina, en cambio, es un neurotransmisor que produce un bienestar más íntimo y pleno, una sensación diferente a la que producen las recompensas inmediatas. Por lo que, como dice este profesor de Pediatría de la Universidad de California: «Mejor renuncia al placer fácil de la dopamina y haz ejercicios que te aumenten la serotonina».

¿Y qué produce serotonina?

Básicamente las actitudes que reducen el estrés y aportan paz, como meditar o pasar más tiempo con la familia y amigos. También se segrega serotonina al hacer ejercicio como el yoga o al tomar el sol (a la vez que subes la vitamina D). Y, por supuesto, puedes aumentar los niveles de serotonina comiendo de manera sana (sobre todo productos que lleven triptófano como los huevos, los plátanos o el aguacate) y descansando de forma adecuada, como veremos en capítulos siguientes.

Aristóteles decía que para conseguir la felicidad se necesitan dos tipos de placeres: el *placer hedónico* y el *placer eudaimónico.* Mientras el primero es un placer más superficial y corpóreo, este segundo es un bienestar más interno y personal. Una de las cosas que Aristóteles recomendaba para disfrutar el placer eudaimónico es tener un propósito en la vida, el famoso *Ikigai*, que popularizó mi amigo Francesc Miralles junto a Héctor García en su libro *Ikigai*, traducido a más de sesenta y cinco idiomas.

Si tienes un propósito de vida, habrás notado que esto te hace sentir un bienestar interno único, muy diferente al de los placeres más hedónicos, como la comida o el sexo.

Lo que Aristóteles no sabía es que aparte de incrementar tu felicidad, tener un propósito en la vida es un protector de la salud cerebral. Hay un precioso artículo de la doctora en Psicología Carol D. Ryff donde hace un *review* de los beneficios que conlleva para tu cerebro. Aquí te los enumero:

- Alarga la vida.
- Mejora nuestra regulación frente al estrés.
- Disminuye los síntomas depresivos.
- Disminuye el cortisol (hormona del estrés).
- Mejora el sistema cardiaco y es antinflamatorio.
- Aumenta tu resiliencia (te recuperas antes de situaciones negativas).
- Mejora la calidad del sueño.

Además de estos beneficios, tener un propósito a largo plazo te permitirá tomar el control de tu destino en vez de funcionar en piloto automático. ¡Todo son ventajas! Como dijo Oprah Winfrey, gran fan del *Ikigai*, «quien no tiene un propósito en la vida, está destinado a divagar sin sentido».

Y, ojo, puedes tener uno o varios, y estos pueden ser cambiantes, no tienes que tener el mismo *Ikigai* para siempre. Lo importante es que sientas que tu vida, al menos ahora mismo, se dirige hacia el lugar al que quieres ir. Incluso si no lo tienes, como les decía Viktor Frankl a sus pacientes, buscar tu propósito en la vida es ya un propósito en sí mismo.

LA NEUROCIENCIA DEL *IKIGAI*

Un estudio de siete años llevado a cabo con más de cuarenta mil adultos japoneses demostró que los individuos con un *ikigai* más débil tenían mayor riesgo de mortalidad debido a enfermedades cardiovasculares.

Psicológicamente, las personas sin un propósito claro también demuestran ser más dependientes de la aprobación ajena.

Desde la neurociencia, las investigaciones muestran que poseer un *ikigai* contribuye a una secreción equilibrada de neurotransmisores como la serotonina, la dopamina y las endorfinas, lo que ayuda a mitigar el estrés y a sentirte más pleno y feliz.

El *ikigai* nos hace también más resilientes, como se demostró en un estudio con japoneses que habían vivido el terremoto y *tsunami* de marzo de 2011.

5 CLAVES PARA SEGUIR TUS PROPÓSITOS

Se atribuye a Woody Allen esta frase: «Me costó veinte años alcanzar el éxito de la noche a la mañana». A veces miramos a las personas exitosas como si hubieran triunfado sin hacer nada, como si hubieran cogido un vuelo directo a su destino. Y no es así. Este puede ser un camino largo, hecho de muchos pasos diarios, construido de pequeños hábitos.

1. TODO ES UN PROCESO. Formar nuevos hábitos o conseguir pequeños objetivos es un proceso. No hay prisa. De hecho, no es verdad que un hábito se adquiera en veintiún días, ¡es el tiempo mínimo! La media está en sesenta y seis días (dos meses) y el tiempo máximo son ocho meses. Así que, paciencia. Adquirir nuevas habilidades metacognitivas para cumplir aquello que quieres lleva su tiempo. Mejor plantéatelo todo a largo plazo y acepta que a veces fallarás, que querrás tirar la toalla, que pensarás que no puedes más. Y está bien, ¡entra dentro del mismo proceso! Estás creando nuevas conexiones, es una transformación costosa a nivel cognitivo. ¿Cuántas veces crees que te caíste cuando eras pequeño hasta lograr caminar? ¿Y no seguiste intentándolo?
2. MENOS ES MÁS. Empieza con pasos pequeños. Existen estudios que demuestran que perseguir menos objetivos es más eficaz. Puedes ponerle más atención, más energía (¡que es limitada!), más amor a aquello que haces. Así lo disfrutas más (aumentará tu neuroquímica del placer) y crecerá tu motivación (la dopamina jugará a tu favor) para seguir cumpliéndolos.
3. PÓNTELO FÁCIL Y HAZLO ATRACTIVO. Es mejor la frecuencia que la cantidad. Mejor un poco cada día que mu-

cho de golpe. Para hacerlo más agradable, utiliza el incentivo social. Apúntate con tu amiga al gimnasio. O date recompensas inmediatas cuando vayas cumpliendo los miniobjetivos que te lleven a tu propósito. Esto hará que no pierdas la motivación. También puedes cambiar placeres inmediatos que te perjudican por otros más saludables (en vez de comerte el chocolate, vete a dar un paseo o a escuchar tu canción favorita en ese momento).

4. TOMA CONSCIENCIA. Sé consciente de qué hábitos tienes y decide cuáles quieres tener para lograr tu propósito. Agéndalos. Planifica. No vayas en piloto automático. Elimina las señales que te llevan a los malos hábitos. Ten presente tu objetivo y por qué lo quieres, motívate con él de manera consciente y disfruta del camino.
5. NUEVOS DESAFÍOS, NO MÁS OBLIGACIONES. Tómate tus propósitos como aventuras a realizar, como pequeños retos. Tu cerebro tenderá a desear lo mismo de siempre, pero si enfocas aquello que quieres cambiar desde las ganas de seguir aprendiendo y seguir creciendo, ¡te será más fácil conseguirlo! ¡Motívate!

3
DEL MIEDO A LA RESILIENCIA

Cómo superar la adicción al control, la autoexigencia y el miedo al error

Hemos hablado ya de cómo al cerebro le encanta recibir recompensas, pero... ¿qué sucede cuando recibimos un castigo? El castigo también nos moviliza. Aunque esté incentivado por el miedo, nos hace tomar acción igual.

Por ejemplo, puedo ponerme a estudiar como una loca porque tengo el propósito de sacar buena nota y poder estudiar mi carrera preferida o por el miedo de suspender un examen; me motivo para trabajar hasta tarde en un proyecto porque quiero ser eficiente en mi trabajo o porque temo no entregarlo a tiempo; logro ir al gimnasio porque me gusta sentirme bien al terminar o porque creo que si me pongo gorda nadie me querrá; o decido hacer algo que en realidad no me gusta para que otros se sientan felices o solo porque así mis padres no se enfadarán conmigo.

En principio, el ser humano huye del sufrimiento. Y, aunque vaya en contra de una posible gratificación, el miedo y el dolor nos hacen actuar de manera más urgente e inmediata incluso que el placer.

El miedo, al que dedicaremos buena parte de este capítulo, nos protege y es vital para nuestra supervivencia. Frente a un peligro, debo actuar rápido para no morir. El placer puede esperar. Es posible postergarlo, proyectarlo en nuestros deseos. Una amenaza, en cambio, nos hace movernos rápido. No hay anticipación, todo es reacción, puro presente.

El deseo, la dopamina, es futuro.

La evitación del miedo, del dolor, es presente.

Y, como ahora veremos, se activan dos circuitos diferentes dependiendo de si sentimos miedo o dolor.

El circuito del miedo

En este circuito, la reina es la amígdala. Esta parte del cerebro, que ya hemos nombrado varias veces, es la que detecta cualquier posible amenaza y decide si vale la pena estresarse o no ante esa situación.

En mi anterior libro, *El cerebro de la gente feliz,* explico detalladamente todo lo que te resumo aquí. Si te interesa saber más del tema, te recomiendo encarecidamente que le eches un vistazo.

Para entender por qué el estrés es necesario, tenemos que remontarnos a millones de años atrás. Hace ocho millones de años aparecieron los primates, hace cinco millones y medio de años surgieron los homínidos (nuestros ancestros, que empezaron a caminar a dos patas) y a partir de ahí les han seguido muchas especies que seguro que te suenan: los *Homo habilis, Homo erectus*..., hasta llegar a los *Homo sapiens*, nuestra especie *actual*, que existe desde hace doscientos mil años.

¿Y por qué te cuento todo esto?

Porque quiero que sepas dos cosas.

La primera es que, según varios estudios, nuestro cerebro evoluciona cada cien mil años. Hace cien mil años aún estábamos en el Paleolítico, en la época de la caza y la recolección. ¿Qué significa eso? Pues que ante cambios sociales tan vertiginosos como los que hemos sufrido en los últimos tiempos (la aparición de internet sería uno de los más recientes), el cerebro aún no ha tenido tiempo de adaptarse. Mal que nos pese, seguimos teniendo un cerebro primitivo.

La segunda cosa que quiero que sepas es que, gracias a tener este cerebro, aún seguimos vivos como especie. Piénsalo: por selección natural tenemos este cerebro y no otro. Y sabiendo que el fin último del cerebro es *sobrevivir*, pues tampoco nos vamos a quejar. ¿Y qué ha conseguido principalmente que sigamos vivos como especie? El *miedo*.

Sí, el miedo es la base del estrés y, como veremos más adelante, también de la ansiedad. Y, aunque hoy en día tenga connotaciones negativas, en su justa medida el estrés es necesario para adaptarnos a las demandas que nos pide el medio, es necesario para adaptarnos a la vida. Gracias al estrés respondemos de la mejor manera posible ante cualquier desafío o peligro, aparte de que logra que nos activemos y que cumplamos con las funciones de nuestro día a día.

Eustrés y distrés

Yo siempre digo que *el estrés positivo, llamado eustrés, nos da superpoderes*. Pero si se nos va de las manos y acaba suponiendo un estrés negativo (*distrés*), entonces nos destruye física y emocionalmente.

El estrés activa, por un lado, el sistema nervioso simpático. Seguro que te suena lo del mecanismo de lucha-huida, que prepara al cuerpo para la acción, ya sea huir o luchar. Ante esa amenaza, que para nuestros antepasados sería probablemente un mamut o un tigre, liberamos hormonas del tipo catecolaminas, como la noradrenalina y la adrenalina, en la médula suprarrenal.

Estas hormonas preparan el cuerpo para atacar —luchar contra la amenaza— o bien salir corriendo. La adrenalina y la noradrenalina se activan rápidamente, son las primeras que se liberan en el organismo cuando me estreso. Por lo general, cuando tenemos un pequeño susto y sentimos ese pánico repentino que invade nuestro cuerpo en un segundo, está producido por la adrenalina y la noradrenalina.

Estas hormonas hacen que la sangre llegue hasta las extremidades y que tengamos mayor aporte de oxígeno (para correr o luchar). Aumenta nuestro ritmo cardiaco, la presión sanguínea, se dilatan las pupilas... Y tardan de tres a cinco minutos en desaparecer del cuerpo.

Si la situación estresante se alarga en el tiempo o se vuelve muy desafiante, necesitaremos más energía para salir corriendo o bien luchar, por lo que, cuando esto ocurre, se activa el eje hipotálamo-hipófisis-suprarrenal (llamado también eje HHA) y entra en juego la famosa hormona del estrés: el cortisol, de la que después hablaremos más.

¿Y A NIVEL CEREBRAL QUÉ PASA?

Frente a una amenaza, todo lo que recibimos de nuestros sentidos (excepto el olfato) se procesa en el tálamo, que decide cuánta de toda esta información va a ser filtrada y la distribuirá a las distintas partes del cerebro implicadas. Toda la información emocional relevante se la pasará a la amígdala.

La amígdala está situada en el sistema límbico, una parte muy primitiva de nuestro cerebro que reconoce emociones que muchas veces son consideradas como negativas, como el miedo o la ira.

El sistema límbico ha sido considerado durante mucho tiempo como el cerebro emocional, aunque recientemente se sabe que no es la encargada de procesar todas las emociones, sino solo algunas. Por ejemplo, en la emoción del asco o del desagrado, es otra zona, la ínsula, la encargada principal de la gestión.

El sistema límbico está formado principalmente por la amígdala y el hipocampo. Por este motivo, a quienes carecen de amígdala les cuesta reconocer las emociones de los rostros.

La amígdala decide si una amenaza es realmente peligrosa o no. Cuando considera que *sí*, activa el sistema nervioso simpático y manda un mensaje al hipotálamo (recuerda que el hipotálamo regula funciones corporales como el hambre, la sed, la temperatura corporal o el deseo sexual, llevando el cuerpo a la homeostasis, es decir, a su equilibrio) y el hipotálamo, a su vez, le manda otro mensaje a la hipófisis (también llamada glándula pituitaria), que avisa a las glándulas suprarrenales (situadas encima de los riñones) para que fabriquen los glucocorticoides, como el famoso cortisol. Este cortisol liberado puede fomentar la producción de más adrenalina y noradrenalina.

En paralelo, el sistema nervioso simpático conecta directamente con la corteza suprarrenal y la liberación de adrenalina y noradrenalina estimulará al hipotálamo y provocará que se produzca más cortisol.

Todo está interconectado y se retroalimenta positivamente.

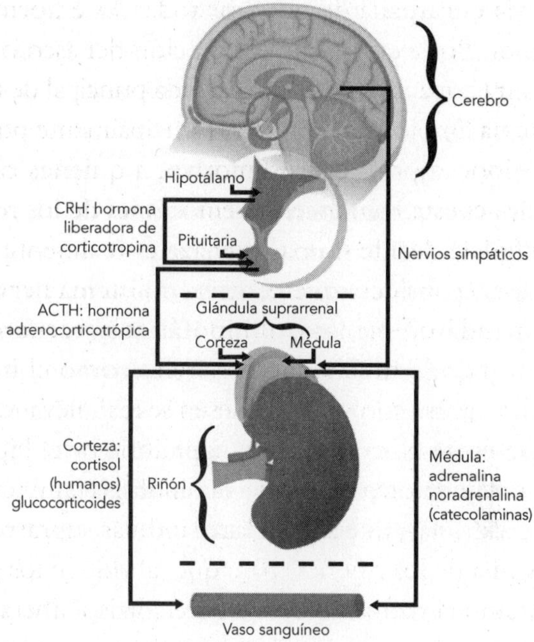

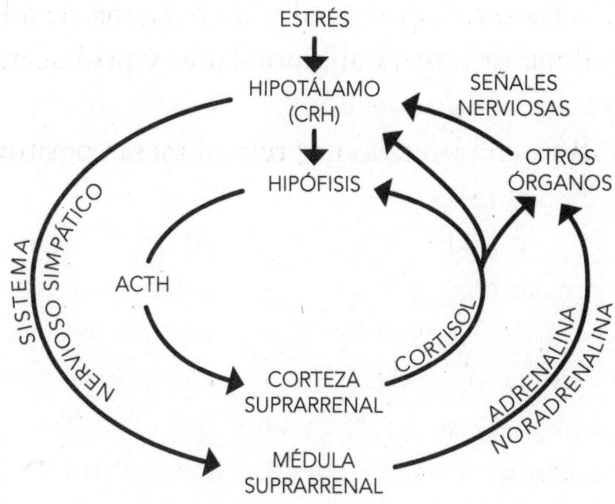

Fuente: *NTP 355: Fisiología del estrés*, Cuixart ,E. N., Barcelona: INSHT, 1994.

El cortisol es de activación lenta. Tarda más en liberarse y lo hace cuando realmente la cosa se pone seria, es decir, cuando ya no estamos ante un susto, sino que, en principio, nos encontramos ante una amenaza real que perdura en el tiempo (por ejemplo, llevamos un rato escapando de un tigre) y entonces necesitamos mucha más energía para salir victoriosos.

Lo que hace básicamente esta hormona es coger toda la energía disponible en el organismo (bloqueando todo lo que no nos es útil en ese momento, como el sistema reproductivo, digestivo o inmunitario) para poder, sí o sí, sobrevivir. Aumentan los niveles de glucosa en la sangre para nutrir el cuerpo y consume sus reservas para liberar más energía.

Una vez se libera el cortisol, tarda unas horas en eliminarse del cuerpo.

Otra de las partes del cerebro que hemos dicho que se activan frente a una amenaza es el hipocampo, que está también muy involucrado en la memoria. ¿Y por qué esta parte desempeña un papel importante? Pues porque, ante una situación nueva que puede ser amenazante, el cerebro buscará en su baúl de los recuerdos todo aquello que le fue útil en una situación similar, así que su respuesta ante la amenaza se hará en función de la experiencia previa.

Gracias a la amígdala y al hipocampo aprendemos el contexto de la situación amenazante y la guardamos en la memoria.

La relación del sistema límbico con la corteza prefrontal también es esencial. Esta conexión hace que puedas racionalizar tus emociones y que no te dejes llevar por ellas. Si existe poca conexión, entonces serás una persona más agresiva, impulsiva e *inconsciente*.

La CPF (corteza prefrontal) es importante tanto en la gestión del miedo como en el aprendizaje y valoración de las situaciones. La ínsula y la corteza cingulada anterior también participan en la adquisición de temores y para el desaprendizaje o la extinción de estos temores vuelve a tomar protagonismo la CPF.

Adicción a los superpoderes

Como ya vimos, el estrés adaptativo, de supervivencia, nos da superpoderes físicos, pero también mentales, ya que hace que aumente nuestra actividad mental (para tomar la mejor solución ante el desafío), mejora nuestra capacidad y velocidad de decisión (reaccionamos rápido ante la amenaza, sin pensarlo mucho) y aumenta nuestra atención.

Hay personas que se vuelven adictas a estos superpoderes, y necesitan hacerlo todo a última hora o bien llenarse la agenda de mil cosas para hacer. De este modo, el estrés guía sus pasos.

Es una opción. Solo que, si eres una de esas personas adictas al estrés diario, necesitas saber tres cosas:

1. El *estrés* es dirigido por nuestro inconsciente. Actuamos sin pensar (reaccionamos), por lo que es muy probable que bajo estrés tiendas a hacer lo mismo de siempre. Vas en piloto automático.
2. Si, por el contrario, actúas con *calma*, predomina la parte consciente del cerebro, y es cuando puedes actuar en vez de reaccionar. Esto te permite explorar nuevos caminos, salir del piloto automático para poder innovar, avanzar y progresar.
3. Cuando el estrés se vuelve crónico deteriora nuestro cuerpo y todos sus sistemas, incluido el inmunitario, con lo que corremos más riesgo de tener enfermedades.

Cada vez hay más personas que sufren de estrés. ¿Cómo puede ser? ¿Tenemos mamuts o tigres que nos persiguen por todas partes? No, pero como nuestro cerebro sigue siendo primitivo, no sabe diferenciar entre un tigre y un informe que debe ser presentado a tiempo, o una pelea con nuestro jefe, pareja o amigo.

Un estudio de 2018 publicado en *Science Advances* concluyó que el 98 % de las tareas que nos provocan estrés son cotidianas. ¡Casi todo lo que vemos como amenaza es algo del día a día! Esto hace que vivamos con mucho estrés de forma latente.

Estrés, inseguridad y perfeccionismo

Hoy en día sufrimos un estrés muy mental, ya que suele dispararse cuando pensamos que no tenemos los recursos necesarios para afrontar una situación, por lo que las personas inseguras, que no creen en sus capacidades y estrategias, sufrirán más estrés.

Lo mismo les sucede a aquellas personas que quieren hacerlo todo ya y perfecto, como si fuéramos máquinas. Este perfil es muy común en la actualidad, ya que la sociedad nos educa de esta manera. Si yo quiero, por ejemplo, escribir este libro lo más perfecto posible, explicando absolutamente todo lo que sé y hacerlo además en menos de tres meses, no hace falta ser un experto para adivinar que acabaré sufriendo estrés. Un estrés bestia.

Aumentar el tiempo en que uno hace las cosas disminuye el estrés, al igual que bajar la autoexigencia, saber priorizar qué es importante ahora y saber renunciar a lo que no lo es.

Como persona que ha padecido ansiedad durante años, me ha ayudado muchísimo pensar que no hace falta que lo haga todo ya. No se puede, *sorry*. Tengo que priorizar. Y no hace falta que esté todo bien controladito y perfecto. Como reza el viejo dicho: *más vale hecho que perfecto*. La perfección es una ilusión y llegar a ella significaría realizar un número de pasos infinitos. Mejor no meterse ahí, porque supondrá un desgaste enorme que no compensa. ¿Realmente hace falta que todo sea para hoy? ¿Quién se va a morir si llego tarde o entrego algo tarde? La vida no se puede controlar al cien por cien, siempre pueden surgir imprevistos. Si tengo que pedir más tiempo, lo pido. Si alguien no lo acepta, no está aceptando la naturaleza humana. Repito: no somos máquinas. Si hay personas que no lo entienden, no es culpa mía.

Después hablaremos de la autoexigencia y del miedo al error desde un punto de vista neurocientífico. Ahora quiero recalcar otro punto y es que, dependiendo de cómo interpretemos la realidad, nos sentiremos más o menos estresados. Nuestros pensamientos nos afectan, porque el cerebro no sabe distinguir entre realidad e imaginación. Y aquí tenemos que hablar de ansiedad.

Ansiedad

Esta es una emoción secundaria derivada del pensamiento, no es tan tangible o racional como el estrés, que sabemos a qué es debido. Por ejemplo, puedo sufrir estrés ante un examen, pero sé que una vez lo finalice, el estrés se irá. Lo que me causa estrés es algo que conozco.

Cuando sufres ansiedad, la cosa se vuelve un poco más difusa. La función clave de la ansiedad es la anticipación constante de miedos futuros, así que podríamos decir que la ansiedad es una especie de sobreprotección para asegurarnos de que todo saldrá bien. Es exclusiva de los humanos, pues en ella interviene la imaginación, de la que, en principio, el resto de las especies carece.

Y ¿por qué sucede?, te preguntarás. Porque al cerebro no le gusta nada la incertidumbre, así que cuando aparecen cosas nuevas, analiza y predice qué ocurrirá para poder combatir de la mejor manera la amenaza o bien aprovechar la nueva oportunidad que se le presenta. Así se crean las preocupaciones.

Por eso, muchas veces, aunque te vayas al campo o a la playa a relajarte, si no dejas de preocuparte constantemente, tu cuerpo y tu cerebro seguirán respondiendo como si de verdad te estuviera persiguiendo un mamut.

Padecer ansiedad provoca una reacción de estrés en la mente y en el cuerpo. Se dispara el mecanismo de lucha y huida, se activa la amígdala y se liberan todas las hormonas de las que hablábamos antes (adrenalina, noradrenalina y cortisol). Por lo tanto, las preocupaciones pueden aumentar muchísimo nuestros niveles de cortisol.

¿Qué pasa si sentimos un montón de estrés o ansiedad de forma prolongada? Pues que nuestra amígdala no dejará de activarse en ningún momento y el cóctel hormonal del que hablábamos empezará a sobresaturar nuestro cuerpo. Si este estado se prolonga en el tiempo, puedes acabar padeciendo un *trastorno de ansiedad* o *ansiedad generalizada*. Cuando esto sucede, ya no sabes ni siquiera por qué sientes miedo o estrés. Tu cuerpo y tu cerebro se mantienen en un estado de tensión permanente que los deteriora.

Si te sientes bajo amenaza a todas horas, el hipocampo se reduce, lo que causa los siguientes efectos: pérdida de memoria, problemas de concentración, alteración de la capacidad de aprendizaje y desorientación, entre muchas otras.

Por último, la corteza prefrontal, la parte racional de nuestro cerebro, se desconecta de la amígdala en estos casos. Es lo que se llama *secuestro amigdalino* y hace que nos volvamos personas más reactivas e impulsivas, que nos cueste prestar atención a lo que hacemos y que tomemos peores decisiones.

En ese estado, nos dejaremos llevar por recompensas inmediatas (comemos peor, dormimos poco, nos volvemos más adictos a las cosas...), porque la parte que pone freno a nuestras emociones (y adicciones) está desconectada.

Cuando padeces un trastorno de ansiedad, las preocupaciones aumentan sin cesar. Vives constantemente en alerta, lo que hace que veas o sientas peligros donde no los hay.

En resumen, la amígdala toma el control del cerebro, lo que significa que tus emociones se intensifican ante los pensamientos anticipatorios o preocupaciones. La corteza prefrontal, que te ayuda a racionalizar, se debilita, lo cual te produce dispersión, confusión mental y dificultades en la gestión emocional. Cuando padecemos ansiedad, nos cuesta más encontrar soluciones. La preocupación constante agota nuestros recursos cognitivos y aumenta el cortisol, lo que debilita aún más el sistema inmunitario. Un círculo vicioso del que es difícil salir.

Pero no es imposible, por suerte. Veamos a continuación qué cosas podemos hacer, según la ciencia, para revertir todas estas alteraciones del cerebro. Con estas medidas buscaremos que la actividad de la amígdala y del hipocampo se vea disminuida, bajando los niveles de cortisol, mientras la corteza prefrontal gana fuerza.

14 MEDIDAS PARA MITIGAR LA ANSIEDAD

1. Sentir miedo es normal. Aceptar que siempre estará ahí para protegernos es el primer paso.
2. Llevar una dieta saludable, libre de excitantes, como el azúcar, la sal o la cafeína.
3. Practicar una buena higiene del sueño, no escatimando horas para dormir.
4. Introducir el ejercicio moderado en tu rutina.

5. Aprender a respirar lenta y profundamente para prevenir los ataques de pánico o ansiedad que promueve la hiperventilación.
6. El yoga, el taichí o el qigong te ayudarán asimismo a conectar con tu serenidad. Es importante calmar la mente a través de calmar el cuerpo.
7. La meditación es una excelente manera de hacerte amiga de tu mente en los momentos de agitación, ya que promueve la *vía lenta*, destronando la amígdala.
8. Pasear por la naturaleza (lo que los japoneses denominan shinrin-yoku: baño de bosque) y exponerte al sol.
9. Escuchar música relajante o incluso cantar.
10. El *journaling* (escribir un diario) ha demostrado ser útil para trabajar con la ansiedad, ya que refuerza la conexión amígdala-corteza prefrontal. Además, al ponerle palabras a lo que sientes, racionalizas la emoción, lo cual te ayuda a controlarla.
11. Darte un masaje para destensar los músculos y los nervios.
12. Rodéate de tus seres queridos y exprésate. El amor disminuye la hiperactividad de la amígdala.
13. Utiliza el humor, tómate la vida menos en serio y confía (no todo está bajo tu control).
14. Una terapia psicológica cognitiva conductual puede darte herramientas útiles para poder vencerla.

Somos lo que hacemos repetidamente

El secreto de por qué muchas de estas actividades funcionan para reducir el estrés es que con ellas estamos activando el nervio vago, protagonista del sistema nervioso parasimpático. Este promueve la relajación, y es justo el complementario al sistema nervioso simpático, del que hablamos antes.

Durante el día está más presente el simpático y por la noche el parasimpático, y tan importante es estar activo como saber estar relajado.

El problema es que muchas veces sabemos todo esto, pero no lo hacemos. Sabemos que necesitamos relajarnos y que, por ejemplo, meditar o hacer yoga nos irá bien, pero lo hacemos solo un día o dos, y después *ciao*, caemos presas de nuevo de las redes o del sofá para ver Netflix.

Introducir un hábito nuevo es difícil porque al cerebro le resulta costoso formar esas nuevas conexiones (por plasticidad neuronal). Por eso, como vimos en el capítulo anterior, la recompensa y la motivación son básicas para que se instaure un hábito. Lo que necesitamos es repetir y repetir con determinación aquella nueva acción. Recordemos las palabras de Aristóteles: «Somos lo que hacemos repetidamente».

Los estudios indican que cuando llevamos unos sesenta y seis días repitiendo una misma acción, esta se convierte en un nuevo hábito. La parte difícil es que este proceso inicial a veces resulta tan costoso para el cerebro que, antes de que pasen estos dos meses, tiramos la toalla. De ahí que diga *repetir con determinación*. Nuestra determinación, nuestra fuerza de voluntad, es vital para que no nos rindamos durante el proceso.

Algo que te puede ayudar es recordarte la motivación por la que introduces esta nueva acción e implicarte emocionalmente en ello (ponerle pasión). Esto ayudará a que esta automatización ocurra de manera más rápida. También es importante agendarlo de forma estricta, ponerle día, hora y lugar, así seguro que tu cerebro estará más dispuesto a cumplirlo.

PROGRAMA TUS HÁBITOS

1. Escribe qué hábitos te gustaría introducir en tu vida.
2. Plasma por qué necesitas incorporarlos.
3. Dales espacio en tu agenda: cuándo empiezas, dónde y con qué frecuencia.
4. Marca cada día que los cumples en tu calendario.

Sobre el último punto del ejercicio, puedes recompensarte cuando hayas alcanzado cierto número de veces sin fallar o darte un premio cuando alcances tu primer pequeño objetivo. Por ejemplo, tras dos semanas de ir al gimnasio, puedes celebrarlo regalándote un masaje o cualquier otro homenaje que quieras.

Vemos el mundo tal y como somos

Me gusta repetir en mis cursos que el gran antídoto del miedo es el amor. Cuando miramos la foto de una persona amada, nuestra amígdala se muestra más apagada y la oxitocina que segregamos bajo este sentimiento de amor calma el eje HHA.

Unos mayores niveles de oxitocina te darán un sentimiento de paz, calma y conexión, tanto con los demás como contigo. La oxitocina mitiga el miedo, el estrés y la ansiedad. De algún modo, actúa de forma similar al éxtasis, esa droga con fama de volver a la gente más amorosa. Sin embargo, para gozar de este aliado natural en tu vida, puedes empezar siendo compasivo contigo.

Existe un libro precioso titulado *Sé amable contigo mismo*, escrito por la neurocientífica Kristin Neff, que ayuda a tomar conciencia, a través de todos sus estudios, del peso que nuestro diálogo interno tiene en el cerebro.

Al parecer, la autocrítica activa la amígdala. Por consiguiente, cómo nos hablamos puede incrementar nuestro estado de ansiedad o depresión. Según esta neurocientífica, por mucho que practiquemos *mindfulness* u otras técnicas, a veces la mente se queda atascada en la negatividad y es difícil salir de ahí. En ese caso ella recomienda intentar calmarnos de manera *activa*.

¿Cómo? Pues cambiando nuestro diálogo interno por uno más amable, compasivo y comprensivo. Además, podemos hacerlo de manera gratuita. También expone algo de lo que después hablaremos en detalle: la importancia de estar conectados con el resto de la humanidad, de sentirnos queridos, integrados, aceptados y seguros. Dice en su libro:

> Equilibramos la energía oscura de las emociones negativas con la energía brillante del amor y la conexión social. Esos sentimientos de calidez y seguridad desactivan el sistema de amenaza del cuerpo y activan el sistema de apego; la amígdala cerebral se calma y aumenta la producción de oxitocina. Las investigaciones demuestran que la oxitocina ayuda a suprimir nuestra tendencia natural a la negatividad.

Otra transformación crucial se produce cuando cambiamos nuestra forma de pensar, es decir, cuando cambiamos nuestras creencias. Hay una frase atribuida a Jiddu Krishnamurti que me encanta y que dice «no vemos el mundo tal y como es, sino tal y como somos». A veces es necesario interpretar la realidad de manera diferente para vivir en calma y en paz.

Los estímulos sensoriales y los pensamientos pasan por el sistema límbico primero y después van hacia la corteza prefrontal. Por eso decía el neurocientífico LeDoux que «primero somos seres emocionales y después racionales». Algo parecido dice el famoso neurocientífico Antonio Damasio al hablar sobre lo que considera un error de Descartes, ya que él cree que tendría que haber dicho: «Siento que pienso, luego existo».

Al pasar por el sistema límbico, la información es filtrada según cómo nos sentimos, según las experiencias vividas y las creencias almacenadas. Estas creencias son verdades que hemos ido aceptando a través de la vida. La mayoría las aprendemos cuando somos pequeños y la corteza prefrontal está inmadura. Por eso es importante, en la vida adulta, someter a juicio (pasarlas por la corteza prefrontal) aquellas creencias aprendidas desde pequeña que te condicionan.

El primer paso es identificarlas. No podemos gestionar aquello que no sabemos que existe. Y una vez tomamos consciencia de ellas, es importante cuestionarlas, debatirlas, pasarlas por el filtro de la razón. Puedes pedir ayuda psicológica para ello. La terapia que más se aconseja (más probada científicamente) es la cognitivo conductual, aunque escribir un diario o hablar con un amigo también pueden ayudarte.

4 PREGUNTAS PARA DESACTIVAR LAS CREENCIAS NEGATIVAS

Byron Katie, autora de *Amar lo que es,* salió de una depresión causada por sus pensamientos negativos gracias a cuatro preguntas fundamentales para desactivarlos. Puedes utilizar su método, llamado *The Work,* cada vez que te asalten ideas especialmente limitantes o dolorosas:

1. ¿Es verdad lo que estás pensando, sí o no? (Si es *no,* pasa a la tercera pregunta).
2. ¿Puedes saber con absoluta certeza que eso es verdad, sí o no?
3. ¿Cómo te sientes cuando crees en ese pensamiento?
4. ¿Y quién serías sin ese pensamiento?

Castigo y aprendizaje

Cuando percibes una amenaza, el mecanismo de castigo y recompensa no falla. Es el mismo que se utiliza para adiestrar a los animales. Si a un animal lo castigas, aprenderá que aquello no lo debe hacer, mientras que si le das una recompensa, sabrá que eso es lo que sí debe hacer.

Desde el famoso experimento del perro de Pávlov, a principios del siglo XX, se han realizado infinitud de estudios en los que ratas o monos son capaces de autoestimularse mediante una palanca el circuito de recompensa del cerebro. Cuando esto sucede, los animalitos aprietan la palanca una y otra vez, a veces hasta cientos o incluso miles de veces por hora.

Muchas veces se les da la oportunidad de elegir entre estimular el centro de recompensa del cerebro o comer un alimento delicioso, pero siempre se decantan por la estimulación eléctrica. Increíble, ¿verdad? En cambio, cuando la estimulación se realiza sobre los centros del castigo aparecen miedo, terror, desagrado, dolor y hasta enfermedad. En estos casos, los animales aprenden de forma rápida a desconectar esta palanca.

Aprender por miedo al castigo ha sido la base de la educación hasta hace pocos años. Una estrategia inadecuada, puesto que en muchos casos el miedo impide disfrutar el proceso de aprendizaje o incluso lo bloquea.

Actualmente, en la educación se intenta incentivar el interés del niño a través del circuito de recompensa del cerebro, no a través del circuito del miedo. Lo que sí es cierto es que ambas son maneras diferentes de que cualquier persona aprenda algo.

El miedo puede ser un potente motor para el aprendizaje, aunque tienes que ir con cuidado porque sigue una *U* invertida. Es decir, sin miedo, sin nada de estrés, no generamos la neuroquímica ni las hormonas adecuadas para prestar atención a aquello que queremos aprender. Sin embargo, si siento unos niveles de estrés normales, sustancias como la noradrenalina y la dopamina se liberan, favoreciendo que mantengamos la atención y que el aprendizaje se dé. Pero si el miedo, la presión o el estrés son demasiado altos, entonces el aprendizaje cae en picado: cuesta prestar atención, la mente se vuelve confusa y olvidadiza.

Como se ve en la siguiente figura, cuando nos sometemos a mucho estrés suben los niveles de dopamina (cuya función es disminuir el ruido perturbador para que veas bien la señal, es decir, el contenido) y la noradrenalina aumenta la atención hacia la señal, hacia el contenido que te interesa aprender, con lo que se pierden conexiones con la corteza prefrontal (CPF). Eso afecta a la memoria de trabajo (que almacena información a corto plazo) y a la pérdida de control cognitivo.

Observamos niveles muy bajos de estos neurotransmisores cuando nos sentimos deprimidos o fatigados.

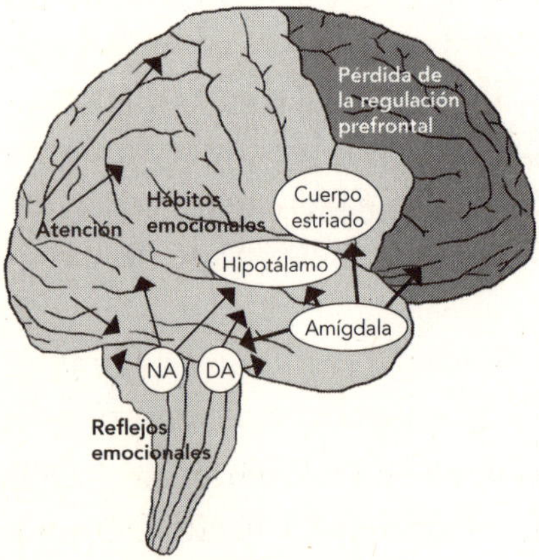

Fuente: «Stress signalling pathways that impair prefrontal cortex structure and function», Arnsten, A. F., *Nature reviews neuroscience,* 10(6), 410-422, 2009.

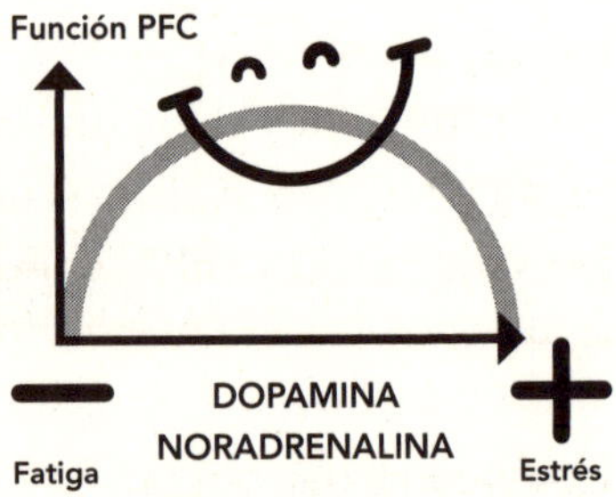

Bajo estrés la amígdala genera niveles elevados de dopamina (DA) y noradrenalina (NA). Se desconectan los enlaces entre las neuronas de la corteza prefrontal (CPF). A niveles intermedios tenemos un nivel óptimo de alerta. Cuando los niveles de DA y NA son bajos se relaciona con la fatiga e incluso depresión.

Toma de decisiones

La recompensa y el castigo también nos condicionan para que tomemos unas decisiones u otras. No solo el circuito de recompensa y la amígdala toman las riendas, sino que, como seres humanos racionales que somos, también debemos tener en cuenta el papel esencial que desempeña la corteza prefrontal, que es la que finalmente determinará cuál es la mejor opción o la menos mala.

Aunque a veces nos arrepintamos de decisiones que hemos tomado durante nuestra vida, según la neurociencia, una cosa es cierta: en cada momento decidimos lo que nos va mejor (o lo que nos resulta menos malo) sopesando recompensas / beneficios versus castigos / costes.

Un campo de la neurociencia donde se ha estudiado mucho la toma de decisiones es en la llamada neuroeconomía. Una de las partes de la CPF (corteza prefrontal) muy importante en la evaluación beneficio-coste es la corteza orbitofrontal (situada encima de los ojos).

Distintos estudios revelan que esta se activa ante posibles recompensas (por ejemplo, el dinero), pero también frente a posibles castigos, inhibiendo ciertas respuestas motoras.

El circuito del dolor

Además del miedo, otra emoción que no nos gusta nada sentir es el dolor, tanto el físico como el emocional. Cuando hablamos de dolor emocional nos referimos al duelo, la tristeza, la soledad...

El circuito del dolor forma parte de dos estructuras: la corteza cingulada anterior dorsal (CCAd) y la ínsula anterior (IA), que forman lo que se conoce como *red de saliencia*. Sé que el nombre suena raro, pero tiene que ver con el hecho de que esta red se activa cuando algo sobresale, es decir, cuando hay algún error o algo no cuadra con lo esperado.

Neurocientíficos como Eisenberger y Lieberman, de los que hablamos en el capítulo sobre las redes al tratar el rechazo social, denominan esta subred dentro del cerebro social *sistema de alarma* o *sociómetro*, ya que se activa cada vez que detectamos que socialmente no estamos encajando.

Sentirnos rechazados socialmente es un tipo de dolor emocional. Para la supervivencia del ser humano resulta esencial formar parte de la tribu. Por eso no es raro que el cerebro diseñara un mecanismo que active el dolor cuando corremos el peligro de perder la conexión social. Este mecanismo también está presente en los animales que viven en manada.

Diversos experimentos han demostrado que las personas que pasan más tiempo rodeadas de amigos tienen esta *red de saliencia* más en calma, mientras que quienes presentan ansiedad, baja autoestima y/o muestran mucha preocupación por ser rechazados por otros, tienen esta red súper activa.

Cuando sentimos apoyo emocional, la corteza prefrontal se activa y la oxitocina y las endorfinas se elevan. Es curioso, porque este mismo circuito se activa cuando nos hacemos daño físico (por ejemplo, si me doy un golpe en el pie). De hecho, se ha visto que un analgésico ayuda a reducir tanto el dolor físico como el emocional. En todo caso, si te deja tu pareja, no te chutes paracetamol, por favor. El mejor analgésico es rodearte de tus seres queridos.

También podemos sentir dolor emocional cuando perdemos bienes materiales y personales que apreciamos, o bien cuando nos sentimos solos.

Los estudios de personas que han pasado por un trauma o un duelo han observado cómo la amígdala se activa al procesar las emociones negativas relacionadas con este suceso. Por otra parte, se encuentra una menor activación de la corteza prefrontal y la corteza cingulada anterior. En principio, estas dos estructuras deberían estar activas, ya que ayudan en la reevaluación cognitiva y en la gestión emocional.

Según el famoso neurocientífico Antonio Damasio, que antes hemos citado, «el propósito de razonar es decidir». El propósito de que el cerebro humano conste de esta CPF es poder decidir de manera consciente, ya que hacerlo de forma inconsciente no sería actuar, sino reaccionar.

Control, perfeccionismo y miedo al error

Hay pocos estudios neurocientíficos que hayan observado qué pasa en el cerebro de las personas perfeccionistas que quieren tenerlo todo bajo control. Aun así, como es un tema que personalmente me toca mucho, he querido añadir este apartado con lo poquito que se conoce hasta ahora por si puede servirte de ayuda.

Ya sabes que el cerebro odia la incertidumbre, así que es biológicamente normal que sientas miedo o rechazo a esta. ¿Cómo nos protegemos? Pues buscando el control y la seguridad en nuestra vida.

Es curioso, porque hay científicos que piensan que la espiritualidad o la fe son necesarias si quieres estar tranquilo y en calma, ya que el miedo máximo o la incertidumbre máxima que tenemos es la muerte. Una persona espiritual o religiosa supera este miedo al creer en *algo más* que la protege. Por eso, para muchos filósofos y científicos, ser espiritual o religioso es una condición necesaria para poder ser feliz.

Yo debo reconocer que, desde el momento en que sentí que no estoy sola, que formo parte del misterio de la vida, del universo, muchos de mis miedos desaparecieron de inmediato. Todo ser humano se pregunta alguna vez: «¿Qué hago aquí?». Tomar conciencia de eso me conecta con los demás. Saber que al final todos tememos morir, igual que todos queremos ser amados, me une al resto de la humanidad y me da fuerza y confianza. No somos tan distintos como aparentamos. Todos necesitamos apoyo.

Volviendo al tema que nos atañe, me gustaría hablar de las personas con perfeccionismo patológico que muestran muchísimo miedo a cometer errores. La preocupación por equivocarse está relacionada con la depresión, con síntomas obsesivo-compulsivos y con la procrastinación.

Las personas con este tipo de perfeccionismo presentan mucha ansiedad y muestran alterada la activación de la corteza cingulada anterior y la CPF. Estas regiones están muy involucradas en el procesamiento de la detección de errores.

En el perfeccionismo existe una hipervigilancia e hiperactividad hacia los errores, pero también hay una hiperevaluación autocrítica. Y, como vimos anteriormente, la autocrítica provoca mucha actividad de la amígdala, lo cual crea mucha ansiedad y cortisol.

En un estudio la reacción autocrítica de los sujetos se asoció a las zonas cerebrales implicadas en la detección de errores y resolución de problemas, mientras que la amabilidad hacia uno mismo activó el polo temporal izquierdo y la ínsula, responsables de las emociones positivas y de la compasión.

En suma, ser perfeccionista y dar muchas vueltas a las cosas, querer tenerlo todo controlado, aunque es algo que vivimos por dentro en silencio, es estresante y perjudicial para el cerebro. De nuevo, el antídoto ante este estrés es el amor y la confianza.

¿Una mente que divaga es una mente infeliz?

Así lo planteó un artículo muy famoso que salió publicado en *Science* en 2010. Hablaremos en profundidad sobre la divagación en el capítulo dedicado a la meditación. Aquí solo nos detendremos para recordar que, cuando nuestra mente vuela, cuando surge el diálogo interno lleno de planes futuros, revisiones pasadas, imaginaciones o preocupaciones, la red neuronal por defecto (RND) se ve activada. Y cuanto más la activo, más inmersa estoy en mi mente y menos atención presto al momento presente.

Divagar es algo natural (lo hacemos, de promedio el 50 % del tiempo) y neurosaludable, ya que es la forma que tiene el cerebro de descansar y restaurarse. Muchos *eurekas* y grandes ideas han surgido en estos momentos de divagación. El problema, como en todo, es el exceso.

El exceso muchas veces es debido a esa ansia por querer controlar el futuro, cuando estamos sometidos al estrés, o a darle demasiadas vueltas al pasado cuando estamos deprimidos.

En estos casos hablamos de rumiación, de pensamientos (generalmente negativos) que se repiten una y otra vez como un disco rayado. Cuando la rumiación apunta al pasado, podemos caer en la depresión; cuando apunta al futuro, lo que nos espera es la ansiedad. Este es el motivo por el que hay tantas personas que padecen ambos trastornos a la vez. Ambos vienen de la misma forma de funcionar mentalmente.

Es normal que el cerebro se fije más en las cosas negativas que en las positivas. Ya sabemos que el miedo y el dolor son más urgentes que el deseo o el placer. Si seguimos hoy aquí vivos como especie es porque nuestros antepasados se fijaron más en lo peligroso, lo amenazante, lo erróneo, que en lo bueno y positivo.

Tal como señala Rick Hanson, coautor de *El cerebro de Buda*, «nuestro cerebro es como velcro para las experiencias negativas y teflón para las positivas».

Este sesgo se amplifica cuando la RND se ve alterada. Para contrarrestarlo, si somos amables con nosotros mismos, despertaremos sentimientos de calidez y seguridad que desactivan el sistema de amenaza y activan el sistema de apego. La amígdala se calmará y subirá la oxitocina. Se generarán nuevas emociones positivas y aceptaremos también las negativas. De hecho, no hay emociones positivas o negativas, todas las emociones son indispensables y nos han ayudado a sobrevivir.

¿Evitando lo que no te gusta?

La resistencia mental o emocional al dolor acentúa el sufrimiento. Nuestro subconsciente registra los intentos de evitación o supresión, y acabamos amplificando lo que intentamos evitar.

Recordemos la frase del psiquiatra C. G. Jung: «Lo que niegas te somete; lo que aceptas te transforma».

En el famoso experimento en el que se pedía a los participantes que no pensaran en un oso blanco esta imagen era mucho más persistente en su espacio mental que cuando, en el siguiente estudio, se les dijo a los participantes: «Piensa en un oso blanco». La conclusión del experimento le dio la razón a Jung: intentar suprimir un pensamiento lo refuerza, más incluso que si intentáramos pensar en eso a propósito.

¿Y a nivel emocional qué pasa cuando evitamos según qué emociones?

Los investigadores Todd Heatherton y Kathleen Vohs hicieron un estudio en el cual ofrecieron helado a un grupo de estudiantes que estaban haciendo dieta y se les pidió que vieran una película triste. Algunos vieron la película de manera normal, mientras que a otros se les pidió que suprimieran sus reacciones emocionales. Los sujetos que tuvieron que hacer uso de su fuerza de voluntad para reprimir sus sentimientos comieron una cantidad bastante superior de helado que aquellos a los que se les permitió responder emocionalmente a la película.

Liberar las emociones es cuidarse.

De hecho, llorar es una de las mejores cosas que podemos hacer por nuestro cerebro. Cuando lloramos, se liberan sustancias como las endorfinas y la oxitocina. Como vimos, las endorfinas son un potente analgésico que reduce el dolor que siento, y la oxitocina me trae sensación de paz, de calma. Es por eso que a veces después de llorar puede entrarte sueño. Llorar activa el sistema nervioso parasimpático y la actividad de la amígdala se ve aliviada. Es una respuesta adaptativa al estrés emocional.

Por último, a quienes que te ven llorar se les activan las neuronas espejo, con lo que empatizan más contigo y eso hace que te sientas mejor.

La risa es otro analgésico. El mero acto de sonreír ya libera endorfinas, dopamina y serotonina que te hacen sentir placer y bienestar. Reír, por otra parte, mitiga el estrés, reduce la ansiedad y mejora el sistema inmunológico, además de equilibrar la presión arterial. Por consiguiente, podemos decir que reír alarga la vida.

Por otra parte, la alegría es una emoción contagiosa y ayuda a que la gente confíe más en ti.

El don de la resiliencia

Esta palabra tan de moda las últimas décadas puede definirse como *la capacidad de superar positivamente situaciones difíciles.* Una persona resiliente sabe adaptarse a la adversidad, lidiando con el estrés para que ningún trauma condicione su felicidad futura.

No nos engañemos: las adversidades siempre van a existir. La cuestión es cómo las gestionas y superas.

La adversidad nos ayuda a fortalecernos, a crecer, pero si se vive como una amenaza que genera miedo, estrés e inseguridad, entonces se complica acceder a los recursos cognitivos de regulación y gestión emocional.

Una persona resiliente sabe afrontar los altibajos de la vida con afectividad, amor, buenos vínculos sociales, creatividad y humor. Es capaz de reconstruir una historia en clave positiva y mejorar sus perspectivas futuras.

Los sustratos neuronales que participan en la resiliencia son los sistemas de motivación y recompensa (núcleo accumbens, dopamina), el sistema límbico (amígdala, hipocampo), el eje HHA del estrés y, cómo no, la CPF, que nos ayudará en la reevaluación de la situación.

Hablar de resiliencia es hablar también de plasticidad neuronal, de neurogénesis (generación de nuevas neuronas) y epigenética (cambios en el ADN a causa de factores ambientales, como la dieta que llevemos, el ejercicio que hagamos, los medicamentos que tomemos…). Y del gran papel que desempeñan la oxitocina y otros neurotransmisores en todo esto.

¡Empecemos!

Las personas resilientes muestran una alta actividad en la CPF y un aumento de volumen en la materia gris del hipocampo. Si te acuerdas, estas estructuras se ven reducidas cuando padeces ansiedad o depresión. También presentan una alta conectividad CPF-hipocampo.

Puede ser, por lo tanto, que las personas resilientes sepan relatarse de forma favorable lo que les sucede, de manera que la memoria se vea reorganizada. Las palabras que nos decimos son muy potentes y pueden hacer que se genere esperanza, vida, donde aparentemente no la hay. Al cerebro le encantan las historias.

Según el motivador Simon Sinek, las personas que saben narrar historias y explicar por qué hacen las cosas logran metas extraordinarias.

¿QUÉ TE CUENTAS?

Recuerdo una clase de teatro de crecimiento personal que hice con mi profesora, Imma Rabasco, en la que nos propuso relatar una historia personal que nos hiciera sentir dolor intentando hacerla más bonita. «A lo Amélie», nos pidió. Recuerda que Amélie vive muchas desgracias en su vida, pero las transforma en algo precioso a través de la fantasía y la imaginación.

Fue un ejercicio muy potente y revelador. Es increíble cómo un mismo recuerdo puede ser interpretado de forma diferente, según cómo sea el relato que nos hagamos del mismo.

En la resiliencia también participa el circuito de recompensa. Es importante disfrutar, ya que eso me abrirá a explorar otros caminos, nuevas posibilidades. En cambio, si tengo el sistema de recompensa disminuido, aparecerán la anhedonia (la imposibilidad de experimentar placer), la depresión y el estancamiento.

Por otro lado, se ha comprobado una y otra vez cómo el cerebro se fortalece gracias a los vínculos afectivos. Cuando en la infancia ha habido carencia de amor o apoyo social, como estudió Boris Cyrulnik, el neurólogo francés autor de *Los patitos feos*, la persona presenta menos actividad en las áreas cerebrales vinculadas a los mecanismos de superación de dificultades.

Sabemos que los sistemas de apego están mediados por la oxitocina principalmente, pero también por la dopamina, los opioides endógenos como las endorfinas y la prolactina. Los niveles de estas neurohormonas pueden elevarse gracias al apoyo social. Por tanto, el sistema de apego protege al cerebro.

Las personas resilientes experimentan menos estrés frente a las mismas situaciones adversas. Puede que el optimismo, la espiritualidad y el sentido de la vida sean factores que les ayuden a interpretar las situaciones de manera más favorable. Se cuentan una historia más bella y empoderadora.

El buen apego

Vemos que la conexión social es esencial para la resiliencia. Tener apoyo afectivo puede hacer que dejemos de ver las cosas como un peligro para interpretarlas como oportunidades de crecimiento. Así que nunca dudes en llamar a una amistad o a un ser querido cuando te encuentres en un apuro.

Los opioides endógenos que hemos conocido pueden reducir el dolor emocional y reducir la actividad de la CCA. ¿Cómo activarlos? Pues realizando actividades que te causen placer.

Cuando te sientas mal, pregúntate: ¿Qué me apetece hacer? ¿Qué puedo hacer que haga que sienta gustito? Si no se te ocurre nada, el ejercicio físico es un gran generador de endorfinas, y el chocolate muy rico en cacao es otro gran aliado, siempre que se consuma con mesura. También recuerda que puedes liberar oxitocina a través del contacto, de los abrazos, de acariciar a tu mascota o incluso al darte un masaje.

En resumen, *resiliencia es conectarse a los demás y a la vida*, aprender a vivir de nuevo si es necesario, crecer, dejarse ayudar, ver nuevas oportunidades, amar y ser amado.

Numerosos estudios sobre la felicidad, como uno de Harvard que veremos más adelante en el libro, demuestran que las personas más dichosas son aquellas que se comunican más y mejor con los demás. Por lo tanto, nuestra calidad de vida depende del buen apego, de la calidad de nuestras relaciones.

Así que, ya sabes, ¡a generar oxitocina a tope!

10 MANERAS DE CULTIVAR LA RESILIENCIA

Según la American Psychological Association, hay diez maneras de cultivar esta herramienta tan importante para ser feliz más allá de la adversidad:

1. *Buenas relaciones.* Promover vínculos de calidad con familiares cercanos, amigos y compañeros de trabajo.
2. *Manejar las crisis.* Hay que evitar verlas como acontecimientos estresantes o como problemas sin solución, y empezar a verlas como oportunidades de crecimiento.
3. *Aceptación.* Se trata de asumir las circunstancias que no depende de ti cambiar.
4. *Ponerse metas.* Fíjate objetivos realistas y enfócate en ellos.
5. *Tomar decisiones cruciales.* Son especialmente importantes en los momentos de adversidad.
6. *Crecer.* Al lidiar con la pérdida y la dificultad, busca oportunidades de autodescubrimiento.
7. *Autopercepción positiva.* Cultiva la confianza y la autoestima.
8. *Tomar perspectiva.* Mira las cosas a largo plazo, también los acontecimientos que te parecen más estresantes.
9. *Optimismo.* Alimenta una mentalidad positiva, esperando lo mejor y visualizando lo que deseas.
10. *Cuidar de tu salud.* La de tu mente y tu cuerpo haciendo ejercicio regular. Presta atención a tus propias necesidades y sentimientos.

¿ESTÁ EL CEREBRO PREPARADO PARA LA FELICIDAD?

Para quienes creen que ser feliz depende de tener suerte en la vida, se hizo un estudio muy interesante sobre personas ganadoras de importantes premios en la lotería. Tras experimentar un fuerte subidón, dos meses después su nivel de felicidad era como el de la media de la población.

A este fenómeno los científicos lo llamaron la *rueda hedonista*, que es la tendencia humana de volver a un nivel estable de felicidad, pese a haber vivido acontecimientos positivos o negativos. Se regresa al punto fijo (*baseline*) de felicidad de cada persona. Sin embargo, la buena noticia es que ese punto fijo no es inamovible. Hay mucho que podemos hacer para mejorarlo.

Como ya vimos en el capítulo anterior, para ser felices de forma duradera necesitamos (entre otras cosas) entregarnos a nuestro propósito, a nuestra vocación o *ikigai*.

Hubo una frase que tuve escrita en la pared de mi habitación durante años, atribuida a Aristóteles, que decía: «Ser feliz depende solo de ti». Esta es una enseñanza que también encontramos en el budismo. Si cambio mi manera de mirar el mundo, si cambio mi manera de relacionarme con mis deseos y frustraciones, si cambio mi estado mental, si rompo con el ego, me libero del sufrimiento; independientemente de las condiciones externas.

Como yoguini, voy a ser un poco controvertida con lo que voy a decir ahora, pero, menuda presión pensar que si no eres feliz es porque tú no quieres, ¿no? ¡Qué presión pensar que si no eres feliz es porque no te lo estás currando suficiente! ¿Y si la felicidad no existe, como aseguraba Nietzsche?

¿Te habías hecho alguna vez esta pregunta? ¿Y si estás persiguiendo un imposible? ¿Qué clase de felicidad realmente podemos conseguir? La psicóloga Jenny Moix en uno de mis libros preferidos, *Felicidad flexible*, dice:

> Idealizar la vida de los que nos rodean también contribuye a que alberguemos una idea falsa de felicidad. Así que nos ha

> tocado un mundo en que se nos programa para creer que es posible vivir sin sufrimiento en un estado de felicidad constante y que se consigue con facilidad.

Como has visto a lo largo del capítulo, la prioridad máxima de nuestro cerebro es sobrevivir, no ser feliz. Pero ¿qué pasa una vez que superamos este *modo de supervivencia*? Una vez que tenemos todas las necesidades cubiertas (como proponía Maslow), ¿podemos entonces ser aptos para la felicidad?

Sabemos que estamos diseñados para prestar más atención a lo negativo que a lo positivo. Sí o sí necesitamos sentir emociones desagradables para poder hacer cambios que mejoren nuestra supervivencia. Y, como veremos al final del libro, el EGO es algo natural e inevitable en el ser humano. Asumido esto, ¿hasta qué punto no es una falacia pensar que la felicidad existe? Quizá deberíamos preguntarnos qué es la felicidad y qué clase de felicidad podemos realmente conseguir.

Estamos cargados de miedos, y el mayor de ellos es el miedo a la muerte. Por eso, como dije antes, se cree que sin *asistencia divina* una no puede ser feliz del todo. Igual que es inevitable la incertidumbre que nos genera no saber por qué estamos en este mundo o cómo será nuestro futuro. Esto es algo que siempre nos va a acompañar.

Nuestro cerebro está diseñado (al menos por ahora) para que tengamos miedo a la muerte y para que queramos controlarlo todo al máximo y ganar en certidumbre, en seguridad, porque eso se traduce en supervivencia. En el fondo, *queremos aferrarnos a la vida* sí o sí, de cualquier modo.

Mi maestro de meditación me dijo una vez: «Hasta que no consigas eliminar el miedo a la muerte no serás feliz. Renuncia a la vida y entonces empezarás a vivirla de verdad».

Como persona que ha sufrido ataques de pánico, os confesaré que hay algo de cierto en esta frase. Hasta que no aceptas que vas a morir y que, si tiene que ser hoy, pues que sea hoy, no empiezas a vivir de verdad.

Ojo, no creo que el miedo se esfume por completo, ya que es inherente a la naturaleza humana, pero por lo menos no condicionará tus días. Ganas en felicidad, seguro.

Filósofos como Voltaire consideraban que la felicidad es la suma de momentos de placer, de dicha. La felicidad sería, pues, algo pasajero, no un estado permanente. Esto nos lleva a la dopamina que, como vimos, está detrás del deseo, de la anticipación del placer. Siempre quiere más. Y corres el riesgo de poner la felicidad fuera de la ecuación, *cuando consiga esto, seré feliz*, haciéndola depender de un objetivo. Y de nunca tener suficiente.

Pero ¿y si la felicidad no se pudiera buscar? ¿Y si solo puede vivirse en el día a día? Rompamos con esa idea de la felicidad como foto fija, como un fin, para llevarla a nuestra vida cotidiana.

Alguien dijo que la felicidad se mide por la diferencia entre lo que quiero tener o vivir (deseo) y lo que de verdad tengo o me sucede. Conclusión: *si deseas menos, seguro que tu felicidad aumentará.*

Asimismo hay quien cree que solo en la infancia somos realmente felices. Esto tiene sentido si lo ligamos con la divagación del cerebro. Si divagar nos hace infelices, lo cierto es que cuanto más adulto eres, más divagación aparece, como veremos en el capítulo dedicado a la meditación. Un bebé vive en un estado de presente puro, no divaga. Esto juega a favor de la felicidad de los críos. También es cierto que muchos miedos no los tenemos cuando somos pequeños. Somos menos conscientes de las amenazas, aunque sí reconocemos los castigos y el dolor. A esa edad tampoco estamos cargados de normas, expectativas y obsesiones por aparentar ser quien no somos, por llegar a un sitio que no queremos, por hacer cosas incoherentes, ni luchamos por estar integrados en sociedad y ser apreciados en nuestra comunidad.

Como adultos, quizá estamos más diseñados para sobrevivir que para ser felices. Aunque es cierto que, cuando no estamos en modo supervivencia, vamos en busca de la felicidad y la comodidad (igual que hace cualquier animal). Tenemos un margen de maniobra de un 50 % para transformar nuestro cerebro (plasticidad neuronal) cambiando nuestro estilo de vida, creencias, valores, amistades..., en fin, todo aquello que vamos aprendiendo y viviendo. Podemos hacer mucho.

Pero hay que plantearse que quizá no hay felicidad sin esfuerzo: el esfuerzo de construir una vida llena de amor, generosidad, empatía y compasión, tal y como promueve la psicología positiva de Seligman. Si llenas tus días de estas cualidades, aparte de ganar en calidad de vida, la ciencia ha demostrado que también alargarás tu esperanza de vida.

Y sobre todo hay que aceptar la incertidumbre. Como veremos en el último capítulo, tener consciencia y poder de anticipación es un arma de doble filo. Gracias a la consciencia, podemos valorar y disfrutar de los placeres, deseos y quizá incluso de la felicidad. Sin embargo, el problema es que esto siempre irá acompañado por la certeza de que en un momento u otro terminará. ¿Cómo nos afecta saber que vamos a morir algún día?

Como dice Dani Millman: «Casi toda la humanidad tiene tus mismas dificultades. Si no tienes lo que quieres, sufres; si tienes lo que no quieres, también sufres; incluso si tienes exactamente lo que quieres, sigues sufriendo porque no lo puedes tener siempre».

Aun así, no nos pongamos pesimistas. Existen personas que son felices y que, independientemente de lo que les pase, sabes que estarán bien. ¿Qué tienen de especial estas personas? Esta es una de las grandes preguntas que me hicieron cuando me entrevistaron tras publicar *El cerebro de la gente feliz*.

¿Cómo es el cerebro de la gente feliz? Yo siempre contestaba lo mismo: un cerebro feliz es aquel que presenta una activación normal de todas sus partes (por ejemplo, no tiene una amígdala superactivada a causa del exceso de estrés) y está lleno de los llamados neurotransmisores de la felicidad (serotonina, oxitocina, dopamina y endorfinas).

Creo que mi respuesta no les satisfacía. Y no los culpo. Si tenemos que echarle la culpa a alguien (que tampoco es plan), se la podríamos echar a la propia neurociencia. Los neurocientíficos han hecho increíbles progresos investigando la neuroanatomía funcional del placer y cómo ganar en bienestar, pero poco se sabe sobre la *neurociencia de la felicidad*.

En el mundo de la psicología tenemos más suerte. Una gran psicóloga, la doctora Carol Diane Ryff, construyó el llamado *Six-factor Model of Psychological Well-being* que da seis factores claves para la felicidad.

La *autoaceptación* (quererse tal y como una es), la *autonomía* (independencia en tu modo de pensar, estar segura de tus propias decisiones), *maestría del entorno* (tener la sensación de controlar todo aquello que sucede a tu alrededor y que no son los otros quienes te controlan), *crecimiento personal* (buscar continuamente cómo mejorar, cómo ser tu mejor versión), *relaciones positivas con los demás* (amar y sentirte amada) y cómo no, *tener un propósito de vida* (el famoso *ikigai*).

Yo me considero una persona resiliente y bastante feliz. Y estoy de acuerdo en que para ello es clave ser una misma, quererse, sentir que tienes libertad para cambiar tu vida cuando sea necesario, tener motivaciones, hobbies, proyectos que te hagan crecer a nivel personal y profesional, saber hacia dónde quieres ir y ver que poco a poco lo vas consiguiendo, sentir pasión por lo que haces, tener ganas de trabajar y avanzar, y contar con gente a tu alrededor que te apoya, que te quiere, en la que puedes confiar. Todo eso entraría en la receta de la felicidad, pero ¿sabes cuál es para mí el primer paso para ser feliz? Decidir ser feliz. La decisión debe ser activa.

Una vez decides ser feliz, tu motivación, la dopamina, las ganas de vivir guiarán tu camino. Sin darte cuenta, habrás construido un estilo de vida lleno de hábitos que te harán sentir bien. Y lo bueno de los hábitos es que, una vez adquiridos, trabajan de forma pasiva y hacen el resto.

4

REDES SOCIALES Y CEREBRO SOCIAL

Cómo afectan los social media *a nuestra salud mental y a nuestra conducta*

¿Sabías que hay una red dentro de las múltiples redes que configuran tu cerebro que se activa cuando interactuamos con los demás? Estas áreas forman lo que se llama el *cerebro social* y están activas cuando charlamos con alguien, cuando pensamos en alguien, cuando intentamos descifrar las intenciones de alguien...

Si ya es difícil entenderse a una misma, imagínate lo complicado que es saber cómo funciona el cerebro cuando estamos con el resto del mundo... La cosa se vuelve aún más interesante, ya lo verás.

Te voy a hacer un poco de *spoiler*: da miedo el impacto que los demás tienen en nuestro cerebro. Mejor dicho, lo que da miedo es el impacto que tiene para nuestro cerebro sentir que no gustamos.

¿Qué es esto del cerebro social?

Empecemos por el principio: para responder a esta pregunta tenemos que remontarnos al Paleolítico y pensar en nuestros ancestros. Para ellos era de vital importancia vivir en comunidad para sobrevivir. Actividades como cazar, recolectar, defenderse de depredadores, reproducirse, ocuparse de la crianza, reconstruir hogares tras desafíos medioambientales… no podían conseguirse sin la ayuda de los otros.

De hecho, no hace falta mirar tan atrás. Hoy en día necesitamos de otros cuando enfermamos o para reproducirnos. El hecho de que un bebé al nacer sea completamente dependiente de otro ser pone de manifiesto la importancia de vivir acompañados.

Si tenemos una gran idea, emprendemos un proyecto o abrimos un negocio, pero nadie lo ve, nadie lo compra, no servirá de nada. No llegaremos a ningún sitio. Cooperar con otros es y ha sido crucial para nuestra supervivencia y para nuestra evolución como especie.

Y, como ya sabes, todo lo que es importante para la supervivencia también lo es para nuestro querido cerebro. Dado que vivir en sociedad es vital, ser rechazado socialmente o vivir en soledad no le sienta nada bien al cerebro, como veremos. Su objetivo es que en todo momento consigas estar integrado socialmente y para ello ha desarrollado un arsenal de circuitos que facilitan esta tarea.

Desde un punto de vista evolutivo, nuestro cerebro es consecuencia de aquellos antepasados que supieron integrarse socialmente y vivieron en comunidad, no de quienes fueron excluidos. Esto marcó al cerebro, de modo que hoy sentimos placer cuando nos sentimos aceptados y sentimos dolor si notamos rechazo.

Empatía y teoría de la mente

Para llevarme bien con el otro y ser aceptada es importante saber empatizar. Es decir, comprender las emociones de la otra persona. Y no solo las emociones, sino también sus pensamientos, intenciones y deseos.

Esta habilidad mental se denomina teoría de la mente o mentalización. Somos lectores de mentes, y no estoy hablando de nada paranormal. Suponemos, de entrada, que podemos predecir las creencias, deseos y pensamientos del otro. Aunque muchas veces nos equivocamos estrepitosamente, todo hay que decirlo.

En un libro de *antiayuda* llamado *El arte de amargarse la vida*, Paul Watzlawick ilustra esta situación con una historia que se ha hecho muy popular. Cuenta que un hombre quiere colgar un cuadro, pero le falta el martillo, así que va a casa del vecino a pedirle uno. Sin embargo, con cada paso que da hacia su puerta le asaltan hipótesis negativas.

¿Y si no me lo quiere prestar? Ayer le saludé y no me pareció oír su respuesta... ¿Tendrá algo contra mí? ¡Pero qué le he hecho! ¿Será que me tiene manía? Seguro que si le pido el martillo no me lo deja, mientras que yo se lo prestaría sin rechistar. ¿Cómo se puede ser tan mezquino?

En medio de este parloteo mental llama al timbre del vecino, que no tiene tiempo ni de decir *Buenos días*, porque mucho antes nuestro hombre le grita: *¡Ya puede quedarse con su martillo, estúpido!*

Este sería un ejemplo extremo de cómo los prejuicios y predicciones de la mente pueden deformar la realidad. Y el bálsamo para que no nos veamos inmersos en esta clase de situaciones es la empatía.

Para empatizar se requieren dos habilidades:

1. *Comprender al otro de manera emocional*
2. *Comprenderlo de manera racional*

Las neuronas espejo

Parece que el sustrato neuronal que se ocupa de que podamos comprender la parte más emocional de los demás recae en las *neuronas espejo*. Estas se activan de forma muy intensa cuando vemos que alguien hace algo que nosotros reconocemos, tal vez porque en algún momento lo hemos hecho también.

Por ejemplo, cuando un bailarín ve un espectáculo de danza tiene muy activas sus neuronas espejo, ya que conoce los movimientos de baile y es como si estuviera «haciéndolos» en su cabeza. En cambio, cuando una persona que no ha bailado en su vida ve un ballet, sus neuronas espejo ni se inmutarán. Tan solo disfrutará del espectáculo.

Desde un nivel afectivo, se cree que sucede lo mismo, por eso nos es más fácil empatizar con alguien que ha vivido lo mismo que nosotros. Podemos comprender el estado emocional del otro porque vivenciamos, es decir, simulamos a nivel neuronal lo que esa persona está sintiendo gracias a las neuronas espejo.

Dicho en otras palabras: el otro sabe cómo me siento porque siente lo que yo estoy sintiendo. De ahí que prefiramos estar con la gente que transmite alegría, ya que solemos preferir un contagio emocional que nos haga sentir bien.

Por otro lado, para tener una buena interacción social no solo necesitamos empatizar desde lo emocional, sino también poder predecir, saber *por dónde va* la otra persona desde un nivel más cognitivo. Tratar de anticiparme, comprender qué piensa el otro, cómo quiere actuar, qué necesita, para así poder cooperar adecuadamente con él. Con este fin, somos capaces de *mentalizar*, de generar hipótesis sobre lo que está pensando el otro.

¿Cómo consigue hacer esto el cerebro?

Existen dos teorías. La primera sería que estamos simulando el estado mental del otro, *poniéndonos en su piel*, y las neuronas espejo ayudarían en esta tarea sintiendo lo mismo que el otro, simulando el mismo estado emocional. Entendemos su emoción porque nosotros la vivimos también igual. La segunda es que esa anticipación sería un resultado más reflexivo y teórico, y menos vivencial, procedente de la activación de un circuito neuronal que engloba partes como la amígdala, la corteza prefrontal medial, el precúneo o la unión temporoparietal que, como veremos, forman parte del *cerebro social.*

¿Cuándo empezamos a ser capaces de predecir lo que el otro piensa o desea hacer?

Para saberlo, el experimento típico que se le presenta a un niño o niña es la historieta de Sally y Anne, publicada por los investigadores Baroncohen, Leslie y Frith en 1985.

Sally pone una muñeca en un carrito de bebé. Cuando abandona la escena, Anne esconde el muñeco en un arcón. Entonces, cuando Sally vuelve, el experimentador hace la pregunta: «¿Dónde buscará Sally su muñeco?».

Los niños y las niñas que responden «en el carrito» pasan la prueba, ya que saben que Sally desconoce dónde está realmente el muñeco. Quienes contestan «en el arcón» no pasan la prueba, ya que no tienen en cuenta lo que Sally cree.

Normalmente, a partir de los tres o cuatro años de edad los niños empiezan a contestar correctamente, es decir, a ser *lectores de mentes*. Algunas personas tienen dificultades para ello, como las que sufren trastornos del espectro autista, depresión o trastornos de ansiedad. En todo caso, la empatía suele ser una capacidad innata, pero también se puede entrenar a través de la educación o de un proceso terapéutico.

El cerebro social

Tanto las neuronas espejo como el circuito que nos ayuda a *mentalizar* forman parte de lo que se denomina el cerebro social. Veamos un poco más en detenimiento las partes que lo componen.

Pensemos. Si hablamos de interacciones sociales, ¿qué es lo que no puede faltar? ¡La emoción!

Cuando te deja alguien, sientes una gran tristeza; cuando te enamoras, te embarga la euforia; cuando alguien hace algo que no te gusta, puedes montar un buen escándalo... Las personas nos emocionan, nos mueven (de hecho, emoción viene del latín *e-movere*).

Veamos qué partes del cerebro social se activan al sentir las diferentes emociones. Podemos hablar principalmente de la amígdala, la corteza cingulada anterior (CCA), la ínsula y el núcleo estriado.

La amígdala reconoce, sobre todo, emociones como el miedo o la ira, que se activan ante una posible amenaza.

La ínsula está muy involucrada en la emoción del asco o del disgusto. En cambio, la corteza cingulada anterior y el núcleo estriado se activan bajo emociones positivas que nos reportan placer. Y los encargados de las emociones negativas que causan dolor social son la corteza cingulada anterior, esta vez junto a la ínsula.

Te guste o no, cuando hablamos de interacciones sociales tenemos que hablar de prejuicios y comparaciones. Cuando conoces a una persona nueva, la amígdala la etiquetará como *me gusta* o *no me gusta*. ¡Esto no es algo que se inventó con las redes sociales! El cerebro se está respondiendo a sí mismo una pregunta vital: ¿esta persona me resulta amenazadora o me inspira confianza? Según el resultado, de manera automática e inconsciente sentirás rechazo o aceptación por ella. ¿Y de qué dependerá? De una suma de factores. Hay una preferencia innata a aceptar mejor a personas de nuestra misma etnia, género, familia, aspecto... básicamente porque lo diferente nos crea incertidumbre. Nos asusta.

Por este motivo, cuando conoces a alguien nuevo, rápidamente el cerebro intenta categorizarlo en un saco de perfiles que nos resultan familiares. Es entonces cuando pensamos: *Este tío se parece a mi padre. Esta chica me recuerda a mi amiga Sofía, a la que también le encanta hablar*, etcétera.

Para categorizar recurrimos a los recuerdos y creencias que tenemos acerca de las personas, con la gran ayuda del hipocampo y otras partes de la corteza cerebral. De ahí salen posibles prejuicios, similitudes con gente conocida, experiencias anteriores comparables... Todo ello nos ayudará a formarnos una imagen con la que nos sentiremos menos amenazados.

Esto se llama *sesgo cognitivo* y también puede darse porque, en el pasado, alguien parecido en algún aspecto a quien estamos juzgando nos hizo pasar por una mala experiencia. Aunque solo se trate de una semejanza física, la persona nueva que tenemos delante nos lo recuerda y la vemos con malos ojos de entrada.

¿No te ha pasado nunca que hay algo de esa persona que no te acaba de gustar y no sabes bien por qué? Contra ese prejuicio, si te das la oportunidad de conocerla realmente, puede que te llegue a encantar. Para ello deberás abrirte a la persona que tienes delante tal y como es, y no tal y cómo tu mente cree de entrada que es.

Nuestro cerebro social incluye la tendencia intrínseca a tener prejuicios, tanto positivos como negativos. Cuando nuestro cerebro le da *like* a alguien, eso nos anima a relacionarnos y a pasar tiempo con esa persona gracias al núcleo estriado que forma parte del circuito de recompensa. Esta parte del cerebro se activará también cada vez que recibamos una evaluación positiva por parte de alguien. En cambio, si recibimos una evaluación negativa o deducimos que no le gustamos a la otra persona, experimentaremos lo que se conoce como *dolor social.* Aquí la CCA y la ínsula (que están juntas anatómicamente) darán la señal de alarma. Y nunca mejor dicho, como veremos más adelante.

Lo curioso es que estas partes que se activan cuando sentimos dolor social participan también cuando sentimos dolor físico. Es decir, que verte excluido de un grupo, que la persona que quieres no te haga caso o que te digan que eres aburrida o fea, para tu cerebro es un dolor equivalente a recibir una descarga eléctrica o a quemarte la mano.

El jugador excluido

Uno de los experimentos clásicos para evaluar el rechazo social en el cerebro se llevó a cabo jugando a un programa muy gracioso que se llama Cyberball, desarrollado por los neurocientíficos Matthew Lieberman y Naomi Eisenberger.

En este juego hay tres participantes que se van pasando una pelota. Uno de los jugadores es el foco el experimento. A esta persona le dicen que hay otros dos jugadores que participan y que se va a examinar el cerebro de los tres mientras juegan.

Sin embargo, en realidad los otros dos son controlados por el ordenador.

Llegado un momento, solo se lanzarán la pelota los dos jugadores controlados por el ordenador, excluyendo a la persona real que realiza el experimento. El sujeto que no sabe nada se siente excluido viendo lo bien que se lo pasan los otros dos tirándose la pelota.

En el experimento se comprobó que, cuando la persona se sentía rechazada, la red formada por la CCA dorsal y la ínsula interior se encendían. A esta subred dentro del cerebro social la llamaron *sistema de alarma* o *sociómetro,* porque la hipótesis de los autores del estudio es que este sistema se activa cada vez que detectamos que socialmente no estamos encajando.

LOS ESTRAGOS DEL RECHAZO

En un testimonio aportado por un amigo, este me contó las consecuencias que tuvo, a nivel de salud mental, trabajar en una empresa donde los empleados veteranos hacían *mobbing* a los nuevos.

En su caso, los dos empleados más antiguos del departamento aplicaron contra él una estrategia de aislamiento. No solo no le compartían información que se manejaba en muchas de las tareas, sino que recomendaban a los colaboradores externos que evitaran cualquier contacto con él.

Aunque la relación con su jefe era excelente, el sentimiento de rechazo y aislamiento por parte de sus compañeros le provocaba a mi amigo episodios de ansiedad y lo llevó a las puertas de la depresión. Finalmente abandonó la empresa, en lugar de poner una denuncia por *mobbing,* como forma de despegarse de una experiencia traumática que le había provocado largos meses de dolor social.

Dos árbitros de la corrección

La CCA es una de las partes más primitivas que controlan las emociones (sistema límbico) y es un puente que media entre la parte subconsciente y la parte consciente de nuestro cerebro. Nos ayuda a darnos cuenta de cualquier error, cuando es necesario inhibir el comportamiento que estamos teniendo porque no está siendo correcto y así reconducirlo.

Por su parte, la ínsula se ocupa de valorar el nivel de incertidumbre o grado de riesgo que implica para nosotros la situación en la que nos encontramos.

Voy a poner un ejemplo. Imagina que estoy dando una charla de neurociencia y, de pronto, me pongo a cantar. Mi CCA me advertirá: *Sara, ¡STOP! Esto no toca hacerlo aquí. ¡Tienes que cambiar tu conducta ya!* Por su parte, la ínsula dirá: *¿Qué consecuencias tendrá que cantes en esta situación? ¿Supondrá un riesgo para tu credibilidad?* Tras este toque, lo más probable es que pare de cantar, me disculpe y siga con la charla.

Estos dos ayudantes que viven en mi cerebro me permitirán tomar conciencia de lo que estoy haciendo y harán que me comporte de forma adecuada, según lo que requiere la situación social. No digo que esté mal cantar mientras doy una charla sobre el cerebro. Puede parecer incluso un acto creativo, pero la realidad es que estamos en un mundo lleno de normas sociales y se vería raro.

Lo que está bien hacer o no en público, cómo debo comportarme según el contexto social, depende de nuestro cerebro social. Estas dos partes que lo gestionan dan la señal de alerta cuando estoy yéndome por un sitio que no toca, justo para evitar que me rechacen socialmente.

El sociómetro y la autoestima

Lo curioso es que se ha visto cómo personas con baja autoestima o con alta sensibilidad al rechazo tienen este sociómetro hiperactivado.

Un grupo de investigadores japoneses llevaron a cabo el mismo juego del Cyberball con sujetos de alta y baja autoestima. Previamente se pasaba un test para valorar la autoestima de cada participante y vieron que las personas consideradas *de baja autoestima* mostraban un aumento de activación de la CCA y la ínsula al sentirse apartadas del juego.

En otro experimento se filmaba a una persona haciendo una entrevista de trabajo. Después se mostraba el vídeo a esta persona, mientras se le realizaba un escáner cerebral, se le daban a conocer los calificativos que supuestamente otras personas estaban diciendo acerca de ella. Las evaluaciones en realidad las generaba el ordenador de forma aleatoria, presentando adjetivos positivos, neutros y negativos de una lista de palabras. Cuando las personas con alta sensibilidad al rechazo leían una evaluación negativa, se les activaban mucho estas dos partes del cerebro que hemos visto.

Género y vulnerabilidad

Para muchos neurocientíficos, la autoestima depende de si yo creo que los demás me aceptan o me rechazan. ¿Y sabes que los hombres presentan mejor autoestima que las mujeres? ¿Y que las mujeres presentan el doble de depresión y ansiedad?

Vamos a abordar esta preocupante realidad.

La evaluación social y el rechazo social están directamente relacionados con la depresión. Se ha comprobado que las personas que sufren rechazo social tienen veintidós veces más probabilidad de caer en una depresión a corto plazo. Las mujeres muestran más sensibilidad al rechazo que sus colegas masculinos y además tienden a autosilenciarse, a enmudecer, en lugar de buscar ayuda.

Las mujeres, por término medio, son más autocríticas, mucho más propensas a infravalorar su rendimiento profesional y tienen mucho más miedo a la desaprobación que los hombres, según estudios realizados.

La neurocientífica Gina Rippon sostiene que la educación diferencial desde la infancia y los estereotipos de género contribuyen a que esto sea así. Lo que se espera de mí por ser mujer es diferente a lo que se espera de un hombre. La mujer durante mucho tiempo ha sido obligada a ser dócil, complaciente, sonriente, educada... Tal como dice la neurocientífica Daphna Joel: «Las cualidades asociadas a las mujeres son las de un grupo subordinado».

Este punto de partida desfavorable ha hecho que el sistema de alarma que hemos visto trabaje más de la cuenta. Si yo de pequeña no me comportaba como lo haría una *buena niña,* el sistema de alarma del cerebro se activaba, y, como nosotras tenemos más presión por ser aceptadas que los hombres, esto puede causar que nuestro sistema de alerta esté hipervigilante.

Seguro que toda esta parte social, adquirida, nos afecta y mucho, pero no podemos olvidar que las diferencias biológicas innatas entre hombre y mujer pueden estar influyendo también en este caso.

Ya sabemos que nos movemos por la vida en busca del placer y evitando el dolor. Y así como existe la motivación para acercarme a aquello que deseo (mediado por el sistema de recompensa y la dopamina), también existe una fuerza arrolladora, una motivación para alejarme de aquello que no deseo (mediado en parte por el «sistema de alarma» del cerebro).

Con tal de no sentir el dolor emocional, intentamos ser aceptados allá donde vamos. Y si, encima, al sentir que gustamos, nuestro cerebro lo celebra haciéndonos sentir bien y subiendo nuestros niveles de autoestima, ¿quién no iría en busca de ello?

Así que no te sientas culpable si tiendes a querer gustar, a caer bien a los demás. Es natural, tiene un peso evolutivo detrás. Y cuando esto se vuelve patológico, como ocurre en la adicción a las redes sociales, la buena noticia es que se puede trabajar, se puede cambiar gracias a la plasticidad neuronal, que hace que siempre tengamos la oportunidad de moldear nuestro cerebro, independientemente del género, de las circunstancias o de la edad que tengamos.

La trampa de las redes sociales

Ahora ya sabemos la importancia que tienen las relaciones sociales para el cerebro: necesita sentirse querido y aceptado. Y todo esto se ve reflejado y muchas veces amplificado en las redes sociales.

Yo, de entrada, confieso que tengo con ellas una relación de amor-odio. Aún no he decidido si todo lo bueno que traen compensa todo el mal que pueden causar, la verdad. Ahora te cuento y tú decides.

Hay algo evidente que no tiene marcha atrás: las redes sociales han llegado para quedarse. El 80% de las personas entre dieciséis y setenta años usan las redes sociales de forma habitual, y las menores de cuarenta son las que más tiempo pasan conectadas.

De hecho, usamos expresiones como *me he quedado sin batería* o *no tengo cobertura*. ¿Hola? Estamos hablando de... ¡un objeto! Tu móvil. Pero lo hemos personalizado hasta tal punto que lo hacemos totalmente parte de nuestra identidad. Es fuerte, ¿no crees?

Según un estudio llevado a cabo en Reino Unido, el hecho de que te roben el móvil o perderlo nos causa un nivel de estrés máximo. En otro estudio curioso se demostró que un tercio de las personas preferían dejar de tener sexo durante una semana a estar ese mismo tiempo sin móvil. La fobia a no tener móvil es tan común que ya tiene nombre y todo: *nomofobia*.

Chequeamos nuestro móvil de media unas ciento cincuenta veces al día. ¿Te ha pasado alguna vez abrir el WhatsApp para escribir a alguien, liarte mirando lo que otros te han dicho y, de repente, cerrar la aplicación y olvidar a quién querías escribir desde un inicio? A mí me sucede a menudo. Y tengo que hacer un trabajo consciente para recordar con quién quería hablar inicialmente.

Lo peor de todo, como se ha comprobado científicamente, es que muchas veces chequeamos el móvil y no sabemos ni por qué. Es un acto inconsciente, automático. No es raro. Imagina que ciento cincuenta veces al día te muerdes las uñas o te tocas el pelo. Repetirás esta acción la mayoría de las veces de manera inconsciente, ya que se ha convertido, quieras o no, en un hábito, como ir al gimnasio o levantarte temprano. Y en los hábitos el subconsciente toma el mando para ahorrar recursos cognitivos.

Por eso, *el primer paso es darse cuenta*. Ser consciente de la frecuencia y del uso qué estás haciendo de tus redes sociales, con tu móvil, o de las pantallas en general.

¿Por qué chequeamos las redes tantas veces al día?

Se debe a que nuestro cerebro recibe recompensas inmediatas aleatorias. El hecho de que no se produzcan siempre de la misma manera es parte de lo que nos engancha. Por ejemplo, en Tinder hay veces que haces *match* (recompensa) con alguien y otras no haces *match* (no hay recompensa). En Instagram a veces publicas un post en el que recibes muchos *likes* y otras en que publicas otro que no recibe tantos.

Si siempre recibo lo mismo, se convierte en rutina y las dosis de dopamina cada vez se hacen menores. Mi sistema de recompensa del cerebro ya no se activa con la misma intensidad, me desensibilizo. Por eso, para que algo cree adicción la gratificación ha de ser variable.

También parece importante que necesitemos hacer algo para ganarnos esta recompensa. No se trata de ser un observador pasivo, sino que debe producirse un acto motor. Por ejemplo, para hacer *match*, antes has tenido que deslizar el dedo hacia la izquierda o hacia la derecha. En otras redes, al hacer *scrolling*, deslizar el dedo hacia arriba ya es un acto que genera un premio. ¿Cuál? Encontrarme con un contenido que me despierte la curiosidad.

De nuevo jugamos con esa recompensa variable. Al hacer *scrolling* hay veces que no encontramos ningún contenido de valor, pero en otras, de repente, *¡pam!*, encuentro un post interesante o a alguien comentando algo que me encanta. Ahí van microdosis de dopamina. Me llega una pequeña recompensa que hará que desee seguir mirando más y más por si encuentro otro *momentazo* así.

También interviene la dopamina al recibir notificaciones. Si sabes que tienes un wasap o un correo sin leer, normalmente te cuesta no mirarlo. Nos comportamos como perros de Pávlov. Quizá por eso a muchas notificaciones le ponen el símbolo de la campana: es la señal perfecta que hace desatar nuestras ganas de mirar lo que hemos recibido. Nuestro subconsciente no descansará hasta que lo hayamos visto.

De hecho, hay estudios que demuestran que no trabajamos igual con el móvil delante que si lo escondemos, por ejemplo, en otra habitación, en una taquilla o en un cajón. Lo mismo sucede cuando hablamos con alguien en persona. No se genera la misma conexión y nivel de presencia si tenemos el móvil en la mesa que si no.

Otro mecanismo de las redes sociales que hace que nos quedemos enganchados a ellas son las reacciones, como el socorrido *me gusta*. Imagínate que en Facebook o cualquier red social que uses no pudieras comentar nada, no pudieras dar un *feedback* de aquello que ves. ¡Sería bastante rollo! En cambio, dar mi opinión, evaluar o que me evalúen, pone las pilas a nuestro cerebro, para bien y para mal. Ya vimos que si la evaluación es positiva, genial. Chute de dopamina, recompensa al canto. En cambio, cuando es negativa, puedo sufrir dolor social y eso afecta a mis niveles de autoestima.

Sea como sea, las empresas lo que quieren es que sigas ahí. Piensa que ellas ganan dinero gracias a los anuncios que ves mientras estás metida en las redes. Cuanto más tiempo pases, cuanta más atención puedan robarte, mejor. Y los algoritmos ya se ocupan bien de ello. Por un lado, se encargan de que solo veas el contenido que te interesa, recomendándote aquello que te gustó alguna vez en el pasado. Lo mismo hacen las tiendas online como Amazon.

Pero ¿qué pasa con mis amigos que publican pocas veces? ¿Y si quiero dejar de ver siempre lo mismo? Eso no les importa nada a los gestores de esas redes, por desgracia, priman más sus intereses que los tuyos.

Por otro lado, el algoritmo te premia si interaccionas mucho, ya que tu perfil les aparecerá a otros con mayor probabilidad a los demás. Esto, de nuevo, conlleva que tengas que pasarte una cantidad de tiempo considerable enganchado. ¿Y qué pasa si no quiero pasar tanto tiempo en las redes? ¿Qué sucede si durante un tiempo quiero dejar de publicar? Pues olvídate entonces de que tus amigos te vean, o que tu producto llegue a tus seguidores.

En último lugar, pero no menos importante, hay que resaltar que nuestros datos son oro para estas compañías. Gracias a las redes sociales, pueden captar muchísima información acerca de cada uno de los usuarios.

El otro día leía en el libro *Think Before You Like* de G. P. Harrison: «En las redes sociales tú no eres el cliente, tú eres el producto». No hay que dramatizar, creo yo, no pasa nada, pero al menos tenemos que ser conscientes de que esto va así. Las redes sociales están creadas para ganar dinero, no para amenizar al ser humano. Y eso tiene sus consecuencias.

Las redes neuronales de las redes sociales

De acuerdo con la neurociencia, hay principalmente tres redes neuronales que se activan en nuestro cerebro cuando estamos en contacto con las redes sociales.

1. *Red de la cognición social.* Esta es la red del *cerebro social* de la que hablábamos al inicio del capítulo. Como vimos, esta red se activa cuando mentalizamos acerca de las intenciones de alguien, en este caso, de cómo van a responder nuestros seguidores. *¿Les gustará este post? ¿Hará alguien un comentario a esta publicación? ¿Les motivará esto que he compartido?* También se activa cada vez que damos vueltas a lo que piensan los demás por algún comentario que hayamos hecho. *¿Por qué me ha discutido esta persona mi opinión?*

   Esta red que se encarga de la teoría de la mente está compuesta por la corteza prefrontal dorsomedial (CPFDM), la unión temporoparietal (UTP), el lóbulo temporal anterior (LTA), el giro frontal anterior (GFA) y la corteza cingulada posterior-precúneo (CPP).
2. *Red de la cognición autorreferencial*, formada principalmente por la corteza prefrontal medial (CPFM) y el

precúneo. Se activa siempre que cuento o pienso algo relacionado con mi propia persona. Y esto sucede a menudo en las redes sociales. Cuando expreso mi opinión en las redes, cuando comparto algo personal, cuando reflexiono debido a algún comentario que alguien me ha hecho, incluso cuando miro los perfiles de los demás y me comparo con ellos, todo esto activa la red de cognición autorreferencial, me hace replantearme cómo estoy o quién soy respecto a los demás.

3. *Red de recompensa.* Este circuito neuronal del que tanto hemos hablado se activa cuando alguien nos da un *me gusta,* cuando recibimos un comentario positivo, cuando alguien nuevo nos sigue… Estas interacciones nos gustan porque aumentan nuestra reputación social y, por lo tanto, nos hacen sentir en conexión con los demás. Asimismo, ver algo inesperado o que nos despierte la curiosidad aumentará esas dosis de dopamina en nuestro cerebro, con lo que cada vez querremos más y más. El circuito de recompensa, como podemos ver en la figura de abajo, está compuesto por la corteza prefrontal ventromedial (CPFVM), por el estriado ventral (SV), y por el área tegmental ventral (ATV), la sede de las neuronas dopaminérgicas.

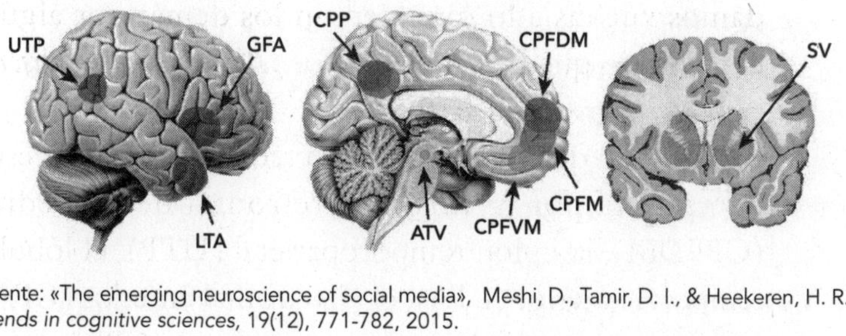

Fuente: «The emerging neuroscience of social media», Meshi, D., Tamir, D. I., & Heekeren, H. R., *Trends in cognitive sciences,* 19(12), 771-782, 2015.

Aunque son bastante recientes —no tienen aún tres décadas—, las redes sociales han supuesto tal impacto que están cambiando nuestro cerebro. Algunos estudios revelaron que la activación del núcleo accumbens, área principal del sistema de recompensa y que forma parte del estriado ventral, es mayor en personas que publican mucho, como es el caso de un *influencer*. Otro estudio vio cómo la amígdala era mayor en aquellas personas que tenían una red social mayor.

Conocemos aún muy poco acerca de cómo cambia el cerebro bajo el impacto de las redes sociales, pero sabemos que no nos dejan indiferentes. Igual que sabemos que nos gusta hablar de nosotros mismos y que, cuando lo hacemos, se activa también la red de recompensa del cerebro. Según la neurocientífica Diana Tamir, nos pasamos el 40 % de nuestro día hablando de nosotros mismos, y en el mundo online lo hacemos casi el 80 % del tiempo.

Y esto no es lo único sorprendente. Se ha comprobado que cuando creemos tener audiencia, se activan aún más los centros de placer. Quizá por eso nos gusta tanto compartir a través de las redes.

Sin embargo, debemos andarnos con cuidado. Si mi número de *likes* cada vez es mayor, mi deseo de atención y valoración también aumentará sin parar. Les dedicaré más tiempo y energía a las redes y menos a mis prioridades o a mi vida social real. Con el tiempo, me sentiré más vacía, pero para evitar ese dolor social, pasaré aún más horas en redes. Así empieza un círculo vicioso que puede llevarnos a la adicción. Las recompensas a corto plazo tienen su lado oscuro.

¿Las RR. SS. crean adicción?

Cuando empecé a hacer investigación sobre el tema, me sorprendió que hubiera mil y un sinónimos para referirse a la adicción a las redes sin decir propiamente la palabra *adicción* (dependencia, abuso, obsesión, compulsión, desregulación…). De hecho, aún no se ha establecido ningún tipo de adicción a internet o a las redes sociales. en el manual DSM que usan los psiquiatras y psicólogos. Solo está incluida la adicción a videojuegos desde 2013.

Se han hecho muchos estudios sobre la adicción a internet, pero muy pocos acerca de si las redes sociales crean adicción. Los pocos que hay por ahora apuntan a que no. Según estos estudios, las redes sociales activan el sistema de recompensa del cerebro como lo hace una droga, cierto, pero la diferencia reside en que la corteza prefrontal (CPF) sigue manteniéndose activa, cosa que no ocurre cuando somos adictos a una sustancia. Esto significa que, en el caso de las redes sociales, en teoría tú siempre eres capaz de parar y cerrar el móvil cuando notas que estás abusando demasiado gracias a que la CPF te ayuda a inhibir las conductas inadecuadas.

Curiosamente o no, los pocos artículos que hay sobre el tema están vinculados a Facebook. ¿Quizá existe algún interés en querer demostrar que las redes no producen adicción? No lo sé.

Cuando hablamos de adicción, técnicamente nos referimos a que el abuso, en este caso de las redes sociales, trae consecuencias negativas a tu día a día (insomnio, pérdida de amistades, bajo rendimiento escolar o laboral...). En suma, empeora tu calidad de vida.

En cualquier caso, las personas que sufren ansiedad o depresión son más propensas a caer en las redes sociales. Desde mi punto de vista, esto pasa por dos razones. Primero, porque la CPF está menos activa, con lo que poner freno a una conducta adictiva va a costar mucho más. Segundo, porque cuando uno está mal tiende a evitar esa sensación de malestar. Recuerda: buscamos el placer y evitamos el dolor. ¿Y qué es lo más fácil? Buscar gratificaciones instantáneas activando nuestro sistema de recompensa como comer dulce o mirar las redes sociales.

¿Las redes sociales estresan?

Si tienes estrés, las redes sociales no son la mejor idea, porque se ha comprobado que provocan estrés por muchas razones.

Primero, querer estar informados de todo lo que pasa es estresante. Estamos constantemente bombardeados de noticias —algunos autores hablan de *infoxicación*—, y tendemos a seguir clicando para saber más antes que a parar, a querer más (nunca es suficiente) en lugar de decir *basta*. Esto dispara el cortisol, la hormona del estrés.

Luego está el famoso FOMO (*fear of missing out*): tener miedo a perdernos algo importante. Miedo quizá a no verte incluido en según qué planes o miedo a estar *out* de lo que se cuece. ¿Pero eso es real? Si te paras a pensar, no podemos echar de menos aquello que no vemos.

En tercer lugar, el uso de las redes nos hace muchas veces entrar en el modo multitarea. Por ejemplo, mientras escribo un proyecto contesto un wasap o un correo. El hecho de hacer pequeñas cosas a la vez da la sensación de estar haciendo más (nos encanta hacer *check* en nuestra *to do list,* son pequeñas gratificaciones para el cerebro), pero en realidad sucede todo lo contrario. Nuestro cerebro se estresa con el *multitasking*, baja nuestra carga cognitiva y nuestro rendimiento cae en un 40 % ni más ni menos.

Es mejor hacer las tareas de manera secuencial, una tras otra.

Por otro lado, el exceso de estimulación puede hacernos sentir culpables cuando no alcanzamos a responder a todas las supuestas demandas. Nos angustia dejar un mensaje sin leer, no responder un audio al momento. Es fácil caer presas de la inmediatez, lanzarnos a contestar al momento pensando que si no el otro se va a enfadar. El hecho de que las redes estén operativas 24/7 te hace creer, de forma inconsciente, que tú también debes estarlo.

Imagínate por un momento qué bien estaríamos si las redes sociales funcionaran como una tienda de zapatos que abre a las diez y la cierra a las ocho. ¿No te daría tranquilidad? Y es que sentirse con el deber de contestar los correos de la escuela, de tu jefe o tener que seguir notificaciones de trabajo mientras estás viendo tranquilamente la televisión es una de las primeras causas de *burn out*. Mirar el móvil tantas veces al día crea un ruido de fondo lleno de impaciencia que puede comprometer tu pensamiento de orden superior.

En el Silicon Valley, la cuna de la tecnología de consumo masivo, ahora se lleva la desintoxicación digital, también llamada *ayuno de dopamina*.

Desde mi punto de vista, estar constantemente conectados nos hace vivir fuera de la vida. Solo hay que verlo por la calle: todos vamos enganchados al móvil. En los ratos libres, mientras esperamos el autobús o subimos en el ascensor, no dejamos a la mente relajarse, sino que la seguimos estimulando con más y más información, la mayoría inútil.

¿Y qué pasa con nuestra atención?

A causa de las redes sociales y de las pantallas en general, nuestra atención se está viendo mermada. Nuestras habilidades cognitivas se vuelven menos eficientes.

Se ha demostrado que el cerebro no puede simultanear varias tareas que impliquen las partes más evolucionadas del cerebro. Por ejemplo, si contestas mensajes de texto mientras atiendes a una conversación importante, no harás bien ni una cosa ni otra.

De hecho, lo que llamamos *multitasking* no obedece a actividades realmente simultáneas. Es lo que se conoce como *asignaciones alternas*, y lo que hacemos es cambiar rápidamente de una actividad primaria a otra secundaria, con la consiguiente fatiga para el cerebro.

Por ejemplo, si estás escribiendo un informe y *sales* del tema cada poco tiempo para ver lo que pasa en las redes, tu cerebro necesita invertir una energía extra cada vez para luego retomar el hilo de la tarea anterior. Este es el motivo por el que cuando nos entregamos a estas *asignaciones alternas* nos agotamos mucho más —el cerebro quema mucha energía que necesitaría para permanecer en la tarea—, mientras que hacer una sola cosa con toda nuestra atención nos relaja.

Este falso *multitasking* aumenta los niveles de cortisol, la hormona del estrés, así como los de adrenalina, manteniendo nuestra amígdala activa. Si multiplicamos los estímulos del cerebro, lo que conseguimos es aumentar la confusión.

Del saber hacer al hacer saber

Me hizo gracia una frase del *podcaster* Enric Sánchez, que afirmaba que hemos pasado del *saber hacer* al *hacer saber*. Y, de hecho, muchas veces se trata solo de sacar la foto y ya.

Hablando de sacar fotos y hacer *check*. Un estudio reciente me hizo pensar en todos los viajes que he hecho. Parece ser que cuando fotografiamos constantemente con el móvil todo lo que vemos, guardamos menos la información en nuestra memoria que si no hubiéramos inmortalizado el momento o el lugar en la foto. La denominada *memoria transactiva* no opera de la misma manera. Esta memoria se ocupa de elegir aquello que vale la pena retener y lo que debemos desechar. Al hacer la foto para compartirla enseguida en las redes, en vez de pasar la información a la memoria a largo plazo, es como si el cerebro entendiera que ese recuerdo se alojará en un disco externo y, por consiguiente, no lo guardará de la misma manera en tu espacio mental.

Sobre esto, siempre que viajo sola tengo en mente una frase que me dijo una amiga: «Olvídate de hacer fotos, olvídate de compartir aquello que estás viviendo. Vive y luego ya compartirás. No dejes escapar los momentos porque son únicos y no volverán».

¿TIENES ADICCIÓN A LAS REDES?

1. ¿Haces un uso compulsivo de tu *smartphone* y otros dispositivos? ¿Te cuesta desconectar de ellos?
2. ¿Necesitas estar online de forma permanente?
3. ¿Has llegado a esconderte en un lavabo o en otra habitación durante un acto social para poder conectarte?
4. ¿Sientes que las redes —y lo que sucede en ellas— cambian tu estado de ánimo?
5. ¿Utilizas internet como una vía de escape?

Cuantas más respuestas positivas des a este cuestionario, más probable será que tengas dependencia de las redes sociales. De ser así, merece la pena que hagas algo al respecto.

Desde mi punto de vista, las redes suponen un problema cuando sientes que te roban tiempo para lo que realmente quieres hacer, cuando dificultan que puedas llevar a cabo tus prioridades.

Cinco años conectados

Un día enseñé en Instagram unos resultados en los que se veía cuánto tiempo pasamos conectados a las redes. De media dedicamos unas dos horas treinta minutos al día. Se ha incrementado muchísimo en los últimos años. Aunque en España el tiempo es un poco menor a la media, casi unas dos horas, si sumamos este tiempo equivale a estar… ¡más de cinco años de nuestra vida conectados! Seguramente pasamos más tiempo mirando el móvil que comiendo o sociabilizando cara a cara.

Tras mostrar estos datos, pregunté a mis seguidores: ¿qué haríais con todo ese tiempo si no existieran las redes? La mayoría me contestó que leer o bien quedar más con los amigos de manera presencial. Si reunirte con tus amigos, leer o tener tiempo para ti es una de tus prioridades, no te molestará restar tiempo a las redes para ganarlo así.

¿Qué puedes hacer para desintoxicarte? Las adicciones como el tabaco o el alcohol llevan a la solución única de dejarlo, pero en el tema que estamos tocando no todo es blanco o negro. Las redes han venido para quedarse, por lo tanto, merece la pena ver ese *gris*, cómo podemos sacarles provecho sin caer enganchados a ellas.

9 MEDIDAS PARA UN BUENA GESTIÓN DE LAS RR. SS.

1. *Decide qué uso quieres darles.* Toma conciencia cada vez que entras de para qué lo haces. Decide de manera consciente, cada vez que coges el móvil o abres una red social, cuánto tiempo quieres estar y qué deseas hacer en ella. Obliga a tu parte consciente del cerebro a estar presente cuando estés en las RR. SS. o delante de las pantallas en general.
2. *Elimina las notificaciones.* No hace falta saber que tu amigo que hace tiempo que no publicaba de repente publicó. O que alguien te ha pedido amistad.
3. *Limita su uso.* Dentro de cada aplicación hay la opción de poner cuánto tiempo quieres pasar en ella. Hace tiempo

que yo limito mi uso a las redes. En un directo con Ferran Cases, amigo y compañero de trabajo —con él escribí mi anterior libro, *El cerebro de la gente feliz*—, de repente se me cerró Instagram. Habían pasado más de veinte minutos, que es el tiempo límite que tengo puesto. Si esto es lo peor que puede pasarme, lo compro.

4. *Marca unas franjas horarias para mirar las redes.* No puede ser que estés 24/7 enganchado a ellas. Mientras las aplicaciones no limiten su uso, mi consejo es que fijes tú cuándo te das este tiempo. Puede ser dos veces al día. Una por la mañana (por ejemplo, de 11.00-11.30 h) y otra por la tarde (de 19.00-19.30 h). No tiene sentido que chequeemos el móvil ciento cincuenta veces al día, y que pasemos dos horas (o más) de nuestro tiempo con él.
5. *Deja el móvil en otra habitación o en el cajón* mientras estés leyendo, estudiando, trabajando o sencillamente concentrado en algo. Se ha visto en distintos estudios que la mera presencia del móvil degrada tu capacidad cognitiva.
6. *No mires el móvil en la cama*, ya que esto dificultará tu transición al sueño, debido a la longitud de onda azul que las pantallas emiten. Esta luz reduce en un 22 % los niveles de melatonina, tan necesaria para poder dormir. De hecho, parece que es mejor que veas Netflix a que mires el móvil, ya que la luz que proviene del televisor es menor que la que impacta desde tu móvil, quizá porque la distancia es más corta en este último caso.
7. *Aparta el móvil cuando sociabilices.* Varios estudios han mostrado un impacto negativo en la calidad de las relaciones cuando el móvil está presente. Tenemos menos sensación de conexión, de intimidad, mientras hablamos con alguien. Es mucho mejor que el móvil en esos momentos se quede en el bolso.

8. *Disfruta del momento* sin tener que sacar tu móvil enseguida y hacer la foto o el vídeo, como quienes acaban viendo un concierto en directo a través de la pantallita porque no paran de filmar. Deja que el recuerdo se guarde bien en tu memoria.
9. *Educa a tus relaciones.* Para no caer en el estrés de querer contestar al momento, deja claro a toda tu gente que si realmente es urgente mejor que te llamen. Aprende, en todo caso, que no siempre podemos complacer a todo el mundo.

¿Qué trae de bueno la era digital al cerebro?

Tenemos un sesgo, yo la primera, al pensar que nuestra infancia fue mejor que la vida de ahora. Tus padres o tus abuelos pensaban que jugar sin televisión era el escenario ideal, igual que yo puedo pensar que crecer sin tabletas o móviles es mucho más enriquecedor y creativo. Sin embargo, muchos videojuegos ayudan a crear nuevas formas de aprendizaje. La tecnología promueve la plasticidad neuronal. También es cierto que los nativos digitales asumen las redes sociales de manera diferente a los que no lo son. La actividad que presenta su cerebro hace creer que se adaptan mejor.

Las RR. SS. pueden ser, además de una fuente de aprendizaje, una eficaz forma de expresión. Sobre todo, para muchos adolescentes que necesitan sentirse acogidos por el mundo. Descubrir que existe más gente en tus mismas circunstancias puede ser una red de apoyo emocional muy fuerte. También se ha visto que las redes sociales ayudan a muchos niños autistas o introvertidos a comunicarse.

Eso sí, el aluvión de información que corre por las redes requiere de nosotros mucho más filtro. Cuidado con las *fake news* difundidas en las redes sociales. Aprender a ser crítico con la información y contrastarla con fuentes fiables debería estar a la orden del día, al igual que hay que diferenciar *noticia* de *opinión*. Por último, recuerda que nuestro cerebro tiene lo que llamamos *sesgo de confirmación*, dando más crédito a aquella información que va acorde con nuestras ideas u opiniones. Como decía el periodista Robertson Davies: «Los ojos solo ven lo que la mente está preparada para comprender».

Es normal que los niños y adolescentes se enganchen a las redes sociales, al mundo virtual, ya que ahí los miedos no son tan tangibles y tienes la oportunidad de crear tu espacio seguro e ideal. Pero ¿qué pasa cuando salen al mundo real? Eso lo iremos viendo con los años.

¿Sabías que...?

- Ver un post con muchos *likes* te hace creer que esa información es verdadera. ¡Y hace que quieras darle *like*!
- Un estudio de la Universidad de Miami de 2014 concluyó que las personas emocionalmente inestables publicaban más en Facebook que el resto de la población. Lo hacían con el fin de regular sus emociones y recibir apoyo social para conseguir bienestar.
- Curiosamente, los introvertidos publican más que los extrovertidos, mientras que estos últimos comentan más.
- Las adolescentes con baja autoestima pueden acabar sufriendo depresión por culpa de las redes sociales.

El cerebro del *influencer* y de su espectador

Somos muchos cientos de millones de personas conectadas, por ejemplo, a Instagram. Cada año más. Si te conectas un rato al día, acabarás viendo tal vez publicaciones del 10-20% de la gente a la que sigues. Muchos de ellos, seguro *influencers.*

Aunque a veces admiremos o envidiemos a estas personas, el estudio antes mencionado de la Universidad de Miami demostró que la gente que más publica es más inestable emocionalmente. Aunque también podría ser al revés: publicar mucho, estar siempre pendientes del seguimiento y de su evaluación, te desestabiliza emocionalmente. ¿Qué fue antes, el huevo o la gallina?

Sabemos que si mucha gente le da *like* a mi publicación el sistema de recompensa del cerebro se pondrá bien contento. Por el contrario, si yo esperaba recibir muchos *likes* y al final recibo menos, mi predicción de recompensa será negativa, esto hará que mis niveles de dopamina bajen y que sienta frustración.

Esta frustración puede llevarme a dos situaciones: querer buscar aquello que anhelaba con más ansia (más *likes*). Y por lo tanto, voy en busca de más dopamina, más esfuerzo por conseguirla, más adicción. O, por el contrario, puede ser que la frustración me deprima, incluso me haga abandonar las redes, como le ha pasado también a muchos *influencers.*

También está el tema de los *haters*, personas que hacen comentarios desagradables a estas personas tan influyentes en las redes. Estas evaluaciones negativas pueden activar el sistema de alarma del cerebro (CCA e ínsula) y hacerte bajar la autoestima, por lo que tendrás más puntos para deprimirte.

Lo curioso es que nos guste o no, personas con muchos seguidores nos mantienen bien adictos a las redes. ¿Por qué? Por lo general el *influencer* crea el famoso *engagement* conectando emocionalmente con su «espectador», lo motiva a reaccionar e interaccionar. Por eso hacen tantas preguntas en sus *stories* o posts. Y si generan curiosidad, van innovando en sus interacciones, entonces seguro que nos mantienen bien enganchados, ya que hacen que la dopamina que se libere en nuestro cerebro sea variable y, como vimos, esta variabilidad es la que crea adicción.

A esto añádele que, aunque quizá suene mal, por lo que respecta al cerebro somos seres prehistóricos acabados de salir de la selva. No somos buenos en identificar creencias irracionales, nos cuesta tomar conciencia de las cosas, nos dejamos llevar más por los impulsos del momento. También somos narradores de historias y estas nos encantan. Quizá de ahí que demos tanto peso al *storytelling* o al *copywritting*. Somos seres emocionales, y por qué no decirlo, cotillas. Si te cuentan historias personales con mucha pasión y emoción, *voilà* tienen la receta perfecta para que quieras leerlos o escucharlos constantemente.

Nuestro cerebro es adicto a la novedad, al cotilleo, a las imágenes excitantes y visuales. Lo diferente, lo que contrasta, deja huella porque puede ser importante para la supervivencia. Por eso cuando escuchamos historias o vemos imágenes o vídeos que tienen ese toque de creatividad, innovación y enganche emocional, nos cuesta desengancharnos.

Por último, resulta que sentimos recompensa inmediata cuando damos «me gusta» a algo a lo que mucha gente le ha dado «me gusta». Nuestro núcleo accumbens se activa más. Nuestro cerebro intuitivamente presta más atención a todo aquello que está mejor evaluado.

Tanto, que incluso llegamos a creernos de entrada esa información, aunque no sea válida, solo por el hecho de que ha sido aprobada por mucha gente. La cuestión es: ¿realmente lees o escuchas todo aquello a lo que le das *like*?

Una red para solitarios

Para acabar con una nota optimista, os diré que un uso consciente y moderado de las tecnologías puede contribuir a la salud mental. Por ejemplo, las personas tímidas y solitarias gozan de muchos beneficios gracias a las redes sociales. Hace treinta años, la *rarita* de la clase se habría quedado relegada a sus diarios cerrados con llave y a sus ensoñaciones. Hoy puede entrar en una red donde encontrará a personas como ella con quienes establecer relaciones y compartir sus sentimientos. Tal vez incluso surja el amor, ya que las últimas estadísticas arrojan que casi la mitad de nuevos romances empiezan en la red o en una aplicación.

Por lo tanto, es bueno que seamos precavidos con el uso que hacemos de estas herramientas, de modo que las controlemos en vez de que ellas nos controlen a nosotros, pero no renunciemos al gran potencial que ofrecen al ser humano.

No hace tanto que, para obtener información, había que consultar enormes enciclopedias con miles de páginas en letra minúscula. Ahora basta con escribir el concepto en la ventanita para hallar artículos y publicaciones. El reto es saber buscar y no creerlo todo.

En cuanto a los vínculos interpersonales, si sabemos entender las redes como un complemento de las relaciones cara a cara —no hay nada como el directo—, estas nos ayudarán a mantener los contactos de valor y a compartir con el mundo aquello que nos importa.

5
EL ALIENTO DE LA VIDA

Respirar bien es nuestra mejor baza para la longevidad y la salud emocional

Hablar de respiración puede parecer un poco rollo. Como es algo que hacemos cada día, momento a momento, no le damos valor. ¿Qué puede sorprendernos de algo rutinario?

La gracia de la vida, sin embargo, está en saber apreciar los detalles y descubrir la magia en ellos. Si me acompañas en este viaje, donde abordaremos la respiración como si fuera la primera vez que la experimentamos, te prometo que te sorprenderás.

En mi caso, el primer encuentro profundo con este tema fue en Bali. Allí hay un centro precioso de yoga donde dan clases de respiración chamánica. Yo viajaba sola por aquel entonces y, un poco asustada, me metí en uno de estos cursos. Fue increíble descubrir el poder de la respiración, sentir como, solo cambiando su ritmo, perdí la mente por unos instantes. Notaba mi cuerpo vibrante, como enajenado de mí misma. Me daba pánico perder el sentido en esa situación, así que me detuve y observé al resto de participantes. Parecía que fueran drogados, pero lo único que estaban haciendo era tomar aire. Aire puro. ¿Qué estaba pasando?

Un mes más tarde me encontraba en Nepal y en ese caso, al contrario que en el otro, la respiración me llevó a sentirme peor que nunca. Y fue también la respiración la que me ayudó a recorrer el camino de vuelta hacia el bienestar. La cosa sucedió así:

yo estaba en un refugio de alta montaña y tenía el cuerpo lleno de sanguijuelas, cuando caí presa de un ataque de pánico. Empecé a hiperventilar más que nunca. No me sentía las extremidades y comencé a marearme. Mi corazón gritaba asustado. No sabía qué me estaba pasando. En ese momento se me olvidó qué es respirar. Resulta chocante pensar que, al igual que muchísimas otras funciones vitales que se producen en nuestro organismo de manera automática, respiremos de forma natural e inconsciente. No requiere de ningún esfuerzo por nuestra parte.

No obstante, en ese momento de angustia, me pregunté: ¿cómo suelo respirar?, ¿cómo trago el aire?, ¿cómo lo saco? Y lo fuerte es que no lo sabía.

Entonces recordé mis clases de yoga en Bali e instintivamente coloqué mis manos en el vientre y me concentré en llevar ahí mi respiración. En eso y en imaginarme que me hallaba en un lugar seguro. De hecho, me visualicé en un hospital donde los médicos me decían que no me pasaba nada, que todo estaba bien, que estaba a salvo. Al cabo de entre cinco y diez minutos que me parecieron una eternidad, logré que pasara mi primer ataque de pánico, que me había pillado sola en medio de la montaña. Aunque esa noche no pude dormir, me sentí por fin fuera de peligro. ¿Qué había sucedido? ¿Cómo era posible que la simple respiración me hubiera rescatado de ese estado?

EL REGALO DE YOKO

Se cuenta que en el primer encuentro entre John Lennon y Yoko Ono, en una exposición en Nueva York de la artista japonesa, hubo dos tarjetas que tuvieron un gran papel.

En aquella época, el exBeatle vivía acechado por la ansiedad, fruto de una existencia cargada de drogas y de desorden.

Literalmente estaba sin aliento. Al darse cuenta de ello, Yoko se acercó a entregarle dos tarjetas. En la primera había una sola palabra: RESPIRA. En la segunda había un orificio con la frase debajo: PARA VER EL CIELO A TRAVÉS DE ÉL.

Estos regalos fueron el preámbulo de una nueva vida para John y de una historia de amor que llegaría hasta el fin de su vida, que terminó de forma abrupta a los cuarenta años.

NO SUBESTIMES EL PAPEL DE LA RESPIRACIÓN

Aunque los yoguis ya llevan más de dos mil quinientos años enseñando el poder de la respiración para la mente, durante mucho tiempo, la comunidad científica pensaba que respirar era un mero intercambio de gases que nada tenía que ver con la cognición y las emociones. No ha sido hasta tiempos recientes, en 2017, cuando se publicó un artículo científico en la prestigiosa revista *Science* y esto empezó a tomarse en serio. En este estudio se vio que la vía anatómica de la respiración incluye áreas del cerebro relacionadas con la atención, la memoria y el nivel de excitación (Yackl, 2017). Lo bonito es que fue denominada *vía pranayama* en honor al yoga. *Pranayama* es un término sánscrito que se traduce como *control de la respiración.*

Ahora la ciencia sabe que, al respirar de manera automática, en el tallo cerebral hay un grupo de neuronas llamado *complejo preBötzinger* que conecta por una vía ascendente con un grupo de neuronas del cerebro llamado *locus coeruleus* (LC). ¡Me encanta este nombre! Esta parte del cerebro es, nada menos, la sede de la noradrenalina en el sistema nervioso central.

Un alto nivel de noradrenalina crea mucha excitación y estrés; poca noradrenalina provoca falta de atención y desinterés. Como decía Paracelso hace cinco siglos, todo depende de la dosis.

En niveles adecuados, la noradrenalina es genial para que puedas mantenerte despierta, atenta en la tarea que estés realizando. En el estudio, por ejemplo, esta neurohormona nos ayuda a integrar y recordar lo aprendido. El LC está conectado con el hipocampo, la amígdala y la corteza prefrontal, áreas que se ocupan de la atención, la memoria, la gestión y el procesamiento de las emociones.

¿Qué significa todo esto? Pues que la respiración no es solo un acto fisiológico muy importante para nuestra supervivencia, sino que, al estar conectada con el cerebro, según cómo respiramos afecta a nuestros procesos cognitivos y emocionales. ¡Tu respiración tiene la capacidad de influir en tu estado emocional y mental!

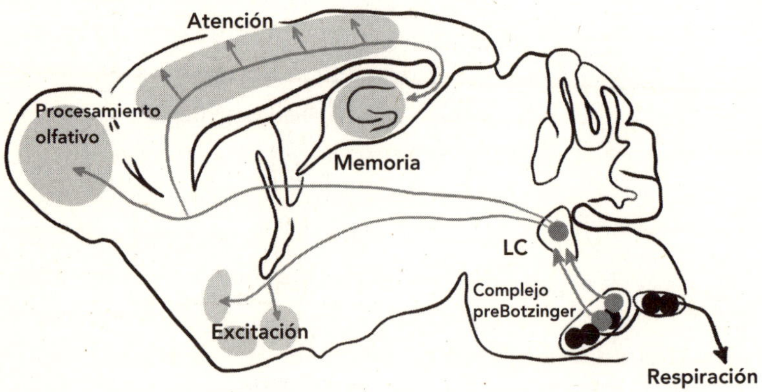

Fuente:«Breathing control center neurons that promote arousal in mice», Yackle, Kevin, et al., *Science*, 355.6332, 1411-1415, 2017.

Oler los recuerdos

¿No te ha pasado alguna vez que un viejo aroma te despierta recuerdos que creías olvidados?

La neurociencia sabe que otra de las vías con las que la respiración afecta al cerebro es la del bulbo olfativo. Básicamente, al oler activamos esta pequeña estructura que se conecta estrechamente con el hipocampo y la amígdala. El hipocampo es la parte cerebral más involucrada en la memoria, vendría a ser nuestro *baúl de los recuerdos*. A su vez, la amígdala participa en el procesamiento y reacción de las emociones.

Cuando respiramos por la nariz, por lo tanto, no solo se activan las partes involucradas en el procesamiento olfativo, sino que también lo hacen áreas como la amígdala o la corteza orbitofrontal, clave para la regulación de las emociones.

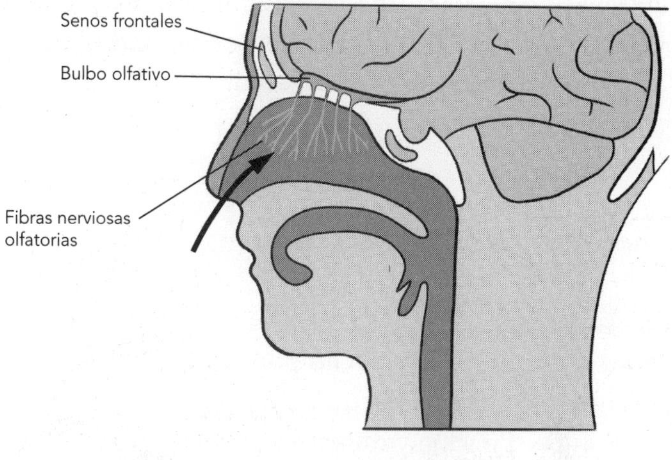

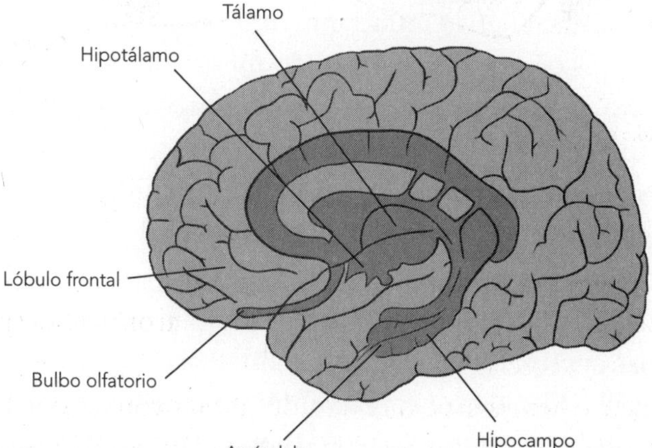

El sentido del olfato es fascinante. Primero, es curioso porque los otros sentidos pasan antes por el tálamo, que hace de filtro con la información que entra, mientras que el olfato no tiene ningún filtro. Olemos todo lo que hay.

En segundo lugar, al estar el olfato tan conectado con el hipocampo, eso hace que logre despertarnos recuerdos.

¿No te ha pasado alguna vez que al aspirar un determinado aroma, viajas hacia un momento lejano de tu infancia?

Además de permitirnos viajar a otros momentos en el tiempo, el hecho de que la amígdala también participe hace que podamos jugar con olores para calmarnos emocionalmente. Eso explica por qué hay esencias, inciensos y olores que nos ayudan a relajarnos. Seguramente estarán atenuando la actividad de nuestra amígdala.

Un vagabundo que reparte serenidad

Otra de las vías que conecta la respiración con el cerebro es la del nervio vago. Aún hay mucho por descubrir acerca de los mecanismos que utiliza el nervio vago para informar al cerebro sobre nuestra respiración y calmarnos.

El vago es un nervio intracraneal muy largo que *vagabundea* por todos los órganos del cuerpo, de ahí su nombre. Es el mensajero que comunica al cerebro todo lo que pasa en el interior del cuerpo. A través del nervio vago, el cerebro también manda órdenes al cuerpo, pero las conexiones en sentido opuesto son más abundantes. El cuerpo habla más con el cerebro que el cerebro con el cuerpo.

El nervio vago es famoso, sobre todo, porque tiene el poder de calmar nuestro sistema nervioso. Intentaré explicarlo de manera sencilla. El sistema nervioso autónomo está compuesto por las llamadas rama simpática y la parasimpática. La primera es activa, y desencadena, como ya sabemos, el sistema de lucha y huida, el del estrés; la segunda es la de la relajación, la digestión y el descanso.

Gracias a la activación de nuestro nervio vago, el sistema nervioso parasimpático entra en juego. Cuanto más nos relajamos, más se activa el nervio vago. Como si fuera un músculo, a más tono vagal, más facilidad para pasar de un estado simpático a uno parasimpático.

Las personas a las que les cuesta relajarse necesitan ganar en tono vagal para poder pasar en poco tiempo de un estado *on* activo a uno *off* relajado.

Lo ideal sería lo que sucede en la naturaleza. Allí vemos que, por ejemplo, si un ciervo va a ser atacado por un tigre, este corre, lo da todo, y si el tigre se cansa y desiste, podemos ver al ciervo, al cabo de poco, comiendo de nuevo su hierba bien tranquilo. Esto es lo que necesitamos en nuestro día a día: estar activos cuando hay que estarlo y saber descansar y relajarnos cuando es preciso.

Para ello, el primer gran paso es aprender a respirar, como veremos en el siguiente apartado.

El nervio vago está en contacto con los pulmones y también con el corazón. Por este motivo, nuestra forma de respirar afecta a la frecuencia cardiaca y a su variabilidad (VFC).

¿Qué es esto de la VFC? Pues es lo que nos dice cómo es de variable el tiempo que pasa entre un latido y otro. Si el corazón late siempre al mismo ritmo, entre pulso y pulso pasa el mismo tiempo, entonces la VFC es nula; no existe variabilidad. Pero, aunque parezca contraintuitivo, lo que nos interesa es justo lo contrario: que los tiempos entre latidos no siempre sean los mismos.

Se ha comprobado que cuanta más riqueza en la variabilidad, mejor nos encontramos. Las personas que sufren de ansiedad presentan una VFC baja, mientras que las personas alegres presentan una VFC alta, al igual que los grandes meditadores.

De hecho, se ha visto que el aumento de VFC mejora la conectividad entre la amígdala y la corteza prefrontal; es decir, contribuye a una buena regulación emocional para nuestro bienestar. Y la clave para ello es la respiración.

Respirar por la nariz

En comparación con la respiración oral, la respiración nasal ejerce una mayor influencia sobre estas partes cerebrales de las que hemos hablado y, por lo tanto, mejora las funciones cognitivas, la expresión y la regulación de las emociones.

Los científicos han demostrado cómo, al respirar por la nariz, logramos relajarnos —sobre todo al exhalar— y mejorar el procesamiento de la memoria, entre muchos otros beneficios. Y es curiosamente al inhalar cuando fijamos mejor un recuerdo, como demostró la famosa neurocientífica Christina Zelano en su estudio de 2016. En él se mostraron objetos distintos en los procesos de inhalación y exhalación y se vio que los objetos que fueron vistos durante la inhalación eran mejor recordados por los sujetos que los que habían visto durante la exhalación. ¿Y eso por qué?

La neurocientífica Nazareth Castellanos nos lo explica así en su libro *Neurociencia del cuerpo*:

> Si la respiración influye en la capacidad de memorizar, recordar y aprender es porque impacta en el hipocampo. [...] Para mantener el ritmo gamma en el hipocampo y sostener el aprendizaje se requiere de un ritmo lento que sea sólido y constante. Aquí viene la magia. Ese ritmo lento es la respiración. Los estudios recientes han observado que, en cada inspiración, especialmente la nasal, las neuronas del hipocampo alinean su actividad. [...] Este es el acoplo theta-gamma del hipocampo, inducido por la inspiración.

Si asumimos que durante la inhalación aumenta nuestra capacidad de memoria, quizá eso explicaría por qué cuando algo nos asusta mucho nos quedamos literalmente *sin aliento:* para no recordarlo.

En caso de que te falten todavía razones para respirar por la nariz, piensa que el aire que entra será filtrado por las fosas nasales antes de ser introducido en el cuerpo, con lo que su eficiencia se verá optimizada como se ha visto en estudios recientes.

Entendido eso, incluso podemos afinar aún más esta cuestión: ¿cambia algo si respiramos más por la fosa nasal izquierda o derecha?

Los dos lados de la respiración

Por extraño que nos parezca, es común que cada noventa minutos se alterne la fosa nasal dominante a la hora de respirar. En ese sentido, la tradición yóguica ha estudiado desde tiempos ancestrales las diferencias energéticas entre ambos lados.

Según estos textos, la energía que pasa por la fosa nasal izquierda enfría el cuerpo, y se identifica con la luna, así como la fosa nasal derecha lo calienta, razón por la que se identifica con el sol.

Cuando la fosa nasal izquierda es demasiado dominante, según esta filosofía, podemos adolecer de frialdad, pasividad e incluso de depresión. En el otro extremo, cuando la fosa nasal derecha es demasiado dominante, podemos sufrir fiebre, agitación y falta de concentración.

Tal vez por eso hay un *pranayama* llamado *nadi sodhana,* que consiste en respirar de manera alterna por una fosa nasal y por la otra, y así, en principio, equilibrar ambas energías.

NADI SODHANA

1. Siéntate con la espalda, el cuello y la cabeza erguidos, de modo que puedas respirar de forma relajada.
2. Tras cerrar los ojos suavemente, empieza a respirar de manera suave, lenta y profunda, procurando que inhalación y exhalación duren lo mismo.
3. Con el pulgar derecho, cierra la fosa nasal derecha, y con el anular derecho cierra la izquierda. Hazlo con un toque suave cada vez y sin bajar la cabeza. El ejercicio en sí empieza inhalando por ambas fosas nasales. Luego cierras la derecha para exhalar e inhalar una vez solo por la izquierda, con la misma duración, y luego esto mismo con la fosa nasal derecha.
4. Haz varias rondas de tres inhalaciones y exhalaciones en cada lado, combinadas con tres respiraciones completas en ambas fosas nasales.

Esta práctica te ayudará a relajarte y concentrarte, ya que el sistema nervioso se estabiliza y la mente puede recogerse.

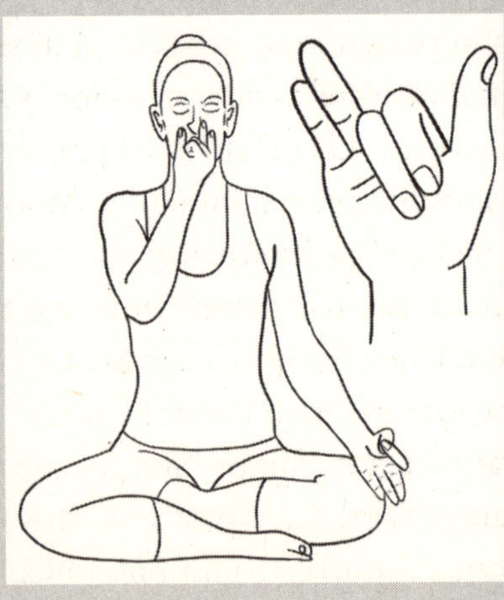

La ciencia complementa la sabiduría ancestral de la India con el estudio de lo que sucede al respirar por cada uno de los lados. El derecho activa el sistema nervioso simpático (y activa más la CPF izquierda). El izquierdo, por su parte, se conecta con el sistema nervioso parasimpático, que nos ayuda a destensarnos y a reducir la ansiedad (y activa la CPF derecha).

El equilibrio entre ambas respiraciones, por lo tanto, se produce porque la fosa nasal derecha ejerce de acelerador, mientras que la izquierda hace la función contraria: desacelera y nos permite descansar.

Beneficios del *breathwork*

Cuando controlamos nuestra respiración, como en el *pranayama* anterior *nadi sodhana*, la orden no la da el tallo cerebral, sino la corteza prefrontal (CPF): la joya de la corona de nuestro cerebro, ya que es la que se ocupa de las funciones cognitivas superiores.

Si me propongo inhalar en dos tiempos y exhalar en cuatro tiempos, por ejemplo, estoy moldeando la respiración a mi gusto, y eso tiene un impacto diferente sobre la dinámica neuronal.

Existen infinitud de técnicas de respiración. Conozco muchas de ellas gracias al yoga y a la práctica del pranayama. Este conjunto de técnicas respiratorias también es conocido ahora con un nombre más *cool* que es *breathwork*.

De hecho, mientras estoy escribiendo este capítulo, me he apuntado a un reto llamado *Mastering Breathwork Challenge* a través de la aplicación de móvil InsightTimer.

Cada día durante diez o quince minutos, de manera guiada, se explican diferentes tipos de respiración. Hoy tocó una respiración muy dinámica conocida como *Bhastrika*, en la que inhalas y exhalas de manera rápida y profunda. Me ha hecho recordar que el único estudio decente sobre técnicas de respiración y cerebro es, justamente, sobre este ejercicio de pranayama.

El estudio, publicado recientemente en la revista *Frontiers in Psychiatry,* muestra que basta con practicar esta respiración media hora diaria durante cuatro semanas para cambiar el cerebro de los participantes. En concreto, se demostró que las redes cerebrales de quienes participaban en la atención, la memoria y el procesamiento emocional mejoraron.

Otro estudio similar demostró cómo respirar media hora tres días a la semana este pranayama, junto con el de *nadi sodhana* que hemos visto antes aumentó también la capacidad de atención y de memoria de los participantes al cabo de dos meses.

Hiperventilación y ataques de pánico

Todos hemos experimentado cómo, cuando estamos estresados o con ansiedad, hiperventilamos, es decir, respiramos de manera muy corta y frecuente. De hecho, existe evidencia científica de que hay una relación entre las emociones negativas y la respiración poco profunda y rápida. Por lo tanto, si modulo mi respiración para que esta sea profunda y lenta, aflorarán en mí emociones positivas frente a las negativas, lo cual es una excelente noticia. ¡Cambiando mi respiración puedo influir y transformar mi estado mental y emocional!

Muchos terapeutas corporales utilizan la respiración para llegar a estados emocionales difíciles de transitar, como el miedo o la ansiedad. Hacen recrear al paciente ese estado a través de la respiración.

Cuando sufrí ataques de pánico, me entregué a estas experiencias. Fue otra de las veces en las que experimenté el poder de la respiración en mis carnes. El terapeuta me tumbaba sobre una camilla y me decía: «Empieza ahora a respirar muy rápido y profundo».

Él marcaba el ritmo al inicio y después seguía yo. Al cabo de pocos minutos podía notar un hormigueo en las manos, calor extremo por todo el cuerpo, taquicardia y la mente confusa y desvanecida. Entonces el terapeuta me decía que me enfrentara a esa sensación de manera relajada, ya que él estaba conmigo, en un lugar seguro. Podía transitar la emoción y dejarla pasar. Yo lloraba asustada. No entendía nada y, si te soy sincera, la terapia no funcionó en su momento. Quizá porque tenía tanto miedo a perder el control y volverme loca o morir, que de alguna manera frenaba esos falsos ataques de pánico.

Después de unos años volví y la cosa cambió. Gracias a este tipo de terapia, mi ansiedad se redujo mucho. Al menos dejé de tenerle miedo al miedo (miedo a morir por un ataque de pánico), lo cual es fundamental. Gracias a todo el trabajo hecho previamente, mi mente estaba preparada para ello.

Según una estadística reciente, el 10% de las personas hiperventilan al respirar. Es decir, llevan el aire solo hasta el pecho, en vez de hacia el diafragma, e ingieren más oxígeno del que deben. Esto puede crear síntomas como tensión, falta de concentración, ansiedad, depresión, fobias y ataques de pánico.

Hiperventilar de manera habitual puede contribuir a enfermedades graves, incluido el cáncer. Por consiguiente, aprender a respirar bien alarga la vida. Parece ser que ese 90% de la gente que no respira correctamente utiliza solo el 30-40% de su capacidad pulmonar.

La respiración perfecta

En mi caso, la respiración lenta y profunda fue una herramienta clave para terminar con mis ataques de pánico. De hecho, hoy en día es mi principal herramienta cuando veo que la ansiedad aflora. Es mejor que llevar un Trakimazín en el bolsillo, como hacen algunas personas ansiosas. Yo me siento segura sabiendo que si respiro lentamente, mi cerebro se calmará y yo me calmaré.

Mi respiración preferida es inhalar en cuatro tiempos y exhalar en seis tiempos (4:6). Al hacer una exhalación larga, la amígdala reduce su actividad. Y cuando sufrimos ansiedad, justamente lo que necesitamos es que esta parte del cerebro se calme.

Hay otras respiraciones que te llevarán también a un agradable estado de calma. Desde la neurociencia se ha investigado qué frecuencia es la ideal para calmar el sistema nervioso. Normalmente hacemos entre doce y veinte respiraciones por minuto (rpm), pero lo ideal sería llegar a 5-6 rpm. Según James Nestor en su libro *Respira*: «La frecuencia respiratoria óptima es de unas 5,5 respiraciones por minuto. Esto supone inhalaciones de 5,5 segundos y exhalaciones de 5,5 segundos. Esta es la respiración perfecta».

Nestor se basa en un estudio publicado en la revista *Journal of Psychophysiology*, donde se estudia la frecuencia respiratoria de 5 rpm y la de 5,5 rpm de dos maneras distintas: inhalando en cinco segundos, exhalando en cinco segundos, o bien inhalando en cuatro segundos, exhalando en seis segundos. Las dos conseguían el efecto relajante, pero el estudio concluía que la respiración 5:5 (en vez de la 4:6) era la que más hacía aumentar la VFC.

Incrementar nuestra VFC, como hemos visto, nos ayuda a adaptar mejor el cuerpo a las demandas que se presenten. Combatimos mejor el estrés, nos volvemos más flexibles y resilientes. De hecho, hay programas que se dedican a ampliar la VFC a través de la respiración: los llamados HRV Biofeedback.

Tras dos o tres meses de entrenamiento, las personas pueden enfrentarse mejor a situaciones que les causaban pánico o estrés.

EJERCICIO DE *BIOFEEDBACK*

1. Sentado con la espalda recta y con los hombros y el vientre relajados, expulsa lentamente todo el aire.
2. Inhala ahora con suavidad durante cinco segundos y medio. Debes expandir el vientre a medida que el aire entre en la parte baja de los pulmones.
3. A continuación exhala lenta y profundamente durante otros cinco segundos y medio, mientras la barriga retrocede y los pulmones se vacían.
4. Practica un mínimo de diez respiraciones circulares.

Sé lo que estás pensando: ¡es muy complicado tomar el aire en 5,5 segundos y expulsarlo en ese mismo tiempo! Trata de hacerlo, en todo caso, en cinco o seis segundos y te sentará genial igualmente, te lo prometo.

VENTAJAS DE LA LENTITUD

Los estudios apuntan a que esta frecuencia en la respiración te relaja, hace que tu frecuencia cardiaca y presión sanguínea disminuyan y se consigue que la variabilidad de la frecuencia cardiaca (VFC) aumente.

Respirar lentamente, en cualquier caso, se ha demostrado que ayuda a relajarse, disminuye la ansiedad, aumenta el buen humor y mejora la calidad del sueño.

Gran parte del secreto reside en la activación del sistema nervioso parasimpático, en la activación de nuestro querido nervio vago. Cuanto más tiempo respiras lentamente, más ganas en tono vagal. Si algo me ha puesto nerviosa o tensa, pero tengo un buen tono vagal, en unas pocas respiraciones lentas habré podido activar mi sistema parasimpático.

Cuando hablamos de respirar de manera profunda, no me refiero a coger muchísimo aire, sino más bien a que el aire no vaya solo hacia las clavículas. Tiene que ampliar su recorrido. Ha de entrar profundamente hacia el abdomen gracias a un correcto movimiento del diafragma. Los pulmones se mueven gracias al movimiento de este. Se trata de un músculo que, según mi gran maestra de yoga, Rachele Di Fino, es sensible y emocional. Prueba de ello es que el diafragma se contrae con mayor facilidad cuando tenemos miedo o estrés, y nuestra respiración se ve entrecortada.

Abrir el diafragma es abrirse a la vida. Y para dejar que más aire pueda entrar en mi interior, el movimiento del diafragma debe ser amplio y fluido.

Como siempre comenta mi colega Ferran Cases en todas sus charlas, el bostezo, de forma inconsciente te lleva a respirar profundo. Por ese motivo, es el primer método que enseña en sus cursos para reducir la ansiedad. Y es que bostezar no solo se ha visto que relaja, sino que también activa una parte del cerebro involucrada en el sentido de uno mismo, la memoria y la atención. Esta parte es el precúneo. Cuando bostezamos el cuerpo pide relajarse y parece ser que el cerebro se enfría para poder estar atento y reflexivo. Curioso, ¿verdad?

Otro beneficio de respirar a una frecuencia menor de la que acostumbramos es que aumentan las ondas alfa en la corteza cerebral. Cuando se incrementa este tipo de ondas, entonces estás relajado, pero a la vez despierto y atento.

¿No es maravilloso?

Las ondas alfa consiguen inhibir las distracciones que acuden a tu mente de manera aleatoria. Seguro que sabes a lo que me refiero. Estoy leyendo este libro o haciendo cualquier tarea y de repente me distraigo pensando en otras cosas. Mi mente se ha ido. Pues bien, gracias a la generación de ondas alfa es menos probable que suceda esto, ya que me ayudarán a parar esos pensamientos distractores que me hacen salir del estado de concentración en el que me encuentro.

Controlar la respiración puede hacer que todo cambie. De hecho, se ha visto en diversos estudios que, ante una situación de gran tensión, practicar técnicas de respiración controlada quince minutos antes, ayuda a enfrentarla con mayor calma y lucidez.

Así que ya sabes: la próxima vez que tengas que salir a hablar en público o hacer algo que te cause muchos nervios, utiliza el poder de tu respiración. Probablemente es la forma más rápida, directa y gratuita de decirle a tu cerebro que todo está bien.

Respiración consciente

No es lo mismo respirar de forma controlada (voluntaria) que ser consciente de cómo está siendo tu respiración. Esto último es lo que se denomina *mindful breathing* o, sencillamente, observar con presencia cómo respiras de manera natural (sin intervenir en cómo esta está siendo).

Es tan fácil como observar la punta de tu nariz, el movimiento de tus costillas o bien colocar las manos en el vientre para notar cómo, con cada inhalación, el vientre sube y con la exhalación baja y se relaja.

Puedes también prestar atención al recorrido del aire en la respiración. Cualquier cosa que te permita observar tu respiración servirá.

Cuando la respiración es voluntaria (modifico voluntariamente mi respiración, pero no le presto atención de manera intencionada), se activan unas redes neuronales diferentes a cuando la respiración natural está siendo observada (respiración consciente). Cuando la respiración es voluntaria, controlada, participan zonas de la región frontal (como la CPF), córtices temporales (como la amígdala e hipocampo) y la ínsula (de la que hablaremos más tarde). Cuando la respiración es consciente, se activa la corteza cingulada anterior (CCA), la ínsula, las áreas premotoras y el hipocampo.

La corteza cingulada anterior está asociada con la atención, con el darte cuenta de aquello que está pasando (por ejemplo, de que te habías distraído).

La ínsula está involucrada con la conciencia de uno mismo/a, de que aquello te está sucediendo a ti (entre otras muchas cosas).

El hipocampo está involucrado principalmente en el procesamiento de la memoria (en especial la de corto plazo).

La CCA y la ínsula crean un tándem que nos ayuda a *darnos cuenta* de qué estamos haciendo. La gran neurocientífica española, Nazareth Castellanos, en su libro *El espejo del cerebro*, en el que habla extensamente sobre la neurociencia de la meditación, se refiere justo a este tándem como el espejo del cerebro. Gracias a esta red CCA-ínsula, también llamada *red de saliencia*, podemos autovernos, percatarnos de qué estamos haciendo (como si nos mirásemos en un espejo).

Es muy común que cuando empezamos a observar nuestra respiración, nos acabemos distrayendo y pensando en otras cosas que no vienen a cuento. Hasta que llega un momento en el que se activa este maravilloso tándem para recordarte lo que estabas haciendo: respirar de manera consciente. Cuanto más practico esta respiración consciente, más consciente me volveré de todo lo que me rodea y de mí misma en mi día a día.

Por eso este tipo de ejercicio consciente es genial para quienes les cuesta prestar atención, ya que refuerza estas partes del cerebro que te hacen ganar en consciencia, atención y memoria. También para personas que respiran mal, este podría ser el primer paso: tomar conciencia de su propia respiración para después ser capaz de modificarla.

El grupo de la neurocientífica Sara Lazar se dedica a estudiar el cerebro cuando meditamos y tiene un artículo precioso en el que explica que, cuando se medita observando la respiración y las sensaciones que experimentamos en ese momento, hay zonas del cerebro que incrementan su tamaño (mayor volumen de materia gris). En especial, la zona de la ínsula, que está muy relacionada con la interocepción (la percepción de nuestros órganos, de los mensajes que envía nuestro cuerpo por dentro, como puede ser un dolor de barriga).

Esto puede ser muy beneficioso a la hora de tomar decisiones, según el neurocientífico Antonio Damasio, quien afirma que «el cuerpo sabe lo que la mente aún no se ha dado cuenta». Cuanto mejor sepamos escuchar a nuestro cuerpo, mejor sabremos anticiparnos a lo que viene.

Por último, diferentes estudios han revelado cómo, al envejecer, nuestra corteza cerebral se vuelve más fina. Pues bien, observar tu respiración te ayuda a ralentizar este decrecimiento cortical, es decir, a ganar en longevidad.

Si quieres hacer un súper combo, puedes practicar una respiración voluntaria (la modifico como quiero; por ejemplo, podemos hacer la 4:6) y a la vez consciente (observo todo el tiempo cómo estoy respirando). Así te llevarás lo mejor de los dos tipos de respiración, que al final es de lo que trata el *pranayama*.

Respiraciones curiosas

Cuando estaba en la clase de respiración chamánica en Bali, pensé: *seguro que ya está estudiado lo que pasa en el cerebro cuando alteramos nuestro estado de consciencia, lo que se denomina respiraciones holotrópicas.* Mi sorpresa, aun hoy en día, es que no existe ningún estudio serio que investigue el cerebro cuando se practica este tipo de respiraciones.

Hay técnicas que combinan respiración rápida con lenta. Sabemos que, si buscamos activarnos, lo mejor es una respiración rápida que despierte todo el sistema nervioso. Si buscamos relajarnos, en cambio, lo mejor es una respiración larga. Y, si buscamos equilibrarnos, parece que lo mejor es una combinación de ambas. Al final, en la vida real, es necesario tanto estar activos como pasivos. Saber cuándo tenemos que actuar y estar preparados es tan importante como saber cuándo es prioritario parar y descansar.

Eso es adaptabilidad.

Quizá por eso respiraciones como el *Sudarshan Kriya*, que combinan tanto respiración dinámica como respiración profunda, ayudan a reducir la depresión y el estrés.

Una de las respiraciones famosas que combinan velocidad rápida-lenta y que hacen que mucha gente entre en trance, es la que forma parte del famoso *método de Wim Hof*. Quien lo inventó fue un danés llamado justamente Wim Hof que ha ganado varias veces el récord mundial de resistir sumergido en agua helada.

Su esposa falleció de cáncer y él se recuperó del trauma gracias a este método que combina meditación, respiración y baños de agua helada (crioterapia). Tengo amigas que lo han probado y les ha encantado. Dicen que es todo un viaje. ¡A mí solo de pensarlo me entran escalofríos!

Mirando estudios sobre el método Wim Hof, me llamó la atención su estudio más famoso en el que se les inyectaba a él y a un grupo de gente entrenada con su método una bacteria de la gripe (endoxotina). Se comprobó cómo, gracias a su método, fueron capaces de combatir sus síntomas mejor que el grupo de control.

Muchos instructores de este método son personas a quienes se les ha diagnosticado una enfermedad autoinmune y gracias a él dicen que se han curado. Quizá sea exagerado afirmar eso, pero lo que sí mantiene el estudio es que al sobreactivar el sistema nervioso (SN) simpático con la respiración y la exposición al frío, se activa el sistema inmunitario innato, liberando adrenalina, que ayuda a combatir la endoxotermia. Sea como sea, me parece fascinante que seamos capaces de acceder a nuestro SN. Algo que me resultaba impensable y que me suena aún como mágico.

RESPIRACIÓN WIM HOF

El método trata de mantener la hiperventilación durante treinta respiraciones. Para ello, la técnica es la siguiente (es desaconsejable hacerla sin supervisión previa):

1. Exhala completamente y trata de retener la respiración sin aire por un espacio de hasta dos o tres minutos.
2. Haz una gran inhalación y aguanta la respiración durante diez segundos. Esto sería un ciclo.
3. Se tiene que repetir un número determinado de veces.

Hay una segunda técnica que consiste en mantener la respiración 1:10:1:10, es decir, conteniendo el cuerpo en la inhalación-retención y soltando en la exhalación.

Entre las respiraciones curiosas que se han hecho muy conocidas están también las de Buteyko. Estas tienen peor fama, porque no hay evidencia científica que corrobore todos los efectos positivos que su creador afirma que poseen. Lo que sí se ha visto es que gente con asma ha observado cierta mejoría tras una práctica regular de las mismas.

Antes de finalizar este capítulo quiero comentar que en el *pranayama* existen muchas técnicas de respiración que, según el gran maestro de yoga B. K. S. Iyengar, sirven para cosas diferentes. En estas líneas he compartido lo que se ha visto hasta ahora a nivel neurocientífico. Si no he escrito más es porque de momento no hay más investigaciones contrastadas.

La gente que me conoce y sabe que doy clases de yoga, me pregunta a menudo cómo cambia el cerebro con cada *pranayama*. Yo les respondo que se sabe que respirar de manera diferente trasforma nuestro cerebro, pero es difícil saber de qué manera.

Siento decir que hoy en día existe muy poca investigación de calidad al respecto. La respiración parece algo sencillo y muy accesible, pero esconde una complejidad enorme.

Ojalá de aquí a unos años pueda escribir un libro monográfico sobre las diferentes respiraciones del yoga vinculadas a la neurociencia, pero de momento es algo inviable.

¿Respirar bien es clave para la longevidad?

Todo parece indicar que sí, como explica el periodista James Nestor en su libro *Respira*, en el que nos habla del estudio Framigham, una larga investigación que trató de demostrar si la capacidad pulmonar tiene una relación directa en la longevidad.

Para ello se contó con datos de dos mil quinientos voluntarios a lo largo de dos décadas. La conclusión fue que el principal indicador de la esperanza de vida no son la genética, la alimentación o las rutinas de ejercicio, como habían apuntado otros investigadores, sino la capacidad pulmonar.

A menor tamaño y eficiencia de los pulmones, más rápido es el proceso de envejecimiento, mientras que los pulmones grandes y con capacidad permiten una vida más larga.

Este estudio se complementa con otro realizado en la Universidad de Búfalo en el que, a lo largo de tres décadas, se midió la capacidad pulmonar de más de mil voluntarios. La conclusión fue la misma: la capacidad pulmonar era el principal factor de la esperanza de vida.

Este es un hecho que puede crear preocupación en las personas con problemas respiratorios o con una capacidad pulmonar reducida. Sin embargo, la buena noticia, como afirma James Nestor, es que podemos entrenar y modificar nuestros órganos, tal como lo hacemos con la musculatura.

A modo de ejemplo, se ha calculado que las personas que practican el buceo libre pueden incrementar su capacidad pulmonar entre un 30 % y un 40 %. Es decir, que se puede agrandar los pulmones gracias a la fuerza de voluntad. Y ni siquiera es necesario practicar el buceo libre. Basta con cambiar nuestra forma de respirar, sacando todo el partido de nuestros pulmones, para que estos den la mejor versión de sí mismos.

Toda práctica que nos permita expandirlos y mantenerlos flexibles contribuirá a mejorar nuestra capacidad pulmonar. Podemos hacerlo a través de ejercicios respiratorios como los que hemos visto en este capítulo, o de cualquier ejercicio moderado.

Estudios recogidos en el ensayo que he mencionado demostraron que el simple hecho de caminar o ir en bicicleta de manera regular puede aumentar el tamaño de nuestros pulmones un 15 %.

En fin, cada cual puede encontrar su propia forma de cuidar estos órganos que nos dan, literalmente, el aliento de la vida.

No demos por sentado que el aire llegará siempre a nuestro organismo sin que tengamos que hacer nada.

Tomemos conciencia de esta actividad vital y, cada vez que nos encontremos estresados, fatigados o al borde del colapso, recordemos el consejo de Yoko Ono a John Lennon: *¡respira!*

6
UN *SPA* SOBRE LOS HOMBROS

Los milagros que la meditación, el silencio y la música tienen en el cerebro

Tanto si eres meditadora experta como si estás harto de escuchar que la meditación es la panacea, lee con atención este capítulo, pues lo que te voy a contar seguro que no te deja indiferente.

Para empezar, no quiero ser la amiga pesada que te dice que deberías practicar el *mindfulness* porque es lo mejor del mundo. No necesitas más obligaciones en tu día a día, más control y autoexigencia. Al revés, mi intención es que tengas un conocimiento nuevo que te inspire y que aporte nuevas posibilidades a tu vida.

Para ello, te mostraré qué pasa en tu cerebro tanto cuando estás atento como cuando estás distraído y qué herramientas te ayudarán a ganar atención. Una de ellas, claro está, es la meditación, pero, como veremos, no se trata de la única.

Mi objetivo consiste en que puedas relacionarte con tu mente desde un lugar sano y libre de tensiones. ¿Y si el mejor *spa*, para relajarte y recuperar la energía lo tuvieras sobre los hombros? Pues así es.

¿Tan importante es estar presente?

El cerebro tiende naturalmente a distraerse, a divagar. Es en esos momentos cuando sueño despierta, reviso el pasado, me proyecto al futuro... En suma, puedo estar en todos lados menos en el presente. La mente genera un discurso interno que no para y que está muy centrado en el *yo*.

- *(Yo) mañana tengo que hacer la compra.*
- *(Yo) ayer le dije a mi pareja que limpiara la casa, pero no lo ha hecho.*
- *(Yo) ojalá tuviera hoy un día tranquilo.*

Y así prácticamente hasta el infinito.

¿Sabes cómo detener este diálogo interno? Estando presente, entregándote a vivir el momento. Sí, ya sé que es muy fácil de decir y difícil de hacer, no te sientas mal si tienes una mente parlanchina que no para de proyectarse hacia delante y hacia atrás. De hecho, vivir en el presente todo el tiempo es imposible e incluso puede llegar a ser limitante. ¿Por qué digo limitante? Pues porque para vivir es necesario aprender del pasado y planear el futuro. Estar constantemente en el presente no sería tampoco lo ideal.

Imagina que tienes que viajar a algún sitio. Si quisieras vivir solo en tiempo presente, no saldrías de casa, ya que necesitas pensar cómo ir, reservar un medio de transporte, saber qué vas a meter en tu maleta, revisar viajes pasados e intentar aprender de tus errores, para quedarte con lo que te fue bien y replicarlo...

Para nuestro día a día es necesario aprender del pasado y planear el futuro. Lo que no es necesario es quedarnos *enganchados* dentro de nuestra mente por un exceso de rumiación. Lo ideal sería decidir en cada momento dónde quieres y necesitas estar. En este capítulo veremos hasta qué punto es viable manejar la mente a nuestro antojo.

¿Por qué divagamos?

Si creías que al divagar tu cerebro se desconecta y no hace nada, estás muy equivocado. De hecho, nuestro cerebro siempre se mantiene activo. Solo cuando morimos deja de funcionar.

Hay muchas teorías sobre por qué el cerebro tiende a la divagación. Ahora mismo, las dos que están más en auge, según el neurocientífico Moshe Bar en su libro *Divagando*, son estas:

1. *Para conservar nuestra identidad.*
2. *Para entender mejor las intenciones de los demás* (gracias a la ya conocida teoría de la mente, que vimos en el capítulo del cerebro social y las redes).

Empecemos por la primera teoría: aunque tu vida va cambiando y tus pensamientos fluctúan sin cesar, así como tus emociones, hay algo dentro de ti que permanece inalterado. Ese *algo,* ese *yo,* es inmutable. Lo identificas como un *yo* desde que tienes uso de razón y es lo que hace que puedas reconocerte. Permite una continuidad entre la persona que fuiste ayer, la que eres hoy y la que serás mañana. Es la conciencia de ser una entidad única. Hay evidencias científicas de que distraernos ayuda a que esta identificación se consolide de manera dinámica y continua.

Una segunda línea de investigación sostiene que la divagación o vagabundeo mental es útil para analizar qué intenciones y pensamientos tienen los demás, en especial hacia nosotros. Se denomina *mentalizar* o, más comúnmente, leer la mente de los demás.

A nivel evolutivo, cooperar con el otro o, por el contrario, saber si el otro representa una amenaza o no, fue muy útil para la supervivencia. Quizá por eso la mayoría de los pensamientos que vienen a la cabeza cuando estamos *en babia* son del estilo: *¿por qué mi madre me dijo aquello?*, *¿qué debe de pensar mi jefe sobre eso que hice?* Evaluamos en todo momento a los demás y queremos saber qué piensan, cuáles son sus intenciones. Y lo hacemos constantemente sin ser conscientes.

La red neuronal por defecto

Cuando divagamos se activa la denominada red neuronal por defecto (RND). Esta red está compuesta por diferentes partes del cerebro, algunas distantes entre sí. Las más famosas de este club son la corteza prefrontal medial, la corteza cingulada posterior, el precúneo y el giro angulado, pero participan aún más.

De todas estas partes, la *corteza prefrontal medial* participa de forma predominante en el sentimiento de *yo mismo* que se mantiene en el tiempo. Es ese *yo* narrativo con el que me identifico y que me ayuda a ubicarme constantemente. A su vez, la *corteza cingulada posterior* está muy involucrada en el sentimiento del *yo con respecto a otros,* la sensación de ser único, distinto al resto, tanto físicamente como a nivel interno. En el último capítulo del libro profundizaremos en los distintos tipos de *yo* que conviven en nuestro cerebro, y sobre a qué llamamos *conciencia.*

Todos estos procesos mentales que suceden mientras divagamos tienen algo en común: son asociativos. Es decir, permiten que la información se interconecte dentro de nuestro cerebro. Para ello, cada concepto debe ser identificado o etiquetado antes.

Para explicarlo de forma sencilla, imagina que tienes diferentes armarios en tu habitación en los que metes distintos tipos de ropa. Cuando llegas a casa de trabajar, te quitas la ropa (imaginemos que sigue limpia) y pones cada pieza en su armario. Para ello, primero asocias que esa pieza irá en aquel armario. Catalogas.

Así es como funciona nuestra memoria. Metemos en compartimentos diferenciados la información que vamos recibiendo a lo largo del día. Y luego damos un paso más. Siguiendo con el símil de la ropa, al día siguiente cuando te levantas decides qué pieza de ropa encaja con qué otra, suponiendo que quieras ir bien conjuntado, qué zapatos pueden quedar bien con ese vestido, etcétera.

Lo mismo sucede con los pensamientos. Se producen asociaciones entre ellos. Cuanto más raras son estas asociaciones, cuanto más inesperadas, innovadoras y creativas son, más *abierto* es nuestro pensamiento. Y por lo tanto más útil. Según una frase atribuida a Albert Einstein: «La mente es como un paracaídas, solo funciona si lo abres».

En el extremo contrario, si tendemos a establecer siempre el mismo tipo de asociaciones, nuestro pensamiento será más cerrado, tenderemos a ser personas más rutinarias, menos creativas. Equivaldría a llevar cada día de la vida la misma combinación de ropa, el mismo uniforme gris.

Otras ventajas de divagar

Te habrá pasado más de una vez: estás estudiando algo y sientes que tu cabeza va a explotar. Tras una pausa para descansar, vuelves al tema y notas que empiezas a entenderlo. ¡Milagro!

Es increíble la capacidad que tenemos, justo cuando aparentemente no hacemos nada, para que el cerebro asiente y consolide lo aprendido. Y para que pueda dar un paso más allá: despertar a la creatividad, la intuición, los momentos *eure-*

ka, la resolución de problemas. ¿De verdad que no estás haciendo nada?

> **EL PODER DEL *NIKSEN***
>
> Los holandeses tienen una palabra para definir *no hacer nada* de forma positiva: *niksen*. Puedes estar tumbado en la cama mirando las musarañas, dando un paseo con la cabeza en las nubes, o en cualquier otra actividad aparentemente no productiva. Y digo *aparentemente* porque en realidad nuestra oficina interna sigue trabajando. Al dejar de esforzarnos, se liberan espacio y energía para que los servicios secretos de la mente puedan encontrar nuevas soluciones.
>
> Hay personas tan *trabajópatas* o hiperactivas que creen que es un sacrilegio regalarse momentos de *niksen*, con lo cual pierden un enorme potencial creativo, además de la posibilidad de recuperar fuerzas —físicas y mentales— y sentirse mejor.
>
> Como decía Sidney J. Harris, un mítico periodista de Chicago que publicaba diariamente la columna llamada «Estrictamente personal», «el mejor momento para relajarte es cuando no tienes tiempo para ello».

Por lo tanto, estamos viendo que divagar tiene sus ventajas. Otra de ellas es que nos ayuda a predecir.

Predecir resulta clave para sobrevivir, porque anticiparnos ayudará a que actuemos de la mejor manera ante los potenciales peligros y eso puede salvarnos la vida.

Si empieza a arder la casa, mi mente me propondrá posibilidades a toda velocidad con base en los conocimientos que guarda en la memoria: *Sé que el exceso de dióxido de carbono puede matarme, así que abro ventanas para que entre oxígeno y pueda respirar. ¿Tiro agua antes de salir o se generará aún más humo? Mientras busco la salida, llamaré a los bomberos por si alguien se ha quedado atrapado.*

Como podemos ver, el pensamiento pasa de un extremo a otro, y cada idea activa otra a la que está asociada. Esto explica por qué a veces empiezas pensando en una cosa y acabas en otro tema que aparentemente no tiene ningún tipo de relación.

Por ejemplo: *¿Qué preparo hoy para comer? No sé, lo cierto es que no tengo hambre. Qué raro que no tenga hambre, serán los nervios... Este trabajo me mata de tanto estrés. Menos mal que en nada llega Navidad. Qué ganas de marchar al pueblo y descansar. ¿Hará frío? El año pasado me congelé. Quizá deba comprarme un abrigo nuevo que abrigue más que el que tengo ahora.*

¿Te das cuenta? Has empezado pensando en qué cocinar y terminas valorando la compra de un abrigo nuevo. Así de curiosa es nuestra mente. Y, sobre todo, así de asociativa. Salta de un lado a otro, pero todo tiene su *sentido*.

De hecho, cuando falta sentido, al menos para quien lo escucha desde fuera, acostumbra a ser síntoma de alguna patología. Por el contrario, cuando estas asociaciones son demasiado estrechas, muy fuertes, ¿qué sucede? Pues que nos quedamos pensando en lo mismo una y otra vez, no salimos del bucle.

Es lo que se denomina *rumiar* (sí, ¡como las vacas!), muy común en personas que sufren ansiedad y/o depresión, o en el pensamiento obsesivo típico de quienes padecen TOC.

Entre el dolor y la nada, prefiero el dolor

Si, por lo general, divagar conlleva tantos beneficios, ¿por qué nos cuesta tanto estar a solas con nuestra mente? ¿Por qué cada vez que tenemos cinco minutos libres cogemos el móvil y metemos la mente en otra cosa, en vez de dejarla libre para que vagabundee?

Y esto no lo digo solo yo. Lo corroboran experimentos donde se ha visto cómo la mayoría de las personas se inquietan cuando no tienen nada que hacer. En uno de los estudios más célebres, publicado por la revista *Science*, se encerró durante quince minutos a distintos participantes en un espacio sin distracciones: ni móviles ni televisión ni libros. Solo podían jugar con su mente o activar un dispositivo con una batería de nueve voltios que proporcionaba pequeñas descargas eléctricas. La mitad de los participantes optaron por electrocutarse a baja intensidad antes que estar con sus pensamientos. Tal como se recoge en la investigación, uno de los voluntarios se dio ¡hasta ciento noventa descargas eléctricas! Esto nos hace pensar en la frase de William Faulkner en *Las palmeras salvajes*: «Entre el dolor y la nada, prefiero el dolor».

Me da la sensación de que nos cuesta aceptar la propia naturaleza de la mente, es decir, su libertad. Por mucho que quieras, no lograrás conocer todo lo que sucede dentro de tu cabeza y mucho menos imponerle qué puedes pensar y qué no. No podemos controlar siempre todos nuestros pensamientos, pero vamos a intentar conocer cómo funcionan.

No pienses en un elefante rosa

Ahora mismo, si dejas un momento de leer y cierras los ojos, aparecerá algún que otro pensamiento. Luego quizá tengas un breve momento de paz, pero enseguida vendrá otra idea.

Cuando acabe de *pasar* uno de estos pensamientos, pregúntate: *¿qué es lo siguiente que voy a pensar?* No tienes respuesta para eso, pero lo que sí sabes seguro es que en un momento u otro algo aparecerá.

Los pensamientos pasan por tu mente de manera espontánea y natural. Eso no debe inquietarte, porque con ello solo lograrías reforzar el carrusel de ideas que van circulando en tu cabeza.

A veces nos molestan estos pensamientos, no aceptamos que nuestra mente exprese ideas incómodas o negativas. Conozco a personas que tienen pensamientos intrusivos que odian y se ponen muy nerviosas cada vez que uno irrumpe en su mente. Puedo entenderlo, pero ya debes saber que cuanto más evites pensar en algo con más fuerza vuelve. Si le dices a alguien: «No pienses en un elefante rosa», seguramente no podrá liberarse de este pesado huésped en su espacio mental, al menos así lo corroboró el estudio de Wegner del que hemos hablado en capítulos anteriores titulado «Paradoxical Effects of Thought Suppression».

¿Y si aceptamos estos pensamientos tal y como son?

Ahora se habla mucho de *permitirnos sentir cualquier emoción*. Dejar que esa emoción, aunque sea de tristeza, enfado o miedo, tenga su momento y su lugar dentro de ti para que, una vez sentida y aceptada, pueda seguir su curso, que es desaparecer.

Las emociones están ahí por algo, nos informan de cosas importantes, nos ayudan a sobrevivir. Es mejor que se expresen libremente y, una vez recogido el mensaje, dejar que se marchen. De hecho, no existen las emociones negativas, todas son necesarias y están ahí por algo. Otra cosa es que se vuelvan recurrentes y ocupen un espacio mental innecesario.

Para evitar que se estanquen, que se queden dando vueltas en bucle, lo mejor es dejar que nos atraviesen, que pasen a través de nosotros sin retenerlas ni rechazarlas. Así evitarás consumir recursos y energía en una lucha interna que solo genera ansiedad.

Esto mismo podemos hacer con los pensamientos. El conocido doctor en Biología Matthieu Ricard, monje budista desde

1978 y considerado el hombre más feliz del mundo, en el libro *Cerebro y meditación* comenta:

> Los pensamientos son la representación de la presencia pura y despierta, a imagen de las olas que se elevan del océano y en él se disuelven de nuevo. El océano y las olas no son dos cosas fundamentalmente distintas.

A algunas personas les funciona etiquetar los pensamientos para que, una vez *encapsulados,* sigan su curso. A veces necesitamos tan solo cerrar temas para que no vuelvan una y otra vez. Las cuestiones abiertas favorecen que tu cerebro no deje de pensar en posibles soluciones, aunque sea de manera inconsciente. Por eso, lo mejor es no procrastinar y solucionar los problemas cuanto antes. Y si no encuentras solución a uno, una buena opción es anotarlo en algún sitio y dejarlo fuera de la mente para ocuparte más adelante de él.

Tú no eres tus pensamientos

Uno de los beneficios de la meditación es que sirve para aceptar este torrente de pensamientos (como si de olas en el mar se trataran) y así poder *desidentificarte* de ellos (tú eres el océano, no el movimiento local de las olas).

Supongo que habrás escuchado más de una vez lo de *tú no eres tus pensamientos.* Pues eso mismo.

De toda esta cháchara mental espontánea de pensamientos, visiones, voces, música… dale importancia solo a aquellos que te sean útiles, que puedas aprovechar, que eleven tu estado de ánimo. El resto déjalos pasar como nubes en el cielo. No te los tomes tan en serio. Sé que suena fácil, aunque muchas veces no lo es.

¿Sabes cómo lo complicado puede convertirse en algo menos complicado? A través de la práctica. No esperes a intentar relajarte cuando ya estás pensando en algo que odias, que no quieres pensar, que deseas evitar. En ese momento estás tan encendido con el tema que te arrollará la emoción que estos pensamientos suscitan en ti y no podrás decirte *va, déjalo pasar.*

Para que te salga de forma natural, automática, puedes ensayar cada día un poquito esta actitud ecuánime, en la que nada importa y a la vez todo importa. No presto atención selectiva a nada en concreto de lo que pasa por mi mente, sino que todo me va bien, todo tiene la misma importancia o la misma falta de importancia. Es lo que se llama *atención difundida*. Todo es bienvenido. Recibo la realidad tal y como es, ni está bien ni está mal, sencillamente *ES*. Dejemos que las cosas sean como son, en vez de intentar darles constantemente un sentido o catalogarlas en *me gusta* o *no me gusta*. Esto, en mi opinión, te dará mucha paz mental.

Como dice el antes citado Matthieu Ricard, «la meta no es experimentar emociones, sino no ser esclavos de ellas».

Otras veces, nuestros pensamientos surgen incitados por estímulos externos de los que quizá no somos conscientes. Por ejemplo, te pones a pensar en un episodio de cuando eras adolescente porque ha sonado una vieja canción que te ha llevado a ese recuerdo. Y quizá ni eres consciente de que esa canción lleva asociada esa vivencia.

Cuando nos llega un estímulo, este se procesa por partes subcorticales del cerebro que también interaccionan con la corteza cerebral milisegundos más tarde. ¿Qué significa esto? Pues que la información que captamos del exterior, por ejemplo, la interpretamos con nuestra mente subconsciente, que está llena de creencias, sesgos, memorias, deseos, expectativas, además de estar contagiada por nuestro estado de ánimo... De ahí la famosa frase que ya cité en capítulos anteriores: «No vemos la realidad tal y como es, sino tal y como somos».

Una vez la información se filtra en el inconsciente, pasa a mi mente consciente. Solo entonces puedo actuar en consecuencia.[2]

Los inconvenientes de la divagación

Básicamente el gran problema es que divagar demasiado nos impide vivir el presente, estar al cien por cien en la tarea que estamos haciendo. Por eso está tan mal visto distraernos mientras trabajamos o cuando charlamos con alguien.

Por otro lado, si te paras a pensar, también salimos perdiendo nosotros. Cuando estamos al cien por cien en el momento presente, no existe diálogo interno, no hay divagación, todo se vuelve más intenso y vívido. De hecho, cuando la mente está atenta, se activa la red ejecutiva del cerebro que se encarga del control de la conducta, de la planificación, de la simulación de hipótesis, del pensamiento abstracto... Mientras que cuando dejamos de estar atentos, la red neuronal por defecto nos invade. Una suele ser complementaria a la otra.

Un estudio muy famoso que se publicó en *Science* y del que hablé ya en mi anterior libro y en el primer capítulo de este, decía que «una mente que divaga es una mente infeliz».

Esta investigación demostró que divagamos casi la mitad del tiempo en el que estamos despiertos. Todo ese tiempo, en vez de vivir en la realidad, estamos en nuestra mente y parece que esto nos hace sentir menos felices.

---

[2] Aclaración: En este capítulo hablo de subconsciente o inconsciente de forma indistinta, para referirme a los procesos mentales que ocurren sin que nosotros seamos conscientes de ellos. No hay ningún consenso claro aún sobre esta nomenclatura ni en su definición, así que consideradlo la misma cosa.

Cultivar la presencia

Sentir y apreciar el momento presente es fundamental en el yoga y muchas otras filosofías. Es la base del *mindfulness* que está tan de moda. Y tiene todo su sentido.

En este libro, sin embargo, quiero insistir en que es perfectamente normal no saber mantenerte siempre en el presente. Nuestro cerebro tiende a distraerse de manera natural, y aunque el poder del *ahora* es muy fuerte, mantener esa atención todo el tiempo resulta imposible. Es una realidad que debemos aceptar.

Lo que sí podemos hacer es *cultivar la presencia*, es decir, elegir cuándo queremos estar presentes.

CÓMO TOMAR CONCIENCIA

Una de las técnicas tradicionales para hacerlo es practicar la meditación. Sin embargo, de manera más cotidiana podemos cultivar la presencia *tomando conciencia* de cada pequeña cosa que hacemos en piloto automático. Por ejemplo:

1. Cuando me lavo los dientes.
2. Cuando como.
3. Cuando conduzco.

En definitiva, se trata de estar presente en los hábitos diarios. Así entrenarás al cerebro para *que se dé cuenta* de qué momento estás viviendo y poder tomar las riendas de si quieres estar dentro o fuera de tu cabeza.

Como decía el rabino Najman de Breslev: «Estás donde están tus pensamientos. Asegúrate de que tus pensamientos estén donde tú quieres estar».

¿Sabías que esta tendencia a divagar se incrementa con la edad?

Podría parecer lo contrario, dado que los adolescentes divagan mucho y se dice que tienen la cabeza en las nubes, pero hay una razón científica para lo que digo.

Si divagar es pasar de un pensamiento a otro que está relacionado, cuanto más material tenga la mente para hacer asociaciones, más tiempo pasaré divagando. El material para que se produzcan estas asociaciones parte de nuestras experiencias, memorias y aprendizajes que con la edad se van incrementando.

Cuando somos bebés es cuando tenemos más presencia plena. Estamos atentos, curiosos al mundo que nos rodea. Todavía carecemos de creencias, aprendizajes, experiencias, temores, preferencias, deseos, esperanzas y frustraciones que distorsionen la realidad y nos provoquen cadenas de pensamientos. Nuestro sentido de la identidad no está siquiera formado. Hasta los cinco años no empezamos a recordar y, por lo tanto, a comparar lo vivido con el momento presente.

Entre los nueve y once años un niño divaga ya el 20-25 % del tiempo, y eso aumentará con la edad.

Una forma poco recomendable de cultivar la presencia es estar en alerta constantemente (estrés). Es algo que no recomiendo a nadie, porque con el tiempo trae nefastas consecuencias para el cuerpo y la mente. Si te tiras en paracaídas o paseas por una calle peligrosa de noche, ya te digo yo que estarás más presente que nunca. Hay personas, entre las que me incluyo, que nos volvemos un poco adictas a vivir todo *al límite*. Nos gusta esa sensación de aprovechar cada minuto del día para hacer todo lo que nos hemos propuesto. Pero, repito, vivir así de manera crónica no es sano.

Otra posibilidad para sentirse al cien por cien inmerso en la vida es seguir nuestra pasión. Y para hablar de pasión tenemos que mencionar la dopamina.

En la capacidad de salir de tu mente y vivir el presente también influye cuán *neurodivergente* eres. Es decir, si tienes, por ejemplo, tendencias TOC, aspectos autistas, ansiosos o depresivos, te resultará más difícil regular tu red neuronal por defecto. Mientras que si eres más *neurotípico*, activarás menos tu red neuronal por defecto, le darás menos vueltas a las cosas.

En concreto, se ha visto que las personas que sufren de ansiedad y/o depresión tienen la red neuronal por defecto (RND) muy activa, muy conectada. En estos casos, el cerebro tiende a divagar mucho y la mayoría de los pensamientos que ocupan la mente son preocupaciones o pensamientos negativos. Mientras que, por ejemplo, los meditadores expertos presentan una RND muy poco activa.

A veces luchamos contra esta naturaleza genética de nuestro cerebro porque nos han dicho que lo normal es tener una mente tranquilita y callada, y quizá la tuya no lo es. ¡Bienvenido al club! No pasa nada. Se trata de conocer cómo es la actividad de tu mente, cuáles son sus patrones y, como harías con cualquier persona a la que amas, quererla tal y como es. Desde esa compasión, esa aceptación plena de tu mente, tu relación con ella mejorará.

Los dos tipos de meditación

Dejemos ahora de divagar, nunca mejor dicho, para centrarnos en la meditación. ¿Qué pasa en el cerebro cuando meditamos?

Antes de responderte a esa pregunta, tenemos que definir de qué meditación hablamos, porque hay para todos los gustos: mirando una vela, cantando un mantra, caminando o, la más clásica, sentado en el suelo con las piernas cruzadas y los ojos cerrados.

Como hay tantos tipos de meditación, voy a categorizarlas en dos, tal y como lo hace el neurocientífico doctor Antoine

Lutz, que trabajó junto al doctor Richard Davidson midiendo la actividad del cerebro con técnicas de neuroimagen en meditadores expertos y principiantes:

1. *Meditación basada en la atención focalizada.*
2. *Meditación basada en la monitorización abierta* (otros la denominan *atención abierta).*

En el primer tipo se incluye cualquier meditación en la que la atención se centra en un solo objeto, sea un mantra, una estatuilla o la respiración pasando por las fosas nasales. La mente debe estar concentrada en aquel objeto, en un estado de alerta que a la vez es relajado. El objetivo principal de este tipo de meditación es reducir el ruido mental, es decir, darme cuenta de cuándo me distraigo y así reducir la actividad de la RND.

El segundo tipo de meditación presta atención a todo lo que acontece de manera más global, con un foco más amplio. Por ejemplo, puedo observar las sensaciones que aparecen en el cuerpo —el *body scan* del *mindfulness*—, los pensamientos que pasan por la mente, las emociones que siento, o incluso puedo monitorizar los sonidos que se dan en el espacio que me envuelve.

EL CINE DE TUS PENSAMIENTOS

Si quieres observar tus pensamientos, te propongo el siguiente ejercicio:

1. Imagina que estás sentado en la butaca de un cine.
2. Mira los pensamientos que pasan por tu cabeza como si fueran imágenes de la pantalla.

3. Tu atención es abierta, no te centras en nada en concreto. Aquí el objetivo principal es convertirte en el espectador de tu mente, ir desarrollando la posición de *testigo* de ti mismo. Se trata de observar sin juicio, sin análisis, los pensamientos que aparecen, la actividad de tu RND.

Esta práctica te ayudará a ganar en aceptación y cultivar así una mirada ecuánime hacia tus pensamientos que te permitirá no dejarte enredar tanto por ellos.

Llevo años practicando estos dos tipos de meditación. Se suele empezar con la primera, observando la respiración, y con el tiempo se pasa a la segunda. O, como en mi caso, se pueden combinar ambas.

Por ejemplo, empieza observando la respiración durante unos cinco minutos. Cuando sientas que tu mente está *asentada*, entonces pasa a observar tu *pantalla mental*. Es decir, deja que los pensamientos surjan y tú solo contémplalos, aceptando todo lo que aparece en la mente, pero sin darle una importancia especial.

A veces te irás con alguno de los pensamientos que observas. No pasa nada, es normal. Si te das cuenta de ello, vuelve de forma amable a colocarte como espectador de todo lo que sucede en tu mente. Y así una y otra vez durante unos quince minutos.

Cuando practicaba solo el primer tipo de meditación, me di cuenta de que estaba retroalimentando una parte de mí que de forma innata ya tengo muy desarrollada: la concentración. La meditación de atención focalizada entrena a tu cerebro para ganar tiempo de concentración en aquello que hagas, pero puede llegar a gastar muchos recursos cognitivos, puesto que estás haciendo un esfuerzo por permanecer atenta durante largo rato.

Es un tipo de meditación que, por lo tanto, aconsejo a personas que suelen distraerse mucho, que son procrastinadoras natas, que tienen problemas para estar atentas a aquello que hacen. También se la aconsejo a quienes sufren de ansiedad o de depresión. En estos casos, como comenté antes, la RND está muy activa: hay una fuerte tendencia a divagar, y, aparte, la red ejecutiva se ve secuestrada por la amígdala. De forma simple podemos decir que la parte más racional es secuestrada por la parte más emocional del cerebro. Reforzar la atención es ir ganando votos para poner de nuevo al mando a la red ejecutiva liderada por la corteza prefrontal (CPF), ganar en control mental y reducir la rumiación.

Por el contrario, si pasas largo de tiempo de tu día concentrada, sin dar espacio a la divagación, mejor haz el otro tipo de meditación, la meditación «abierta». En este segundo tipo, la mente está más relajada. Puedes aprovechar la meditación para vaciarte de pensamientos y regenerarte mentalmente. Convertirte en observadora de tu mente también te ayuda a darte cuenta de qué clase de pensamientos sueles tener. Puedes así identificar tu patrón mental. Además, logras poner distancia, desapegarte de ellos. Aprendes a no reaccionar emocionalmente frente a tu ruido mental. En suma, aprendes a vivir en un estado meditativo, centrado.

Para las personas que de por sí son poco emocionales, desde mi punto de vista este tipo de meditación no sería el más conveniente, ya que puede *enfriarlas* aún más. Esta meditación te enseña a contemplar el presente desde una óptica de trescientos sesenta grados, con lo que les puede dificultar sumergirse de forma más vivencial en el ahora. En cambio, si eres muy emocional, esta práctica te ayudará a regularte, a sentirte con la mente más clara y liberada.

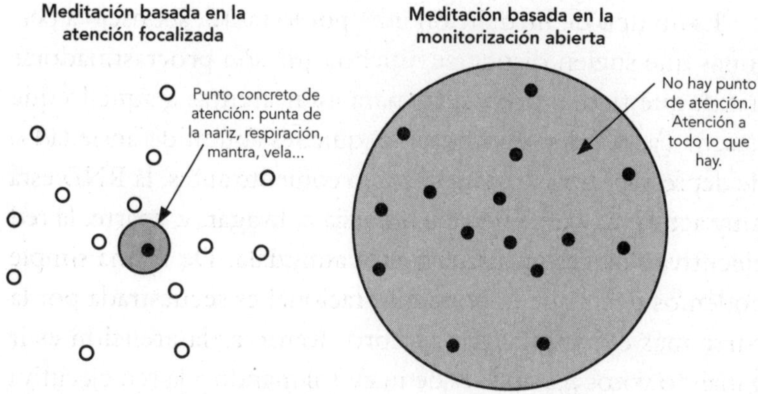

Fuente: Imagen adaptada del libro *Cerebro y silencio: Las claves de la creatividad y la serenidad*, de Michel Le Van Quyen, Plataforma, 2019.

Ambas meditaciones buscan lo mismo: cultivar la presencia. ¿Cómo? Ganando en tu capacidad de *darte cuenta* cada vez que te distraes, para así redirigir de nuevo la atención una y otra vez. Da igual si divagas mucho o poco, no importan los pensamientos que hacen que te distraigas. Se trata de volver una y otra vez al centro de atención, entrenar ese *músculo* en tu cerebro que te permitirá decidir en qué momentos quieres estar presente y atento a lo que haces.

¿Y qué es lo que sucede en el cerebro?

Veamos lo que ocurre: Estoy sentada observando atentamente, por ejemplo, la punta de mi nariz. Si estuviera dentro de un escáner, lo que se vería es cómo primero se activa la red ejecutiva, liderada por la corteza prefrontal (estoy prestando atención). A su vez se activa también la corteza somatosensorial (que hace que me pregunte: *¿por qué estoy observando la nariz?*). Al cabo del rato pierdo la atención y mi mente divaga. Ahí se activa nuestra querida RND. Un rato después me doy cuenta de que estoy divagando. Entonces se activa la red de alerta formada por la corteza cingulada anterior (CCA) y la ínsula, el famoso tándem del que hablamos en el capítulo anterior, que nos ayuda a darnos cuenta de lo que está sucediendo en el momento. En este caso ayuda a que me dé cuenta de que me he distraído. Entonces mi mente piensa: *¿Y dónde estaba dirigiendo yo mi atención?* Y ahí interviene la CPF dorsal principalmente para recordarme que estaba prestando atención a la respiración. Después vuelvo a observar la punta de mi nariz. Volvemos al punto 1. Al cabo de un rato pasaré al punto 2 y así sucesivamente.

Lo que más nos interesa de todo este proceso es el paso que hay entre el 2 y el 3. Poder *darme cuenta* de cuándo estoy distraída. Cultivar esta capacidad con meditación o con los momentos de atención plena que comentamos (prestando atención mientras realizamos cosas cotidianas, en lugar de ir en piloto automático) es clave para poder vivir (o decidir vivir) en el presente.

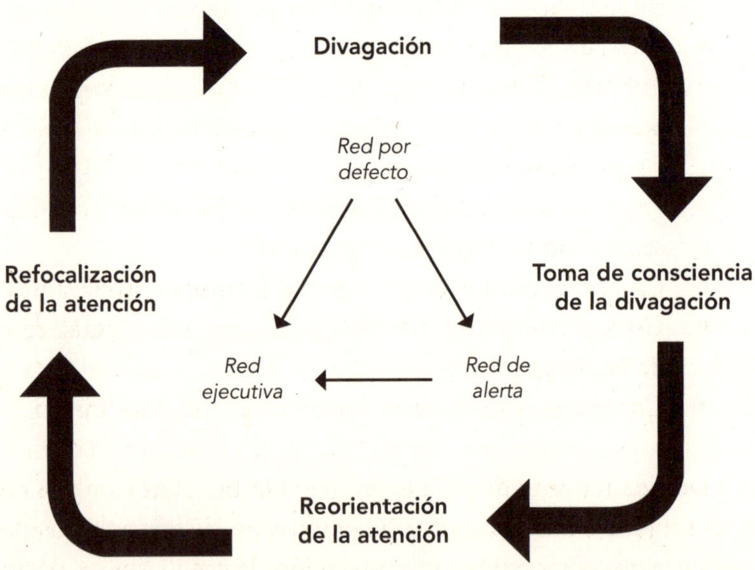

Fuente: Imagen adaptada del libro *Cerebro y silencio: Las claves de la creatividad y la serenidad*, Michel Le Van Quyen, Plataforma, 2019.

Voy a romper con un tópico que sin duda está equivocado. Siento decir que no es viable que la mente se quede totalmente en blanco, sin pensamientos, por un largo periodo de tiempo.

Con todo, en el yoga es muy conocido por definirse como *el cese de las fluctuaciones de la mente*. Hay yoguis que se han *iluminado* y permanecen, según ellos, en un estado de silencio mental absoluto. Creo que yo lo dejaré para la siguiente vida. En esta me conformo con que la intensidad de las fluctuaciones mentales cada vez sea menor y no me arrastren con ellas.

Desde un punto de vista anatómico, el cerebro se transforma cuando empezamos a meditar a diario. Según una revisión de la revista *Nature* de 2015, estas son las partes que acostumbran a verse reforzadas:

- *Corteza frontopolar* (metaconciencia, que me hace ser consciente de lo que pienso).
- *Córtices somatosensoriales e ínsula* (interocepción, es decir, atención al interior del cuerpo).
- *Hipocampo* (memoria).
- *Corteza cingulada anterior (CCA), corteza cingulada media y corteza orbitofrontal* (conciencia de uno mismo y regulación emocional).
- *Fascículo longitudinal superior y cuerpo calloso* (comunicación intra e interhemisférica).
- *Caudado* (desapego, criba de la información irrelevante).
- *Corteza entorrinal* (control del movimiento mental, cese de la divagación).
- *Corteza prefrontal media* (conciencia de uno mismo).

Desde un punto de vista funcional, también hay cambios en el cerebro de un meditador. Ganamos en distintos tipos de atención, así como en la monitorización de conflictos, es decir, la capacidad de detectar la presencia de *errores* en aquello que estamos haciendo. Y eso incluye detectar las distracciones. La corteza cingulada anterior es clave en esta función de darse cuenta de que algo no está yendo como debería.

Sobre el tema concreto de la atención, es curioso que, cuando llevas mucho tiempo meditando, se detecta menos actividad en las áreas del cerebro relacionadas con la atención. ¿Por qué? Tiene fácil explicación: resulta que el cerebro se vuelve más eficiente con el tiempo y necesita hacer menos esfuerzos para prestar atención. No utilizas tanto la parte frontal de tu cerebro.

Regulación emocional: de arriba abajo, de abajo arriba

No sé si te suena haber leído en libros de psicología y/o de neurociencia los procesamientos *top-down* (de arriba abajo) y *bottom-up* (de abajo arriba). Por si acaso, te lo cuento de manera rápida y fácil.

El *top-down* tiene lugar cuando nos regulamos emocionalmente al reinterpretar aquello que estamos experimentando para que no nos afecte tanto. Es decir, racionalizamos la emoción que estamos sintiendo.

Te pondré un ejemplo. Imagina que alguien dice algo que es una chorrada y tú lo sabes, pero te hace enfadar. Ahí puedes parar, observar esa emoción, ver de dónde sale y calmarte con ayuda de tu corteza prefrontal. Reevalúas lo que experimentas.

Cuando alguien hace terapia del tipo cognitivo conductual, activa más esta parte frontal del cerebro. Esto le ayuda a atenuar aquellas emociones que surgen en él y que le perjudican. Se aprende a controlar una reacción emocional que surge de zonas subcorticales como la amígdala o el núcleo estriado. Surge de *abajo*. De ahí que se llame procesamiento de arriba abajo, porque las partes de arriba del cerebro, más racionales, calman a las partes de abajo, más emocionales. Es como si el padre o la madre que llevamos dentro educara a nuestro niño o niña interior.

Interesante, ¿verdad? Pues esto mismo es lo que sucede cuando empezamos a meditar. Los meditadores novatos muestran una alta activación de la CPF. En cambio, se ha visto que los meditadores expertos se regulan a nivel emocional mayoritariamente desde un procesamiento *bottom-up*, es decir, el inverso.

Este recorrido inverso me encanta. Imagina de nuevo que te sientes enfadado por algo que sabes que es una chorrada y te dices: *Vale, entiendo que esto no tiene sentido. Desde la mente veo lo que pasa, pero emocionalmente me sigo sintiendo así, y me da la sensación de que no puedo hacer nada para cambiar este estado.* Voy a darte una buena noticia: sí que se puede.

Puedes aceptar lo que de *abajo* surge sin razón, no machacarte por ello. Deja que esa emoción se exprese en ti sin más. Así lograrás no engancharte a ella y que pueda seguir su curso natural, que, como vimos, es aparecer y desaparecer. Sufrimos porque no dejamos que desaparezca, nos quedamos amarrados a ella y la retroalimentamos con nuestra atención.

Con este procesamiento, ¿sabes lo que estás consiguiendo? Activar tu sistema parasimpático, el de la relajación. Esto hace que las zonas subcorticales como la amígdala no se activen tanto. Estás atenuando tu reactividad emocional *de abajo hacia arriba*. Las zonas emocionales del cerebro se activan en menor intensidad, así que la corteza prefrontal disminuye su actividad, no tiene que *controlar* tanto. Aparece un padre o una madre compasiva que hace que el niño o la niña interior se sienta querido, acompañado.

Esto es lo que consigue con el tiempo la meditación. Sobre todo, la de monitorización abierta. Tiene sentido, ya que este tipo de meditación ejercita la mirada ecuánime sobre todo lo que experimento, sean emociones, sensaciones, intuiciones, recuerdos... La persona deja que todo ocurra tal y como es, no modifica nada, no se fuerza a nada. Se mantiene en un estado de aceptación profundo y de amabilidad constante a cualquier estímulo endógeno. Tú eres tan solo un observador, te mantienes al margen. Byron Katie lo llama *amar lo que es*.

Con el tiempo, al no creerte de entrada aquello que piensas, tu reacción emocional disminuye. Por consiguiente, tu cuerpo y tu mente viven de forma más relajada, en un estado meditativo.

En mi opinión, los dos procesamientos son importantes. Siguiendo con la analogía del padre y del hijo, creo que tan importante es tener un padre que sabe educar para que el niño no se vuelva caprichoso, como que sea permisivo cuando el niño lo necesita.

Hay una frase que escuché un día, no sé dónde, pero se quedó grabada en mi hipocampo y ahora me ha venido a la cabeza. Decía algo así: «Al cerebro (igual que a un niño) no tienes que darle todo lo que te pida, sino aquello que realmente necesita». Quizá lo difícil está en discernir qué es necesario y qué no. Eso es sabiduría.

KINDFULNESS

Se llama así a las meditaciones en las que aflora en ti un sentimiento de gratitud y compasión. Este tipo de práctica puede ayudarte a fomentar un estado de aceptación interno. Además de liberar oxitocina y serotonina en el cerebro, aumenta la confianza en ti y tu estado de ánimo.

Nuevas terapias que están surgiendo actualmente, como la de *aceptación y compromiso*, intentan que se desarrolle este tipo de procesamiento *bottom-up*.

Por último, hay que destacar que la meditación modula el estrés de abajo arriba, ya que el nervio vago activa el sistema nervioso parasimpático. Cuanto más practico la meditación, más se tonifica el nervio vago. A consecuencia de ello, cada vez es más fácil pasar de un estado activo a uno relajado y el cortisol se ve disminuido.

¡No puedo meditar!

¿Te cuesta meditar? Bueno, no pasa nada. De hecho, hay artículos que desaconsejan meditar si uno no es capaz de desapegarse de lo que surge en su espacio mental, ya que, en vez de atenuarlo, puede seguir incrementándose.

En el yoga, la meditación es uno de los últimos peldaños de la escalera. Los primeros consisten en lo que normalmente la gente conoce, la parte física, las *asanas.* Desde el cuerpo siempre es más fácil aprender a incrementar la atención.

Por eso se recomienda a los principiantes que empiecen por el primer tipo de meditación, la de atención focalizada; mejor aún, si esta atención se posa en el cuerpo. En el *body scan* puedes observar el movimiento de las costillas, el fondo de tu abdomen, el recorrido del aire a través de tus fosas nasales...

Algo que me encanta del cuerpo es que es un elemento neutro. Atenderlo no suscita ningún tipo de emoción positiva o negativa. Esto ayuda a que la mente se calme. Cuando nos enfocamos en el cuerpo, el batiburrillo mental cesa. Si estoy atenta, no puede haber diálogo interno, porque normalmente cuando la red ejecutiva está activa, la red neuronal por defecto está silenciada.

La meditación hacia una parte del cuerpo o hacia la respiración logra también desarrollar la *propiocepción* e *interocepción.*

También se desarrolla esta escucha del cuerpo observando las sensaciones que se despiertan en él.

Como veremos en el próximo capítulo, la corteza somatosensorial y la ínsula son claves en este circuito neuronal. En la corteza somatosensorial yace el mapa mental de las partes de nuestro cuerpo. No sé si sabes que la representación del cuerpo en el cerebro no es homogénea, sino que pinta así:

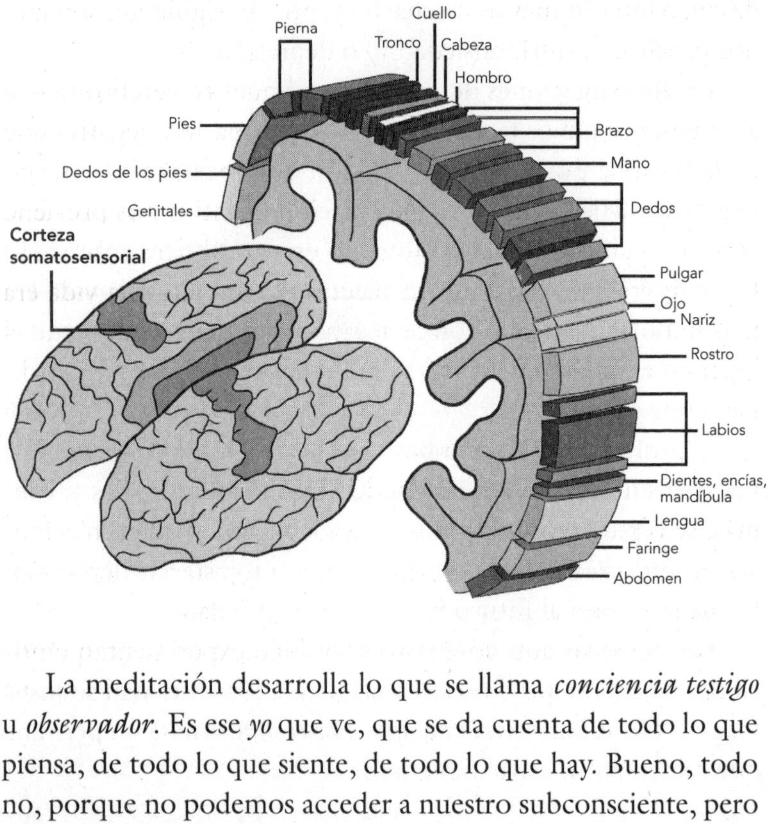

La meditación desarrolla lo que se llama *conciencia testigo* u *observador*. Es ese *yo* que ve, que se da cuenta de todo lo que piensa, de todo lo que siente, de todo lo que hay. Bueno, todo no, porque no podemos acceder a nuestro subconsciente, pero digamos que se da cuenta de mucho.

Ganar en conciencia significa ganar en presencia.

¿Y QUÉ PASA CON EL DIÁLOGO INTERNO?

Tal y como hemos visto, meditar de manera regular reduce la actividad de la red neuronal por defecto, y por lo tanto también el diálogo interno.

En el libro *Sé amable contigo mismo*, del que hablamos en el capítulo sobre miedo y resiliencia, la neurocientífica Kristin Neff afirma que las personas que tienen autocompasión tienen un discurso interno menos machacón y, por consiguiente, son menos proclives a sufrir ansiedad y/o depresión.

Las investigaciones demuestran que nuestro cerebro tiende a ser pesimista. Nos fijamos más en la información negativa que en la positiva por una pura cuestión de supervivencia (sesgo negativo). Mientras que la información negativa nos previene contra las amenazas, la positiva no es crucial para sobrevivir. Cuando éramos cazadores recolectores, para salvar la vida era más importante saber dónde acechaba un depredador que el lugar en el que se encuentra una flor aromática, por extraordinaria que sea.

El problema en los tiempos actuales es que los pensamientos negativos muchas veces no obedecen a amenazas reales y, además, se repiten como un disco rayado. La dichosa rumiación. Y si la rumiación sobre el pasado es una autopista a la depresión, la que se enfoca al futuro nos lleva a la ansiedad.

Las personas autocompasivas también experimentan emociones negativas, pero no se enganchan a ellas. Les dan su justo lugar —*Ok, mensaje recibido, que pase el siguiente*— sin permitir que reinen en su espacio mental.

¿CUÁL ES TU NIVEL DE AUTOCOMPASIÓN?

La doctora Kristin Neff nos ofrece una manera de medirlo en su página web: www.selfcompassion.org

Lo contrario a la autocompasión es la excesiva autocrítica y el deseo de control. Muchas veces se hereda esta lacra por los padres, y hasta que la persona no se libere de estos patrones de segunda mano no podrá deshacerse de la ansiedad.

Tan humanos son el sesgo negativo y la autoexigencia como nuestra capacidad para sentir apego y conexión. Cuando nos situamos en el lado amable de la balanza emocional, segregamos oxitocina que —no por casualidad— reduce el miedo y la ansiedad, contrarrestando el cortisol disparado por el estrés.

Aunque puntualmente nos ayude en la supervivencia, a largo plazo el cortisol es un mal compañero de viaje. Puede desembocar en depresión al agotarse los neurotransmisores que nos permiten experimentar placer.

Veamos cómo podemos ser autocompasivos, es decir, más amables con nosotros mismos:

- Identifica el monólogo interior autocrítico.
- Recuerda que el fracaso y la imperfección son humanos y nos afectan a todos.
- Haz hincapié en todo lo bueno que tienes y haces. Date motivos para la gratitud.

Sé que la palabra *compasión* suena mal. En español la atribuimos mucho al *pobrecito, qué pena me das,* mientras que en inglés se relaciona más con la empatía. ¿Y qué hay más necesario que tener empatía por uno mismo?

Al final hablamos de ser capaces de aceptarnos, de querernos incondicionalmente. Cuando esto sucede, la rumiación se ve disminuida. Y en ese proceso, de nuevo, la meditación puede ser una excelente herramienta. La práctica habitual de meditación consigue que partes del cerebro oscile en ondas alfa e incluso tetha, lo que nos permite estar en un estado atento y a la vez relajado. En concreto, las ondas theta aumentan nuestra capacidad adaptativa y son inversamente proporcionales a la divagación.

Cuando estamos sumergidos/as en el momento presente, en aquello que hacemos, el *yo* desaparece. ¡Qué alivio! Hablaremos más sobre este estado en el último capítulo, en el que abordaremos la consciencia y la espiritualidad en el cerebro.

EL PODER DE LA MÚSICA

Hay quien logra un estado casi meditativo al sumergirse en cierto tipo de música. No existe un solo centro musical en el cerebro. La música activa diferentes partes en el cerebro. Algunas procesan el tono, otras la vibración, otras la armonía, mientras que, por ejemplo, el cerebelo (entre otros) se encarga del ritmo.

En concreto, la música llega al nervio auditivo y viaja a través del tallo cerebral y mesencéfalo. Es filtrada por el tálamo para llegar a la corteza auditiva y a zonas de procesamiento emocional como la amígdala o la corteza orbitofrontal.

De hecho, se ha comprobado que cuando el ritmo de la música se sincroniza con el movimiento del cuerpo, gastamos menos oxígeno y nuestro organismo trabaja de forma más eficiente. Así que, ya sabes, si sales a correr, ponte una canción que puedas acompasar con tus pasos.

La música activa el sistema de recompensa del cerebro. Cuando nos estremecemos al escuchar una canción, aumenta la actividad en el estriado medial, el cerebro medio, la amígdala y la corteza orbitofrontal, prefrontal ventromedial, que son muchas de las áreas involucradas en el sistema de recompensa del cerebro. En concreto, la corteza orbitofrontal está relacionada con las preferencias subjetivas que tenemos de aquello que nos causa placer. Por eso, la respuesta emotiva que nos produce una canción es diferente en cada persona, porque depende de este conocimiento y de experiencias previas que darán lugar a una interpretación subjetiva de la misma.

Con el tiempo necesitamos renovar la música para que nos siga provocando una recompensa en el cerebro. Los niveles de dopamina se elevan cuando se producen errores de predicción, es decir, cuando yo espero una cosa y lo que oigo es diferente. Si el cerebro predice cómo va a sonar el cien por cien de una canción, esta probablemente no nos gustará.

La música también nos ayuda a guardar información en la memoria. Por eso en la infancia solemos memorizar las cosas inventándonos canciones (como las tablas de multiplicar). Tal vez también por eso los enfermos de alzhéimer pueden olvidar su nombre, pero a veces son capaces de recordar la letra de una canción.

En la adolescencia se está construyendo nuestro *yo* en el cerebro, por eso las canciones que escuchamos durante esa época se quedan más marcadas. Son, por decirlo de algún modo, la banda sonora de nuestra vida. De mayores tendemos a rememorarlas, ya que activan nuestro sistema de recompensa.

Lo que no está claro es que la música nos ayude a desarrollar nuestro lado matemático. Yo estaba convencida de lo contrario, ya que, casualmente, cuando estudiaba la carrera de Física más del 80 % de la clase tocaba un instrumento. Como mucho, se han visto evidencias científicas de que la música ayuda a mejorar habilidades visoespaciales: la capacidad para representar, analizar y manipular objetos mentalmente.

Por último, como afirman los expertos en musicoterapia, una canción o sinfonía puede ayudarnos a cambiar de estado emocional. La música relajante, por ejemplo, disminuye la actividad de la amígdala, con lo que nos ayudará a destensarnos. Un ritmo energético, en cambio, nos puede sacar de la modorra y la apatía.

Algunos estudios señalan incluso que la música podría ser un antidepresivo natural, ya que libera en el cerebro dopamina, endorfinas y serotonina, las grandes amigas de la alegría y el optimismo. Por otra parte, el canto de mantras o de cualquier otra canción contribuye a disminuir el estrés, el cortisol y la adrenalina después de una hora. Toda música lenta o relajante ayuda a disminuir las pulsaciones y el ritmo cardiaco, mientras que un tema dinámico logra el efecto contrario.

El silencio

Hemos hablado de muchas cosas a lo largo de este capítulo, que hemos complementado con el poder de la música. Por lo tanto, me parece justo y adecuado acabar con el sanador silencio.

Numerosos estudios demuestran que la exposición al ruido provoca un incremento de las hormonas del estrés, como el cortisol y la adrenalina, además de deprimir el sistema inmunitario.

De hecho, sabemos que vivir en un entorno tranquilo hace disminuir la frecuencia cardiaca y aumenta nuestra esperanza de vida. Aunque vivamos en la ciudad, sin embargo, procurarnos unos minutos de silencio ya supondrá un bálsamo para nuestros nervios.

¿Dónde podemos refugiarnos del *mundanal ruido*?

En la naturaleza. Se ha comprobado el efecto positivo que tiene para nuestra salud física, mental y emocional un *baño de bosque*, lo que los japoneses llaman *shinrin-yoku*.

Aunque no sea exactamente silencio —sí lo es por lo que respecta a los estímulos humanos—, los sonidos de la naturaleza crean un estremecimiento auditivo relacionado con la liberación de dopamina y la activación del sistema de recompensa.

Tanto si te hallas en una habitación silenciosa como en el suave rumor de la naturaleza, si puedes escuchar el silencio con los ojos cerrados, mejor aún. Al reducir el *ruido visual,* tus ondas cerebrales se ralentizan y se agudiza el resto de los sentidos. Quizá por eso cerramos los ojos cuando degustamos algo que nos parece delicioso. A la vez, al cerrar los ojos, la amígdala se activa y se multiplican nuestras emociones. ¿Quién ha dicho que el silencio es aburrido? Como decía muy bellamente la poetisa brasileña Clarice Lispector, «la respiración continua del mundo es lo que oímos y llamamos silencio».

7
EJERCICIO FÍSICO Y YOGA

De qué manera el movimiento del cuerpo contribuye al propio equilibrio, el rendimiento intelectual y la felicidad

El cuerpo me fascina. Ahora mismo, mientras sujetas este libro con tus manos o pasas las páginas con el dedo, miles de neuronas se están activando para dar esta orden sin que seas ni siquiera consciente.

El movimiento del cuerpo se prepara y se ejecuta desde el cerebro, que utiliza partes distintas para una cosa u otra. En la planificación, por ejemplo, del movimiento de *ahora toca mover el dedo para pasar la página* se activan principalmente los ganglios basales y el cerebelo, que son las estructuras subcorticales involucradas en las habilidades motoras, como en los hábitos. Lo que necesitas hacer para ir en bici o caminar está guardado en tu cerebelo y tus ganglios basales.

Haciendo un poco más de zoom, cuando se ejecuta la acción de *el dedo se mueve,* otras partes del cerebro intervienen. En primera instancia se activará la corteza motora, donde se encuentran las neuronas motoras que gestionan el dedo. Se activa la neurona motora superior y su axón, es decir, su conexión, baja por la médula espinal (vía corticoespinal) hasta encontrar a su amiga, la motoneurona inferior. Esta segunda motoneurona activa el músculo del dedo y este se contraerá para que puedas moverlo.

¿Sabes que tenemos axones de hasta metro y medio recorriendo nuestro cuerpo? El nervio ciático, por ejemplo, no deja de ser un conjunto de axones.

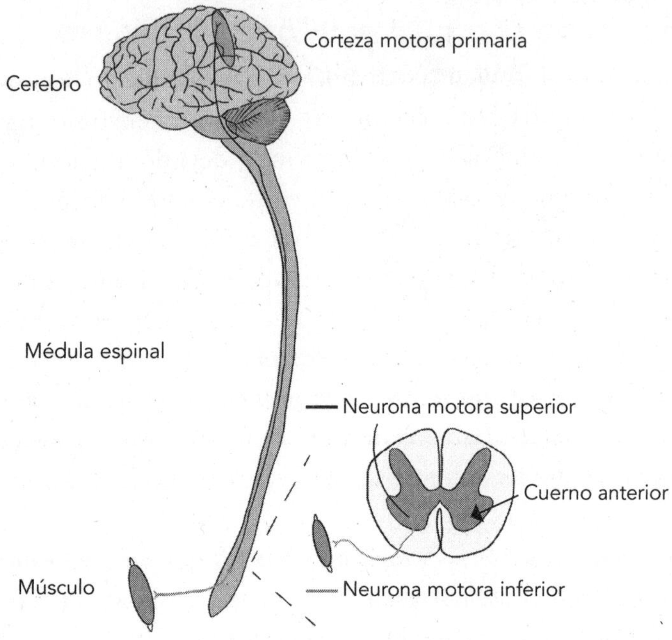

Pero veamos ahora ese recorrido a la inversa. ¿El movimiento del cuerpo impacta en otras estructuras del cerebro que no tienen que ver con la preparación y ejecución de la acción motora? La respuesta es *Yes!*

Dependiendo de qué ejercicio hagamos, su intensidad y duración, podemos despertar partes del cerebro que tienen que ver con el aprendizaje, la memoria e incluso con la regulación de las emociones y el estrés. ¡Y todo eso solo pasando la página de un libro, imaginad lo que sucederá cuando hacemos zumba!

La alquimia del ejercicio

El ejercicio físico puede ayudarnos a cambiar de un estado emocional y mental a otro. ¿No es fabuloso? Recuerdo que hubo una época en la que me sentía deprimida, sin ganas de hacer nada. Estaba muy baja energética y anímicamente. No sabía bien qué hacer con mi vida. Era una crisis existencial en toda regla, vamos.

Acababa de regresar de mi viaje en solitario por Asia, en el que pensaba que me descubriría y sabría qué hacer laboralmente. ¡Ilusa de mí! Al final, a pesar de que los recuerdo como unos de los meses más felices de mi vida, volví con ataques de pánico y más perdida aún a nivel profesional que cuando me fui.

En ese momento difícil, tras instalarme en Barcelona de nuevo, me propuse una sola cosa: moverme. Mover mi cuerpo de la manera que fuera, aunque me costase, aunque no me apeteciera. Ese era mi único propósito. ¡Y funcionó! Cuando empecé a sentirme vital, fuerte y con la mente clara, pude por fin identificar mi propósito de vida: compartir lo que sé y me apasiona (como el yoga o la neurociencia). Educar. Justo lo que estoy haciendo ahora mismo en este libro.

Desde entonces, siempre que paso por un momento complicado, el ejercicio físico se convierte en un *must* de mi día a día. Mi fiel aliado. Lo practico incluso cuando creo que no tengo tiempo. Cuando solo veo entregas pendientes y una lista de quehaceres interminable es cuando sé que más ejercicio y más meditación tengo que hacer. Y la razón está clara: es justo en esos momentos en los que necesitamos tener un estado de ánimo favorable y la mente en las mejores condiciones. Solo así podemos enfrentarnos bien a todo lo que viene.

A veces pensamos de forma muy limitada que debemos mover el cuerpo para cuidarnos físicamente, para prevenir lesiones, adelgazar o ponernos fuertes. Y nos olvidamos de que mover el cuerpo no solo ayuda a tener un cuerpo bonito y sano, sino que también favorece tu estado mental y emocional. ¡Eso es un 3×1! Al entrenar tu cuerpo, estás entrenando también tu cerebro.

EL ENTRENAMIENTO DE UN NOVELISTA

Haruki Murakami, uno de los novelistas más leídos de los tiempos actuales, practica ejercicio físico hace más de tres décadas. Hasta el punto de que ha dedicado todo un ensayo a explicar lo que correr ha supuesto en su vida. También en su *De qué hablo cuando hablo de escribir* aborda el tema:

> Durante mucho tiempo no llegué a entender lo que de verdad significaba para mí el hecho de correr a diario. Ganaba en salud, en efecto; en condición física, por supuesto. Eliminaba grasa, desarrollaba una musculatura equilibrada y controlaba mi peso. Pero siempre intuí que no solo se trataba de eso. Había algo más.

Afirma el escritor japonés que, ya sea en las frías mañanas de invierno o en los calurosos mediodías de verano, el ejercicio es como si sintiera a su espalda una voz cálida y susurrante que le dice *¡Venga, ánimo! ¡También hoy va a ser un buen día!*

Y a continuación explica la constatación de esa intuición suya que encontró en la neurociencia:

> Después de leer en una revista científica aquel artículo sobre el proceso de formación de las neuronas gracias al ejercicio físico, sentí de nuevo que todo lo que había hecho, que todos mis sentimientos e intuiciones no estaban en absoluto equivocados (...). El espíritu o la mente, al final, no dejan de ser extensiones del cuerpo. Me parece que la frontera entre espíritu, mente y cuerpo, aunque desconozco la opinión científica, no está clara y bien definida.

Beneficios del ejercicio

Creo que tengo algunas respuestas para Murakami. O, como mínimo, algunas evidencias científicas. Con los datos actuales sabemos que al hacer ejercicio:

- Aumenta el factor neurotrófico derivado del cerebro o BDNF (por sus siglas en inglés, *Brain Derived Neurotrophic Factor*). El BDNF tiene un nombre que me costó mucho tiempo aprender, pero es una proteína increíble. Favorece la neurogénesis y sinaptogénesis, es decir, la formación de nuevas neuronas y conexiones, como descubrió el escritor japonés al leer el artículo. Esto se desarrolla sobre todo en el hipocampo. Por eso el BDNF está muy relacionado con *procesos de aprendizaje y de memoria*. Un estudio hecho con ratones mostró que recordaban mejor cómo salir de un laberinto tras una breve sesión de ejercicio en una rueda giratoria. La mejora en el aprendizaje de la tarea espacial fue relacionada con el aumento de BDNF en el cerebro de estos roedores.
- *Aumenta la vascularización cerebral*, es decir, *incrementa el riego sanguíneo en el cerebro.* Incluso se crean nuevos vasos sanguíneos (angiogénesis). Esto hace que nuestras neuronas estén más felices, ya que reciben más oxígeno y, por lo tanto, más nutrientes.
- Algunos estudios apuntan a que *el ejercicio físico puede cambiar estructuralmente el cerebro*, ya que aumenta el volumen de ciertas áreas cerebrales, como el hipocampo, los ganglios basales o la amígdala, involucrados en el aprendizaje y la memoria. Otros muestran que aumenta la corteza prefrontal, la estructura que nos ayudará a ganar atención y saber regularnos mejor emocionalmente. Y no solo se incrementa la materia gris (el número

de neuronas), sino también la materia blanca (el número de conexiones) entre los hemisferios, así como la de la corteza prefrontal con las áreas subcorticales. Esta integración de materia blanca mejora la eficiencia en el cerebro. En definitiva, moldea el cerebro y potencia su neuroplasticidad.

- *Contribuye a la desinflamación del cuerpo.* Varias investigaciones concluyeron que el ejercicio libera sustancias antiinflamatorias e inhibe aquellas proinflamatorias.
- *Aumenta la liberación de neurotransmisores* en el cerebro que mejoran significativamente tu estado de ánimo. *Se liberan endorfinas* que, aparte de aportarnos sensación de *bienestar y placer*, también tienen un poder analgésico.
- Otra de las sustancias que se segregan en el cerebro al hacer ejercicio es la *serotonina*, un neurotransmisor considerado por muchos *de la felicidad*, ya que ayuda a estabilizar nuestro humor y nos aporta serenidad. También está relacionada con el ciclo vigilia-sueño e induce la producción de melatonina, que mejora el sueño.
- También *se libera dopamina, activándose el circuito de recompensa del cerebro.* Solo el hecho de pensar en esa clase de yoga, *crossfit* o cualquier actividad que te guste hacer hará que se libere este potente neurotransmisor en tu cerebro y eso causará, entre otras cosas, que tu motivación y vitalidad aumenten.
- También se ha visto que gracias al ejercicio físico *segregamos noradrenalina.* En dosis adecuadas, este neurotransmisor u hormona (según en qué parte del cuerpo se libere) ayuda a incrementar nuestro estado de alerta y de atención.
- Por último, en deportes en equipo o si haces ejercicio con amigos, es muy probable que *aumenten tus niveles de oxitocina*, haciéndote sentir más en calma y con confianza.

Todos estos beneficios que acabamos de listar hacen que sea más importante de lo que puede parecer incorporar más movimiento y deporte en las escuelas. A fin de cuentas, con todo lo que hemos visto, ¿no podríamos decir que hacer ejercicio físico nos hace ser personas más listas?

Cognición corporizada

Multitud de estudios demuestran cómo mejora el rendimiento académico de niños y adolescentes gracias al ejercicio físico. Del mismo modo, se ha comprobado que los niños sedentarios con un índice de masa corporal muy alto tienen menos potencia cognitiva en sus funciones ejecutivas, así como una reducción de la corteza prefrontal y una peor regulación emocional.

Aquellas escuelas donde se han incrementado las horas de ejercicio físico a costa de horas lectivas de materias troncales como Matemáticas o Lengua han visto una mejora en las calificaciones de los estudiantes en estas materias, o bien las calificaciones han sido las mismas pese a la reducción de horas.

En uno de los estudios, veinte niñas y niños de nueve años hicieron test de comprensión lectora, ortografía y matemáticas en dos situaciones distintas: tras veinte minutos de descanso y tras veinte minutos caminando a buen ritmo sobre una cinta de correr. El resultado fue claro: la sesión de ejercicio mejoró la nota de los críos en los tres test, especialmente en el de lectura.

Esto es lo que ahora se denomina *cognición corporizada* (*body embodiment*), utilizar el cuerpo como herramienta de aprendizaje.

También es fascinante ver que los profesores que despliegan un mayor lenguaje corporal logran mejores resultados por parte de su alumnado. Al parecer, los movimientos y gestos que acompañan a las palabras activan regiones del cerebro en los estudiantes que les ayudan a aprender. Asimismo, un estudio muy chulo publicado en una revista de prestigio, *PNAS*, demostró que los jóvenes con mejores condiciones físicas desarrollaron, años después, unas capacidades cognitivas mejores.

¡Es fuerte! Tengo suerte, por lo tanto, de que mis padres me apuntaran de pequeña siempre a alguna actividad extraescolar que me forzaba a mover el cuerpo. Desde entonces, quizá por costumbre, nunca he dejado de hacer ejercicio.

Cuando estudiaba la carrera de Física y durante el doctorado tenía dos vidas paralelas. Además de estudiar, bailaba todas las tardes de dos a tres horas. Recuerdo la preocupación que tenían mis padres. Creían que acabaría dejando la carrera científica por la danza o que mis notas se verían perjudicadas. Pero, al contrario, mis calificaciones mejoraron, pese a que pasaba menos tiempo estudiando para poder bailar. ¡Ahora entiendo el porqué!

Aunque también es cierto que no andaban del todo desencaminados, porque ahora vivo justamente de las dos: de la ciencia, ya que soy divulgadora científica, y del ejercicio físico, ya que soy también profesora de yoga. No es algo que en un principio les hiciera mucha gracia a mis padres, pero con el tiempo, al verme tan feliz y motivada, han tenido que rendirse a mis preferencias profesionales.

La ciencia sabe hoy que el ejercicio físico potencia procesos cognitivos como la atención, la inhibición de respuestas inapropiadas, la memoria y el aprendizaje. Un estudio demostró que las personas deportistas mayores de veinte años, con tan solo tres minutos de *sprint*, aprendían un 20% más de palabras que quienes se quedaban sentados durante ese rato.

Salud mental y emocional

Además de las ventajas académicas que puede tener, me gustaría realzar la importancia del ejercicio físico para mejorar nuestra salud mental y emocional. Desde mi punto de vista, sin eso da igual lo listo que seas. Si no te sientes bien, tampoco podrás ser productiva, algo que por gracia o por desgracia, nos preocupa mucho hoy en día.

Me pondré de ejemplo. Da igual que yo entienda toda la ciencia que estamos tratando aquí. El contenido puede estar en mi cabeza, pero si no tengo la fuerza de voluntad, la concentración y motivación para ponerme a escribir este libro, de nada valdrá todo ese conocimiento. Sentirme alegre y vital es lo que ha hecho que estés leyendo esta página. Es por eso por lo que mis sesiones de ejercicio físico diario las cuento como horas de trabajo. Gracias a ellas me siento en plenas condiciones mentales y emocionales para hacer todo lo que me he propuesto en el día.

Cuidar el cuerpo es cuidar la mente. Por este motivo suscribo la frase de Juvenal: «Mens sana in corpore sano». En un cuerpo insano no puede haber una mente sana, o al menos en sus plenas facultades.

Personalmente, hacer deporte me ha salvado una y otra vez. Como expliqué al inicio del capítulo, el ejercicio diario me ayudó a combatir la depresión y el yoga me permitió calmar la ansiedad. Y no soy la única. Multitud de estudios corroboran que el ejercicio físico contribuye a reducir notablemente los síntomas de la depresión, la ansiedad, el estrés postraumático o incluso la esquizofrenia.

La neurocientífica Jennifer Heisz, que también sufrió ansiedad, tiene un laboratorio donde estudia la interacción entre la salud física y emocional. Ha publicado el libro *Move the Body, Heal the Mind*, donde explica cómo el ejercicio previene o ayuda a tratar la depresión, la ansiedad, el estrés y otras afecciones mentales.

Entre las cosas interesantes que comenta, explica que el alivio de ansiedad que sentimos al movernos puede ser debido al neuropéptido *Y*, que modula la liberación de noradrenalina, y es un ansiolítico frente a la respuesta al estrés en la amígdala. Es decir, la apacigua. Ya sabemos que la amígdala es la parte del cerebro que reconoce el peligro y nos pone en alerta máxima. El neuropéptido *Y* también parece estar implicado en otras funciones de regulación básicas como la ingesta de alimentos o el sueño.

La neurocientífica comenta también que, para reducir la ansiedad, es importante que el ejercicio sea ligero o moderado. No es cuestión de matarse en el gimnasio si tienes ansiedad, ya que un ejercicio muy intenso estresa más al cuerpo.

Hay un experimento muy gracioso hecho con ratones en el que se puso pelo de gato en medio del camino que iba desde la madriguera hasta la comida. Los roedores más entrenados físicamente fueron capaces de salir de su madriguera para ir a buscar la comida, pese al pelo de gato de por medio. Los que habían hecho menos ejercicio, sin embargo, se quedaban en su madriguera por miedo, sin atreverse a salir, aunque muriesen de hambre.

Al leerlo, sonreí pensando que ese pelo de gato puede ser para nosotros cualquier miedo cotidiano. Podemos concluir entonces que hacer ejercicio físico nos ayuda a ser más atrevidos, a combatir miedos y disfrutar más de nuestras vidas.

¿Y sabes lo mejor de todo esto? Pues que no hace falta que te pases mil horas en el gimnasio para conseguir estos efectos tan beneficiosos. Para promover la salud mental no necesitas hacer tanto ejercicio como para ganar salud física. Como pronto veremos, con unos pocos minutos al día basta.

Una vez escuché esta definición de salud mental y me encantó: «La capacidad que tenemos para pasar de una cosa a otra, para adaptarnos a lo que hay». Es cierto que muchos trastornos mentales llevan consigo el hecho de no poder salir del bucle mental, de dar vueltas a lo mismo una y otra vez. La célebre rumiación. Contra ese círculo vicioso, el ejercicio físico aumenta la *flexibilidad cognitiva*. Es decir, nos ayuda a adaptar nuestros pensamientos a las circunstancias que se presentan.

El neurocientífico David Bueno describe la flexibilidad cognitiva como la capacidad de cambiar de pensamiento, de generar diversas alternativas ante un mismo problema. Justo lo contrario a quedarse rígido y enganchado a los mismos pensamientos.

Además de todo eso, poner el ejercicio en tu vida te hará ganar confianza y seguridad en ti mismo. En suma, mantenerte físicamente activo te hace sentir bien por fuera y por dentro.

Nunca es tarde

Por si fuera poco, me gustaría añadir que el ejercicio físico es neuroprotector, o sea, que reduce el riesgo de padecer enfermedades neurodegenerativas como el alzhéimer o la demencia. Hay muchísima investigación acerca de cómo el ejercicio físico beneficia al cerebro en la vejez.

Si eres una persona sedentaria, te diría que nunca es tarde para que empieces a moverte. Hacer ejercicio físico de manera regular aporta mejoras cognitivas tanto en animales como en humanos, a todas las edades y desde ya mismo. Eso sí: cuanto más se alarga en el tiempo, mayores serán los beneficios.

En un estudio se comprobó que las personas mayores, después de seis meses o un año de ejercicio regular, aumentaron su corteza prefrontal (base de las funciones ejecutivas) y su hipocampo (base de la memoria). Estas estructuras son las primeras en debilitarse cuando empieza el deterioro cognitivo en la vejez. Por lo tanto, podríamos decir que la actividad física retrasa el envejecimiento del cerebro.

Otros estudios muestran cómo las personas mayores que caminan cuarenta minutos al día aumentan el BDFN de su cerebro y, de nuevo, el volumen de su hipocampo se ve incrementado, en comparación con aquellas que no se mueven o que solo realizan estiramientos.

Caminar es sencillo y económico. Tu cerebro se oxigena, mejora los procesos cognitivos, te activa y mejora tu ánimo hasta el fin de tus días.

Y no solo eso, el ejercicio físico promueve la longevidad, reduciendo el riesgo de mortalidad por el sedentarismo en un 50 %. ¿No es eso ya un aliciente suficiente?

¿Qué? ¿Cuánto? ¿Cómo?

Ahora ya sabes que el ejercicio físico es buenísimo para la salud de nuestra mente y nuestras emociones. Asumido esto, puede que te asalten algunas preguntas.

¿Cualquier ejercicio físico vale? ¿Cuánto rato? ¿Es mejor darlo todo en un solo día o hacer varias sesiones semanales? ¿Por la mañana o por la tarde?

Por lo que respecta al beneficio físico, no es lo mismo un ejercicio aeróbico, como correr, caminar o bailar, que uno anaeróbico como levantar pesas o hacer sentadillas. El aeróbico, por ejemplo, fortalece más tu sistema cardiovascular, mientras que el anaeróbico tonifica más el cuerpo.

Sin embargo, ¿qué sucede a nivel cerebral? ¿Cuál es el mejor tipo de ejercicio desde un punto de vista cognitivo?

Casi todo lo que se ha expuesto en este capítulo hace referencia al ejercicio aeróbico, y no porque sea mejor, sino porque casi toda la investigación que hay tiene que ver con este tipo de ejercicio. De hecho, la ciencia recomienda realizar ambos tipos para mejorar la salud de nuestro cerebro. Aunque si nos tenemos que decantar por uno, sería por el ejercicio aeróbico frente al anaeróbico.

En todo caso, el ejercicio puede tener intensidad ligera, moderada o alta. Hay quienes no consideran el yoga, el qigong u otros movimientos más lentos, así como realizar estiramientos, ejercicio físico como tal. Por eso hablaremos de ellos en una sección aparte que he llamado *Slow movement*. En mi opinión, depende de qué tipo de yoga practiques puedes considerarlo o no ejercicio. Mis alumnos acaban las clases sudando, y no porque haga calor en la sala. Seguro que conoces a personas que practican yoga con regularidad y logran tener un cuerpo fuerte y flexible. Aunque es cierto que existen muchos tipos de yoga y no solo hay que pensar en la parte física del yoga (asana), sino que también este engloba el *pranayama* y la meditación de los que hablamos en capítulos anteriores.

Volvamos a la intensidad.

La ciencia recomienda realizar tanto ejercicio intenso como ligero o moderado, aunque en diferente proporción. Los ejercicios de baja intensidad ayudan a mejorar la conectividad en las regiones que regulan la atención y los procesos ejecutivos, mientras que el ejercicio intenso puede aumentar la conectividad en regiones que soportan el procesamiento emocional y efectivo, así como los circuitos de recompensa.

Quizá esto sea así porque cuando realizamos ejercicio poco intenso, podemos fijar nuestra atención en otras cosas, al tener un ritmo más lento. Por el contrario, un ejercicio muy intenso, en el que lo das todo y acabas sudando, incide en un nivel más emocional. Te hace sentir otro tipo de placer. Lo bueno es que ambos favorecen la memoria, el control cognitivo y el rendimiento.

El ACSM recomienda un mínimo de ciento cincuenta minutos a la semana de actividad física moderada (lo cual supone unos veinte o treinta minutos al día), o una actividad física más intensa un par de días a la semana (de al menos setenta minutos). En la infancia se recomienda hacer mucho más: de sesenta a noventa minutos diarios.

Esto es la norma, pero cada caso es único. ¿Por qué lo digo? Como comentamos en el apartado de salud mental, si sufres de ansiedad, quizá sería mejor optar por un ejercicio de baja intensidad, que calme tu sistema nervioso, en vez de agregarle más estrés físico.

Lo que sí está claro es que cualquier ejercicio físico activa el cerebro. En el siguiente gráfico puedes apreciar la diferencia entre un cerebro en reposo y el de una persona que ha caminado durante veinte minutos. ¿Cuál estará más *ready* para todo lo que le echen? El que se ha movido, claro.

Por eso la neurociencia aconseja que te muevas antes de ponerte a trabajar o de hacer cualquier tarea. Por este mismo motivo es recomendable llevar a los niños al cole caminando, para que empiecen el día con el cerebro más activado, preparado y atento.

Escáner de los efectos del ejercicio en el cerebro

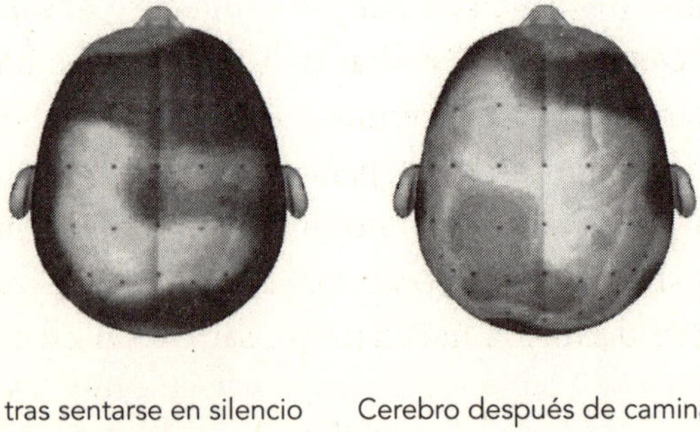

Cerebro tras sentarse en silencio — Cerebro después de caminar 20 min.

Fuente: «The effect of acute treadmill walking on cognitive control and academic achievement in preadolescent children», Hillman, Charles H., et al., *Neuroscience*, 159.3, 1044-1054, 2009.

Ahora que lo sé, incluyo en mi rutina de la mañana unos veinte minutos de yoga. Pero, ojo, ¡no te flipes! Realizar ejercicio muy intenso temprano hará, muy probablemente, que te dé sueño a media mañana, como veremos en el capítulo dedicado al sueño.

Muchos estudios recomiendan hacer ejercicio antes de las doce del mediodía, aunque tampoco hay que tomárselo al pie de la letra, ya que esto puede variar, por ejemplo, según tu cronotipo, es decir, según tu ritmo circadiano endógeno. Por lo tanto, mi recomendación es que pruebes, pero si tus horarios no son muy flexibles, hazlo cuando puedas. Ahora que tenemos gimnasios abiertos casi las veinticuatro horas del día y una oferta inmensa de vídeos gratuitos en YouTube ya no hay excusa. Y si no, siempre te quedará caminar, aunque sea para ir del trabajo a casa, o subir las escaleras en vez de coger el ascensor. Lo importante es que, si no eres muy deportista, vayas mejorando tu fuerza y motivación para implementar más horas de ejercicio a la semana. En el caso de que ya seas una loca del ejercicio como yo, a final del capítulo encontrarás las contraindicaciones, para que veas que tampoco hay que excederse. Como siempre, abusar de las cosas no es bueno.

Por último, recordemos que para cuidar de tu salud mental a través del ejercicio no necesitas tanto tiempo. Se ha comprobado que caminar treinta minutos, cinco días por semana durante tres meses fue suficiente para reducir la depresión en muchos pacientes. Salir a correr unos minutos, caminar media hora diaria o pegarte un bailoteo en casa te ayuda igual que un ansiolítico, pero de forma más natural, sana y sin efectos secundarios.

A mí, personalmente, caminar me encanta. Sobre todo me ayuda a dejar ir las preocupaciones que pueda tener. Mi madre siempre me dice: «Mientras que vas y vienes, se va lo que tienes». ¡Tal cual!

Si quieres reducir el riesgo de sufrir alguna enfermedad mental, lo que recomienda la neurociencia es practicar ejercicio físico de manera regular. *Sorry!*, creo que no hay escapatoria. Sí o sí, mover tu cuerpo a diario te asegurará beneficios físicos y mentales.

El barómetro del cuerpo

Me parece increíble todo lo que podemos aprender al escuchar nuestro cuerpo. En mis clases de yoga siempre digo: «Siente y percibe los mensajes que recibes de tu cuerpo».

Puede que te preguntes: ¿Por qué? ¿Qué te transmite el cuerpo que tengas que escuchar? ¡Pues mucho! Ahora lo veremos.

En el capítulo de la respiración hablamos de la interocepción, pero aún quedan cosas muy interesantes que debes saber sobre este *sentido* interno. Te recuerdo que la interocepción es la capacidad de escuchar nuestros órganos, es decir, el interior de nuestro cuerpo. ¿Cómo está siendo tu respiración en este momento? ¿Cómo de rápidos o lentos son los latidos de tu corazón? ¿Puedes escuchar tu estómago? ¿Sientes hambre?

El cuerpo se expresa mostrando sus necesidades. Desea llegar a la homeostasis, al equilibrio interno, y *escuchar* toda esta información visceral nos ayuda a regularnos mejor corporalmente. Desarrollar esta capacidad también nos permite intuir qué está sucediendo antes de que sea demasiado tarde.

Según la teoría del marcador somático de Antonio Damasio, aquello que estamos procesando llega antes al cuerpo que a nuestro cerebro consciente (a la corteza prefrontal), por lo tanto, si aprendes a escuchar tu cuerpo, juegas con ventaja. Esas corazonadas que a veces sentimos puede que sean mensajes previos que el cuerpo nos transmite para ayudarnos a tomar la decisión correcta.

Escuchar a tu cuerpo también te permite entender mejor tus emociones. Hay estudios en los que se ha visto que, por ejemplo, al experimentar ira sentimos calor en el pecho, las manos y la mandíbula. El miedo, en cambio, se localiza en los ojos. La tristeza muchas veces se identifica por la ausencia de emociones, así como la felicidad se siente en el pecho, en la región que rodea el corazón.

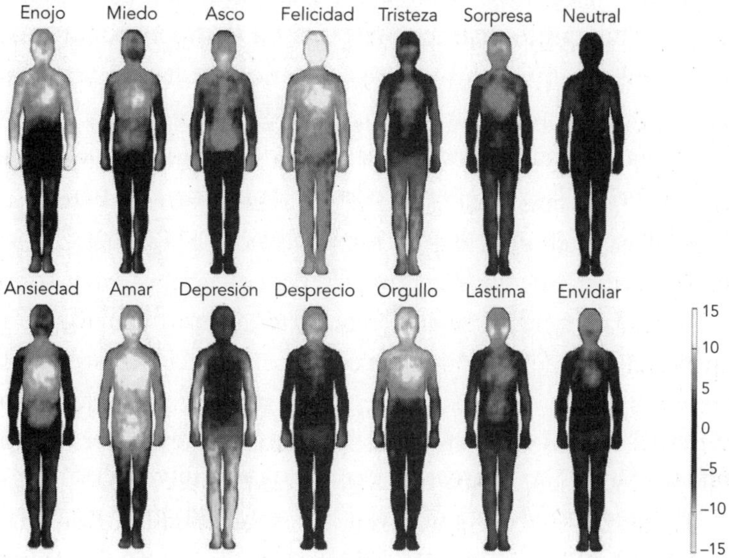

Conocer y percibir el interior de tu cuerpo te permite saber cómo estás. Eso, por ejemplo, te puede ayudar a prevenir la ansiedad y/o el estrés. Si yo escucho que mi corazón late más rápido de lo normal y que mi esófago se está contrayendo, entenderé que tengo que activar al máximo mi sistema nervioso parasimpático (el de la relajación) para prevenir que la ansiedad se apodere de mí.

Gracias a que me doy cuenta, puedo reaccionar. Por ejemplo, ese día no tomaré café, buscaré momentos de relax para respirar profundamente, intentaré tomarme las cosas de otra manera, tal vez llame a alguien para que me ayude a calmarme…

Además, la interocepción te permite soltar miedos y aceptar la incomodidad. Es muy común que la gente no quiera *sentirse*, que se resista a escucharse por dentro. Si no estás acostumbrada, al inicio puede aparecer un tsunami de sensaciones corporales que te asustan, pero si adquieres la costumbre, día a tras día, de exponerte a ello, aprenderás a convivir con lo que hay.

A veces hacemos muchos esfuerzos por no sentir. Nos anestesiamos buscando distracciones con tal de no enfrentarnos a lo que nos pasa por dentro y nos incomoda. Cuando te permites sentir ansiedad, por ejemplo, parte de la ansiedad se va, cesa una lucha interna. Al estar presente con todo lo que sientes, te guste o no, dejas de tener miedo, no te agotas resistiéndote a sentir, dejas de escapar de ti mismo. Es muy liberador, de verdad.

SLOW MOVEMENT Y YOGA

El yoga, al igual que cualquier otro movimiento lento y consciente, te ayuda a desarrollar el sentido de la interocepción y el de la *propiocepción*. Esta última es la capacidad que tenemos de percibir nuestro cuerpo en el espacio. Gracias a los receptores sensoriales que tenemos en la piel, en los músculos, huesos y articulaciones, nuestro cerebro percibe, siente y entiende cómo es nuestra postura corporal sin necesidad de mirar si las piernas están cruzadas o estiradas o si los brazos están flexionados.

Poner atención al cuerpo, a cómo está colocado y cómo se mueve en el espacio, me ayudará a mantener una buena postura. Se ha demostrado en distintos estudios que al encorvarnos percibimos una realidad más negativa, al igual que al sonreír liberamos una neuroquímica en el cerebro que nos hace sentir mejor.

Si aprendo a tomar conciencia de ello, puedo reaccionar y favorecer mi estado de ánimo. Este conocimiento también me ayudará a leer cómo están los demás y podré empatizar mejor con ellos.

Y algo que me parece absolutamente increíble: cuando nos centramos en observar nuestro cuerpo, nuestra red neuronal por defecto, de la que hablamos en el capítulo de la meditación, se apaga. Es decir, que nuestro diálogo interior cesa, dejamos de darle vueltas a nuestros pensamientos y entramos en un estado de atención plena. Gracias a movernos de manera lenta y consciente logramos sumergimos en nuestro cuerpo y en la respiración, lo que nos permite estar pendientes de lo que realmente sucede en ese momento. En suma, estamos presentes, y ganar en presencia es ganar en felicidad, como vimos en el anterior capítulo.

Hablar de yoga, de qigong, de taichí... es volver a hablar de nuestro amigo el nervio vago, el encargado de enviar los mensajes del interior del cuerpo, es decir, el que informa de la actividad de nuestro organismo a nuestro cerebro. Activar este nervio nos ayuda a que entre en juego nuestro sistema parasimpático.

Un estudio explica cómo practicar yoga contribuye a disminuir el cortisol y la frecuencia cardiaca y aumenta la variabilidad de la frecuencia cardiaca (VFC), de la que hablamos en el capítulo de la respiración. Todos estos cambios consiguen que ganemos en calma y relajación.

Quizá por eso mucha gente practica yoga para combatir el estrés o la ansiedad. Mover nuestro cuerpo de manera lenta y consciente es sinónimo de cuidarnos y de ganar bienestar mental y emocional. La comunidad científica ya ha admitido que el yoga es estupendo para reducir la ansiedad, el estrés y la depresión. Asimismo, sabemos que ayuda a dormir mejor, reduce el dolor y aumenta la energía y la calidad de vida. Por todo esto, el yoga es mucho más que las posturas que puedes ver en Instagram. Además de las *asanas,* incluye técnicas respiratorias diversas (*pranayama*), meditación y relajación. Quizá por eso es tan potente.

Se ha visto, además, que el yoga disminuye la actividad de la amígdala, lo que ayuda a no ser tan reactivo emocionalmente, sumado a los beneficios que aporta desde un nivel cognitivo si lo consideramos un ejercicio físico. Tenemos, por ejemplo, los estudios de la neurocientífica Neha Gothe, con resultados muy prometedores. En uno de ellos se comprobó cómo ocho semanas de hatha yoga (tres horas a la semana) mejoraban la memoria de trabajo en personas mayores.

En el 2018, también se comprobó cómo personas que practican yoga de manera regular presentaban el hipocampo más grande, comparado con quienes no ejercían esta actividad. Esta parte del cerebro es de las primeras que se pierde cuando envejecemos y se ve muy perjudicada cuando se sufre de alzhéimer. Podemos, por tanto, decir que el yoga, al igual que cualquier otro ejercicio físico, también es neuroprotector.

En el mismo estudio de Neha Gothe en 2018 se observó que la actividad de la corteza prefrontal (CPF) dorsolateral de los sujetos que hacían yoga presentaba menor actividad comparada con los casos de control. Este resultado se interpretó así: un yogui experto necesita menos recursos cognitivos para completar la misma tarea que alguien no yogui. Me encanta pensar que gracias al yoga tenemos un cerebro que funciona de manera más eficiente.

Este laboratorio ha comprobado también cómo los yoguis aumentan el volumen de materia gris en la ínsula, que, como ahora sabes, desempeña un papel clave en la red interoceptiva, y que además nos permite tolerar mejor el dolor, como se publicó en *Cerebral Cortex* en 2014.

El yoga cambia nuestro cerebro a nivel estructural y funcional, mejorando la memoria, la atención y la autorregulación emocional. También se ha visto que cambia su neuroquímica. En concreto, se libera el cuarteto de la felicidad: dopamina, serotonina, oxitocina y endorfinas. Asimismo, aumenta el BDNF, que, como vimos, ayuda en la neurogénesis y en la plasticidad neuronal.

Por todo eso, el yoga está destacando como terapia de apoyo cuerpo-mente en multitud de problemas de salud física o mental. De hecho, se ha visto que puede tener los mismos efectos que una terapia cognitiva conductual en casos de ansiedad, aunque otros estudios han mostrado que lo mejor sería combinar ambas.

¿Qué tiene de especial el yoga?

¿No sería lo mismo realizar una clase de estiramientos o hacer cualquier otro ejercicio moderado como caminar? Pues parece ser que no. Los pocos estudios en los que se han comparado los efectos del yoga con los de caminar o estirar han presentado diferencias significativas a nivel cerebral.

Uno de ellos, aunque muy preliminar, demostró que hacer tres horas por semana de yoga durante tres meses aumentó los niveles de GABA —un neurotransmisor que inhibe la actividad eléctrica en el cerebro, es decir, que calma la mente—, si los comparamos con los de quienes pasaron el mismo tiempo caminando. Vamos, que hace justamente lo mismo que un ansiolítico.

Por otro lado, el hecho de estirar el cuerpo reduce la tensión y, por lo tanto, el estrés. Nuestros músculos se tensan como reacción al estrés físico y emocional, así que cuando estiramos el cuerpo lo estamos liberando. Según varios estudios, con diez minutos al día dos veces a la semana, ¡ya puedes notar la diferencia!

En cualquier caso, no subestimemos la dimensión filosófica del yoga, que además de abarcar respiración, meditación y ejercicio físico, ofrece un conjunto de valores sociales y personales (*yamas* y *niyamas*) para el día a día. A base de recordarlos una y otra vez, van quedándose grabados en las conexiones neuronales, con lo que, de forma progresiva, la manera de ver la vida va cambiando.

Cuando acabas una clase de yoga, sueles experimentar un bienestar mental y emocional muy placentero, incluso una sensación de estar medio flotando, casi levitando. ¿Te ha pasado alguna vez? Yo estoy convencida de que esa sensación viene dada por el cambio de ondas cerebrales.

Se ha visto que tanto el yoga como el qigong producen ondas alfa y theta en la ínsula (área que participa en la idea del *yo,* de cómo nos percibimos a nosotros mismos). Las ondas alfa inhiben las distracciones en el cerebro, consiguiendo que te sea más fácil prestar atención a la tarea que estés realizando. Por su parte, las ondas theta crean un estado relajado de la mente. Lo bonito es que estas ondas perduran en el cerebro hasta más de una hora después de acabar la clase, según constatan los estudios de la Universidad de San Diego, en California.

Por último, tienes que saber si eres profesor o profesora de yoga que poner música tranquila, hablar con voz suave, cantar mantras e incentivar a que los estudiantes se sientan cómodos en cada postura, favorecerá que el nervio vago se active y, por lo tanto, que el sistema nervioso parasimpático tome el control de las clases.

Se ha visto en estudios que el primer factor para que la gente sedentaria no se anime a hacer ejercicio es la falta de tiempo. Como ya os conté que decía una de mis profesoras de yoga, si crees que no tienes tiempo para hacer yoga es que necesitas hacer el doble. Como instructora y neurocientífica te recomiendo muchísimo, si sufres ansiedad, que priorices en tu horario esta maravillosa práctica milenaria.

El hábito hace la salud

Buena parte de la población trabajadora se pasa horas sentada delante de un ordenador o de un mostrador. Este estilo de vida sedentario nos acaba causando lumbalgias o dolores de espalda, unas de las primeras causas de baja laboral en España. Y, por si fuera poco, la recurrencia de estos dolores a veces desencadena incluso la depresión.

El remedio a *la enfermedad de la mesa* lo hemos descubierto a lo largo de este capítulo: mover el cuerpo.

Estés en casa o en la oficina, procura levantarte cada dos horas para estirar el cuerpo o caminar hacia la ventana y regalarte una serie de respiraciones profundas antes de volver a sentarte.

Antes y después del trabajo, ir a pie en lugar de tomar un transporte y optar por las escaleras, en vez del ascensor, puede ayudarte a mantener los dolores a raya.

9 TIPS PARA INCLUIR EL EJERCICIO EN TU RUTINA DIARIA

1. Concreta qué hábitos de ejercicio quieres incluir en tu día a día.
2. Agéndalos (lo que no está en la agenda, no existe) y planifica, si no, irás en piloto automático y no lograrás cambiar.
3. Motívate regularmente. Ten presente tu propósito y los beneficios que te va a aportar.

4. Practica con amigos si te aburre hacerlo en solitario.
5. Date recompensas después de cada logro. Hazlo atractivo.
6. Mantén la nueva rutina al menos sesenta y seis días, luego te costará mucho menos, porque lo tendrás interiorizado. Siempre es mejor frecuencia que cantidad.
7. Empieza con objetivos pequeños, póntelo fácil. Menos es más: perseguir menos objetivos es siempre más efectivo.
8. No te frustres si un día fallas. ¡Es normal! Se trata de un proceso.
9. Considera que asumes nuevos desafíos, no más obligaciones. ¡Disfrútalo!

¿Adicción al ejercicio?

Ni tanto ni tan poco. Así como hay personas que pagan un gimnasio que nunca pisan, otras se obsesionan de tal manera con el deporte que, en casos extremos, pueden acabar incluso lesionándose o con ansiedad o depresión.

Como hemos podido ver, el ejercicio físico libera en el cerebro muchos neurotransmisores que nos hacen sentir bien y con un estado anímico bien alto. Uno de ellos es nuestra conocida dopamina, y ya sabes que si liberamos de manera continua esta neuroquímica, dentro de nosotros escucharemos el «quiero más».

¿Cómo saber si estamos *enganchados* de forma contraproducente al movimiento físico? Te doy algunas pistas, a ver si te sientes identificado:

- Da igual el ejercicio que hagas, siempre sientes que no estás haciendo suficiente.
- Sigues entrenando, aunque tengas una lesión. No concibes hacer un parón para descansar.

- Experimentas el síndrome de abstinencia cuando no te ejercitas.
- Renuncias continuamente a todos los planes con tal de poder entrenar.

Si te sientes cercano a todo esto, esta fijación puede provocar no solo que te saltes compromisos o eventos importantes que te hagan desconectar de las personas que quieres y de ti mismo, sino que te puede provocar afecciones, algunas de ellas graves, como ahora veremos.

Personas que sufren ansiedad generalizada tienden a evitar relacionarse con otras personas, y muchas lo hacen a través de ocupar sus agendas con eventos «impersonales» como es el realizar ejercicio físico.

Si acabo basando mis días solo en trabajar e ir al gimnasio, notaré que falta algo en mi vida. Este vacío interior muchas veces puede llevar a una depresión.

El exceso de ejercicio muchas veces ayuda a diagnosticar un cuadro de bulimia, anorexia o cualquier trastorno de conducta alimentaria. Hay quien se mata en el gimnasio para quemar calorías y perder peso de forma enfermiza. Esto no tiene nada que ver con la salud cuando tu peso se corresponde con tu estatura y estructura corporal.

Algunos investigadores sugieren, incluso, que la adicción al ejercicio casi siempre va aparejada a otro trastorno: el trastorno dismórfico corporal. Es decir, tener una gran obsesión por las imperfecciones físicas. Estar todo el tiempo observándose uno o más defectos percibidos en la apariencia empuja a la persona a querer lograr una perfección a través de ejercitar el cuerpo que normalmente nunca llega a lograrse, y que lo único que causa es frustración y más ansiedad.

También es bastante común que personas que sufren TOC (trastorno obsesivo compulsivo) tengan mayor predisposición a la adicción del ejercicio físico y a sufrir desórdenes alimentarios, como veremos más adelante en el capítulo sobre la alimentación.

Para tratar esta adicción se recomienda principalmente terapia cognitiva conductual, sobre todo cuando se trata del síntoma principal, aunque los estudios al respecto aún son muy limitados.

¿Por qué movernos beneficia tanto al cerebro?

Fuera de los extremos que acabamos de comentar, ahora ya sabemos que el ejercicio físico es un bálsamo para nuestro cerebro. Si nos preguntamos por qué, encontraremos algunas teorías.

La más destacada nos dice que, desde un punto de vista evolutivo, la necesidad de explorar y conocer el entorno siempre ha sido vital para la supervivencia. Quizá por ello el hipocampo es la parte que más se ve beneficiada por el ejercicio físico. Y quizá pensarás: *pero, si el hipocampo está relacionado con la memoria… ¿Qué tiene que ver la memoria aquí?*

Te diré que *memoria* y *lugar* están muy vinculados en nuestro cerebro. De hecho, nuestros recuerdos vivenciales quedan plasmados en los lugares. ¿No te sucede a veces que, al ver la vieja fotografía de una casa o un jardín, se despiertan memorias casi olvidadas?

Tenemos una curiosa prueba de la relación entre lugar y memoria si observamos lo que sucede con el ciclo vital de la ascidia, un animal muy simple que vive bajo el mar. Durante su juventud se mueve en busca de una roca o arrecife donde asentarse. En cuanto lo encuentra se planta allí y, literalmente, se come su cerebro. Ya no lo necesita porque no se irá a ningún otro sitio. ¿No es fabulosa esta explicación? También nos ayuda a comprender por qué las plantas carecen de cerebro, a diferencia de los animales, que necesitan moverse.

Así que, lo siento si soy pesada, pero, si quieres cuidar tu cerebro, no puedes permanecer sedentaria como una planta. Aunque hoy en día tengamos toda clase de medios de transporte a nuestra disposición e incluso podamos hacer la mayor parte de nuestras tareas desde el escritorio, nuestro cerebro está ansioso de ejercicio. Es lo que necesita para mantenerse en buena forma y no oxidarse, al igual que el resto de nuestro cuerpo.

¿Nos ponemos en marcha?

DISEÑA TU PROPIO RETO

Hace poco, un amigo me contaba la singular historia de un neoyorquino de edad avanzada que se había propuesto recorrer a pie todas las aceras de su ciudad. Para ello, tenía en casa un gran mapa donde marcaba la ruta ya conquistada y el tramo a realizar al día siguiente, lloviera o hiciera sol.

Lo mágico es que, cuando llevaba dos años con el reto, encontró en el camino a un hombre más joven que tenía el mismo propósito. Y, afortunadamente, le faltaban las mismas calles (y algunas más) que tenía pendientes el primer caminador. A partir de ese día, decidieron seguir juntos los paseos diarios y cultivaron una gran amistad.

Sin necesidad de que te marques un objetivo tan ambicioso (solo Broadway mide cincuenta y tres kilómetros y hay que hacerla por ambas aceras), te propongo que inventes tu propio desafío para practicar ejercicio, solo o en compañía. Diséñalo tú mismo, ponle un nombre motivador y… ¡a por ello!

8
NUTRIR BIEN EL CEREBRO

Dime lo que comes y te diré cómo te sientes (y cómo piensas)

Hablar de nutrición y de dietas supone siempre mucha presión para mí, porque le tengo mucho respeto a aquello que comemos. Si te paras a pensar, nos alimentamos de aire y de comida (incluyo la bebida en esto último).

Aquello que entra por tu boca y llena tu estómago no solo te *crea* a nivel físico, sino que también te afecta a nivel mental y emocional. Según lo que comas, te sentirás de una manera u otra, estarás más despierto o más pesado. ¿No es impresionante? Y al revés: tus emociones, tu estado mental, condición física, estilo de vida, creencias, expectativas... te llevarán a alimentarte de una manera u otra.

Es fácil dejarse llevar por la nutrición del momento. Por ejemplo, en una época nos dijeron que la leche de vaca era *malísima*. La alternativa que se consolidó fueron las leches vegetales. Ahora, sin embargo, cada vez más expertos avisan de que la mayoría de estas leches llevan mucho azúcar añadido y aditivos de riesgo.

Lo mismo sucede con los productos *veggies* que se han puesto tan de moda, la etiqueta *veggie* no garantiza que sean buenos para tu cuerpo, incluido tu cerebro. El otro día fui a comprar a una de estas tiendas que puedes etiquetar como *veggie y eco* y llegué a casa con más envases que nunca. Mi contenedor del plástico reventó cuando al final de la semana habíamos vaciado la nevera. Tú tan tranquila pensando que todo lo que la tienda vende es «natural», pero ¿realmente lo es? De hecho, si viene en un envase de plástico, por mucho *eco* que veas impreso, hay que preguntarse: ¿Qué componentes de más lleva este alimento para conservarse? ¿Es un producto procesado? ¿Cómo afecta a tu cuerpo y tu cerebro? ¿Qué le pasa a la microbiota?

Y si nos planteamos preguntas, incluso iría más allá: ¿Realmente la dieta mediterránea es tan buena como dicen? ¿Qué pasa con el resto de las dietas? ¿Y con el ayuno? ¿Qué alimentos afectan al estado de ánimo? ¿Cuáles son buenos para nuestro cerebro? ¿Cómo nos podemos alimentar para ganar en salud mental? ¿Cuándo comemos es también importante?

Las respuestas a estas preguntas las veremos a lo largo del capítulo. Podría hacerse un libro hablando solo de este tema, así que intentaré no extenderme demasiado. Y sobre todo me gustaría que acojas todo lo que te contaré con flexibilidad. No acabes nutriéndote a través de tu mente, pensando que tienes que comer esto o aquello porque un libro te lo dijo. Escucha siempre a tu cuerpo primero.

Sobrepeso y hambre emocional

La obesidad puede venir dada por la genética. Otras veces es la manera de comer la que lleva al sobrepeso. Y, por supuesto, la educación que hemos recibido de cómo se come también influye.

Por ejemplo, en mi casa, mi madre nunca le dio mucha importancia a disfrutar de la comida. La cocina no era el centro de nuestra vida. Charlábamos y estábamos pendientes de otras cosas en vez de saborear cada cucharada. Esto no significa que comiéramos mal. Al revés, mi madre me enseñó que para la comida no hay que contar el dinero, que comprar alimentos de buena calidad es sinónimo de salud.

Podríamos calificar la comida que mi madre preparaba en casa como sana, pero sosa. Y no solo porque añada poca sal a los alimentos, sino porque cocina casi sin sabor. Ella ya lo sabe y nos reímos cuando nos pone en la mesa unos canelones sin bechamel, o un pescado en salsa sin apenas salsa. No sé si ha sido la única causa, pero para mí la comida siempre ha supuesto una tarea más a cumplir. Comía porque tocaba comer, sin más.

He tenido más de una discusión con amigos sobre este tema. No entendía por qué siempre querían que nos juntáramos para hacer una comilona rica. Yo quería moverme, hacer cosas con ellos y la comida era lo último en lo que pensaba.

Con los años, gracias a mi pareja y a mis amigos he aprendido a valorar la buena cocina, pero sigo pensando (y la ciencia lo corrobora) que el exceso no es bueno. Atiborrarse un domingo de paella o de una barbacoa es contraproducente para nuestra salud física, aunque quizá compensa la salud mental y emocional.

Es importante hablar del factor emocional en relación con la comida. Muchas personas se evaden de las emociones negativas a través de esta. Si estoy triste y aburrido, voy a la cocina a por un dulce. Si estoy estresado o ansioso, engullo algo rápido a ver si pasa esa sensación. Podría poner mil ejemplos.

Un *comedor emocional* abre la nevera cuando le acecha cualquier emoción que considera negativa. Es una manera provisional de evadirse de él y de sí misma. Esto, a largo plazo, puede ser un factor de riesgo para padecer obesidad. La ciencia ha demostrado que el 75 % de la gente que sufre sobrepeso es comedora emocional.

Como en estos casos que he puesto de ejemplo, el problema recae en una mala regulación emocional, por lo que es importante recordar brevemente qué partes del cerebro son importantes para regular la emoción.

Por un lado, está la amígdala, cuya principal función es detectar estímulos relevantes para el ser humano (sobre todo aquellos que pueden suponer amenazas para nuestra supervivencia). Por otro lado, también conocemos el sistema de recompensa del cerebro, formado principalmente por el estriado ventral (en el que se incluye el núcleo accumbens). Y, por supuesto, también podemos incluir la ínsula si hablamos de emoción, ya que es clave en la escucha de las sensaciones corporales asociadas a la emoción (interocepción). Después existen diferentes regiones de la corteza prefrontal (CPF) relacionadas con el procesamiento y respuesta de la emoción. Destacaré la corteza prefrontal orbitofrontal (COF). Esta región está muy vinculada a la evaluación de la recompensa o del resultado que voy a conseguir mediante una acción. Por último, recordemos la gran importancia que tiene la corteza cingulada anterior (CCA), que permite el paso de lo inconsciente a lo consciente, es decir, hace de puente entre el sistema límbico (la amígdala y el hipocampo) y regiones más *racionales* (como la CPF).

Según la literatura científica, puede haber tres alteraciones que afectan a la regulación emocional en personas que padecen obesidad o trastornos alimentarios:

1. *Déficit de las funciones ejecutivas.* Esta extensa red, distribuida fundamentalmente por la corteza prefrontal, participa en funciones cognitivas complejas que nos permiten, entre otras cosas, planificar y tomar decisiones adecuadas. Se ha visto que existe una correlación positiva entre la disminución de actividad de la CPF y la CCA y el índice de masa corporal (IMC). Es decir, parece que nos cuesta más tomar buenas decisiones y controlarnos

cuanto más pesamos. Cuesta contenerse con los placeres inmediatos frente a las recompensas a largo plazo.

2. *Alta sensibilidad en el sistema de recompensa.* Se ha comprobado que las personas con un alto IMC presentan más actividad en el sistema de recompensa del cerebro ante una comida apetitosa, que suele ser aquella que es muy calórica.

   Hay estudios que demuestran cómo las personas obesas presentan una alta actividad en el sistema de recompensa, lo que hará que deseen más los alimentos que les producen placer (azúcares y grasas). A su vez, estas personas presentan baja actividad en zonas de la CPF dedicadas al autocontrol y la autorregulación. ¡Un cóctel perfecto para que la impulsividad por comer aumente!

3. *Alimentación emocional.* Como ya he adelantado, cuando el estilo de alimentación viene condicionado por nuestras emociones, como respuesta a estados de ánimo negativos, podemos hablar de alimentación emocional. Los productos que escogemos, su cantidad e incluso la forma de comerlos puede variar dependiendo de cómo nos sintamos. Esto puede pasarle a todo el mundo, con independencia de su peso, aunque existe una tendencia a comer en exceso cuando eres un *comedor emocional*.

   En estos casos pasa igual que cuando uno padece de ansiedad bestial: la amígdala toma el mando y la CPF pasa a un segundo plano, con lo que nos volvemos más reactivos, más impulsivos. Vas en busca de recompensas inmediatas (como el alcohol o la comida calórica) sin importarte si eso es sano o no, ya que no se evalúan tanto las consecuencias a largo plazo.

Sobre este último punto, la literatura científica muestra que las emociones *negativas* que aumentan la ingesta alimentaria serían: ira, apatía, frustración, estrés, pena, inquietud, soledad y aburrimiento. Lo que más se ha estudiado es cómo el estrés afecta a este aumento, y, según mis conocimientos de neurociencia, tengo dos teorías:

La primera es que, cuando nos estresamos, activamos el sistema de lucha-huida, donde el sistema nervioso simpático es el que manda. Cuando tenemos un pico de estrés agudo, el cuerpo está tan pendiente de *sobrevivir* que presta menos atención a otros sistemas más secundarios en ese momento, como la digestión o la reproducción. Si un tigre me está persiguiendo, no me voy a poner a comer, ni a tener sexo, eso seguro. El estrés nos lleva a comer de manera reactiva, impulsiva, sesgada hacia el placer inmediato, sin buscar disfrutar de ello.

Mi segunda teoría es que cuando se activa el estrés, necesitamos glucosa. De ahí que se libere el cortisol, que te da un chute de energía para que puedas combatir o huir de aquello que te está provocando el estrés. Si eres de los que comen cuando te estresas, irás a buscar cosas que contengan glucosa para suplir toda la que has gastado. Aparte, como veremos más tarde, las comidas con mucho azúcar, glucosa y grasas activan más el sistema de recompensa del cerebro. Sientes un placer inmediato que te hace olvidar temporalmente cualquier cosa negativa que esté ocurriendo. Y no solo eso, varios estudios muestran que consumir hidratos de carbono (que aumentan la glucosa en tu sangre) calma la ansiedad.

Según algunas estadísticas, el 60 % de la población española tiene sobrepeso, así que si eres comedor emocional, tendrás que tomar cartas en el asunto.

CÓMO CAMBIAR TU RELACIÓN CON LA COMIDA

1. Puedes aprender a *regular tus emociones con terapia cognitiva conductual* (TCC). Este tipo de terapia está aconsejada para erradicar creencias que estén perjudicándote y aprender estrategias de regulación emocional.
2. *Cambia tu estilo de vida*: haz más deporte, mejora tus hábitos nutricionales, duerme las horas suficientes, pasa más tiempo con tus seres queridos… Con ello conseguirás que tus emociones sean más favorables y te resultará más fácil regularte.
3. *Aumenta la interocepción*, es decir, aprende a escuchar los órganos internos del cuerpo para distinguir cuándo realmente tienes hambre de cuando es un simple antojo, cuándo estás saciado y cuándo sigues comiendo por gula o ansiedad. Para ganar en interocepción, pueden ayudarte las técnicas de respiración, la meditación, practicar yoga o comer de manera lenta y consciente, sin distracciones.
4. Aprende a *disociar el* estoy mal *del momento de la ingesta alimentaria*. Un hábito viene iniciado por lo que se denomina un *trigger*, una señal (estoy mal) que te impulsa a que cometas una acción determinada (me lanzo a comer) para así ganar una recompensa (la emoción negativa momentáneamente desaparece). Tener un diario donde apuntes esa sensación desagradable puede ayudarte, así como tener una lista de actividades (placenteras) a mano para hacer una cuando esa sensación venga a ti. Identificar esos momentos es clave para poder actuar sobre ellos en vez de dejarte llevar por tu piloto automático.
5. *Juntarte con buenos modelos*, con personas que se relacionen de manera positiva con la comida, puede ayudarte a saber cómo llevar un estilo de alimentación más saludable.

6. Aplicar *diferentes estrategias para regularte a nivel emocional.* Las dos que me parecen más interesantes son la *supresión* y la *reevaluación cognitiva.* En la primera, si no quiero ir a por comida cada vez que me sienta mal, intento distraerme haciendo otras cosas y/o evito pensamientos relacionados con la comida. La *supresión* del ansia por comer puede hacerse también mirando la comida como algo neutro, de manera ecuánime (como si meditáramos). En la segunda hago una *reevaluación* de las consecuencias negativas de mis actos y/o tengo en cuenta todo lo positivo a largo plazo si lo consigo. Racionalizar la emoción hace que trabajemos más con la parte frontal de nuestro cerebro para lograr calmar la emoción desagradable (amígdala). En las personas que sufren obesidad se recomienda primero la estrategia de *supresión,* que suele ser la más efectiva a corto plazo, y después la de *reapreciación* cognitiva para que a largo plazo la regulación emocional frente a la comida sea sostenible.

Quiero subrayar que no todas las personas obesas son comedoras emocionales. Un niño tendrá un 40 % de riesgo de volverse obeso si lo es uno de los padres, y un 80 % si lo son los dos. Si ambos progenitores son delgados, esta cifra se reduce a un 10 %.

El organismo de las personas obesas economiza muy bien las reservas para fabricarlas con un mínimo de alimento, lo que favorece el almacenamiento de grasa; en ello están implicados diferentes genes. Por su parte, las personas genéticamente delgadas tienen facilidad para quemar estas calorías.

Estoy hablando mucho sobre el hambre emocional y el aumento de peso, pero nos estamos olvidando del otro extremo: cuando comemos menos de lo que deberíamos (restricción calórica). El trastorno alimentario típico en este caso es la anorexia (AN).

En España se calcula que la prevalencia de los trastornos de conducta alimentaria se sitúa alrededor del 5 % de la población femenina. Muchos estudios indagan qué sucede en el cerebro de la persona para que acabe obsesionada por su físico y sea capaz de reducir de forma tan peligrosa la ingesta de alimentos. ¿Existe un tipo de cerebro más propenso? ¿Cómo cambia este cuando se sufre este tipo de desorden alimentario?

Quien me conoce sabe que me gusta comer lo más sano que puedo. Pero ¿qué significa realmente comer sano?

Lo digo porque cuando sufrí los ataques de pánico, cambié mi alimentación y eso me ayudó muchísimo. Aún flipo con el poder que tiene un cambio de dieta en tu estado de ánimo. Sin embargo, con mi personalidad obsesiva por las cosas que me hacen sentir bien, empecé a hacer un máster sobre cómo comer sano y la lie parda. También es verdad que empecé a hacer yoga dos veces al día, todos los días de la semana (otra muestra más de mi carácter un tanto obsesivo o, como me gusta más llamarlo, apasionado). ¿Qué sucedió al final? Pues que acabé pesando cuarenta y dos kilos y perdí la menstruación durante nueve meses. Siempre cuento en broma que fue como un embarazo, pero sin bebé. Todo aquello me enseñó mucho.

Estoy convencida de que sufrí lo que se denomina *ortorexia*, un tipo de trastorno alimentario en el que una se obsesiona por comer sano. O quizá la amenorrea fue una consecuencia más de la propia ansiedad que sentía. El miedo, el estrés, me quitan el hambre. También es cierto que ejercía un control inmenso sobre qué debía comer y qué no. Empecé a comer *con la mente,* no escuchaba para nada lo que de verdad necesitaba mi cuerpo.

Mi cerebro se desconectó del cuerpo, literalmente. En concreto, mi hipotálamo y mi hipófisis en aquel momento no se hablaban con el resto del cuerpo. Mi cerebro, bajo la restricción calórica a la que estaba sometida (me alimentaba sobre todo a base de frutas y verduras), debía de pensar que estaba en una época de hambruna o que era una nómada trasladándose de hogar.

No comer tanto como gastas es una fuente de estrés. En tales casos el cuerpo es muy sabio y, si ve que no vas a poder cuidar de un bebé porque estás en una situación poco conveniente, pues apaga el sistema reproductivo. Me costó convencerlo de nuevo de que estaba bien, de que podía menstruar, de que me encontraba en una situación confortable y segura.

Aparte de comer más, tuve que aprender que alimentarse bien no solo es comer frutas y verduras. Aprendí a dejar de ser tan disciplinada y autoexigente con todo, a escuchar a mi cuerpo atentamente y a permitirme el placer de *degustar* la comida sin miedo.

En la anorexia nerviosa (AN) el sistema de recompensa se ve alterado, pero de manera diferente a cuando sufres obesidad o bulimia.

En el caso de la AN, pensamos que todo va a ser peor de lo que luego es. Se ha visto en estudios cómo las personas que sufren de anorexia tienen una respuesta aumentada en las redes ejecutivas y de recompensa frente a las pérdidas. Presentan mucha hipersensibilidad a ser castigadas. De alguna manera, quieren ser *niñas buenas y perfectas,* y tienen miedo a ser juzgadas negativamente por el resto.

Las investigaciones han demostrado que su sistema de recompensa se activa de manera más acentuada ante alimentos poco calóricos, mientras que la ínsula, que está involucrada en los aspectos sensoriales del gusto, se ve alterada. Por el contrario, cuando las personas con anorexia ven comida calórica muestran más actividad en las regiones frontales del cerebro y la CCA, lo que significa que hay una sobreactivación del procesamiento *top-down;* en palabras normales, que te vuelves super mental y te desconectas de tus emociones y tu cuerpo, por lo que no sucumben al deseo primario. También se han observado disfunciones en la red neuronal por defecto, por una excesiva rumiación de pensamientos sobre una misma y sobre el propio cuerpo.

Las personas anoréxicas presentan un déficit de flexibilidad cognitiva, es decir, sufren una gran incapacidad para cambiar de criterio y adaptarse, lo cual se asocia a una sobrecarga de recursos en la CPF. Esto puede suceder a causa de la super capacidad de control que muestran, muy típico también en las personas obsesivas-compulsivas (TOC). Y se fijan más en los detalles de las cosas que en el conjunto en sí, lo que se denomina *baja coherencia central.*

Muchas personas con este trastorno adquieren los rasgos propios de los obsesivos-compulsivos: mentalidad rígida, perfeccionismo y obsesión por el orden, que se mantienen incluso una vez remitido el trastorno. Esto nos lleva a pensar que son características propias que las predisponen a sufrir este tipo de TCA (trastorno de conducta alimentaria).

Por otro lado, las personas con bulimia tienden a ser altamente impulsivas, y no solo en el contexto alimentario, sino que a menudo se traslada a otras actividades como el abuso de sustancias, la conducta sexual o las interacciones sociales, acompañadas de la sintomatología depresiva habitual. En los picos agudos, tanto de anorexia como de bulimia, las personas presentan ansiedad y/o depresión.

ALIMENTOS QUE CAUSAN PLACER

Como hemos visto, las emociones parecen tener una relación bidireccional con la conducta alimentaria, ya que hay algunas que incitan al consumo de ciertos alimentos, así como alimentos que generan ciertas emociones.

Quienes se pirran por el chocolate han podido comprobar cómo un mordisco puede cambiar su estado de ánimo. Y es normal, ya que el chocolate tiene más de diez mil sustancias gustativas diferentes que desembocan en una bioquímica única. El chocolate negro o cacao contiene:

- *Triptófano* que, como vimos, es un precursor de la serotonina, facilitando la calma y el buen ánimo.
- *Azúcar* que libera endorfinas en tu cerebro, haciéndote sentir placer al consumirlo.
- *Tiramina, fenitelamina, cafeína y teobromino.* Estas sustancias activan tu sistema nervioso, hacen que estés más atento y vigilante, con mayor eficiencia a nivel intelectual.
- *Anandamina.* Es un THC natural (componente que también se encuentra en la marihuana) con un efecto antidepresivo.
- *Magnesio y otros minerales* que tienen un efecto relajante en el sistema nervioso.
- *Efectos afrodisiacos,* uno de los mitos comprobados sobre el cacao.
- *Flavanol,* un antioxidante con efectos neuroprotectores que ayuda en procesos de memoria y aprendizaje.

En general, los alimentos que nos provocan placer y satisfacción son aquellos altos en grasas, en azúcares y en calorías. En todo caso, no sé si sabías que el chocolate negro puro, por mucho que la gente piense lo contrario, no lleva azúcar. Es todo grasa.

¿Por qué nos proporcionan placer este tipo de alimentos?

En *El cerebro de la gente feliz* expliqué algo que aquí te voy a resumir, porque creo que es importante que lo sepas. Hace miles de años, nuestros antepasados, que eran unos pobres muertos de hambre (acostumbraban a llevar una dieta poco calórica), cuando encontraban alimentos grasos y dulces, se atiborraban para almacenar reservas de energía y grasas para épocas de escasez.

Accedían a estos alimentos muy de vez en cuando, no como hoy, que los tenemos al alcance de la mano.

El cerebro necesita de grasa e hidratos de carbono como fuentes de energía para funcionar, así que evolucionó de manera que el sistema de recompensa se activa al comerlos para motivarte así a ingerir todo lo que puedas de esos alimentos y asegurar tu supervivencia.

Aunque la situación actual ha cambiado de forma radical, el cerebro se sigue dando un baño de dopamina cada vez que comes estos alimentos. De hecho, si abusas de ellos, se va liberando constantemente dopamina en el núcleo accumbens (sistema de recompensa) hasta que se crea una adicción.

Lo curioso de todo es que como el primer bocado no hay nada. Ese chute de dopamina y endorfinas es espectacular, pero después te vas desensibilizando, el cerebro se acostumbra y ya no te sabe tan rico. Así que, ahora que sabes esto, yo te pregunto: ¿para qué abusar? Comer una onza de chocolate puede ser más placentero que zamparte la mitad de la tableta, ya que recibes el mismo disfrute, pero sin sentimiento de culpa y sin los efectos negativos que produce la caída posterior del pico de insulina.

Tal y como sucede con las drogas, cuanto más consumas ese alimento, menor efecto placentero tendrá la siguiente vez, lo que te llevará a comer más y más para poder sentirlo. Mejor pararlo antes, tomando solo un trocito de aquello que te gusta y ya está. ¡Menos es más!

Y no hace falta que diga que las grasas saturadas y azúcares refinados que podemos encontrar en la bollería y los productos procesados son pésimos para nuestro cuerpo y nuestro cerebro. ¡Busca siempre esos hidratos y esas grasas en alimentos sanos y no en los ultraprocesados!

Glucosa y azúcar

La principal fuente de energía que necesita el cerebro para funcionar es la glucosa, pero podemos obtenerla de maneras más saludables que consumiendo azúcar, ya que, ¡oh, magia!, prácticamente todos los alimentos al final se convierten en glucosa.

En especial, eso sucede con el grupo de los carbohidratos, como los cereales, tubérculos, legumbres, productos lácteos, frutas y verduras.

Hay productos de mucho mayor contenido glucémico (pan blanco, pasta blanca, dulces...), pero además de ser poco saludables, le hacen una mala jugada a tu cuerpo: logran que tu energía aumente de forma momentánea, pero después te da un bajón. Diferentes estudios muestran que durante ese bajón se pierde la capacidad de atención, te sientes más soñolienta, cuesta más hablar bien y te baja el ánimo. En cambio, los productos que liberan la glucosa lentamente (pan integral, pasta integral, avena, legumbres...) facilitan que tu humor sea más estable y que la capacidad para mantener tu atención sea más constante.

La corteza prefrontal es sensible a los cambios de glucosa. Aunque no hace falta que te lo diga yo, seguro que ya lo has experimentado. Es común que desayunemos cosas que nos producen estos picos rápidos de glucosa si comemos dulces, bollería, pan blanco o mermelada, por ejemplo. Al principio te mantienes activo y atento, pero a las pocas horas te da el super bajón.

Es un problema caer en el círculo vicioso de *cada vez que me da el bajón, como algo que me dé otro subidón*, porque así lo que conseguimos es estresar al cuerpo y a la mente.

No olvidemos que esto mismo que estamos comentando se produce con las bebidas azucaradas, incluso con edulcorantes artificiales, aparte de que esta clase de refrescos no sientan nada bien a tu microbiota intestinal.

El lío de las grasas

Puede ser confuso el tema de las grasas, porque hay de diferentes tipos: saturadas, *trans* y las *buenas*, que se dividen entre monoinsaturadas y poliinsaturadas. El consumo en exceso de grasas *trans* (pastelería y productos ultraprocesados) y de las grasas saturadas presentes en los embutidos, patés, mantequillas, lácteos, en la bollería, la carne… pueden dañar mucho el cuerpo y, en particular, el cerebro. Como contrapartida, las grasas llamadas *buenas* que puedes encontrar en el aceite de oliva, en los frutos secos, en el aguacate, el atún o el salmón favorecen tu salud cerebral.

Además de ser una fuente de reserva energética para el cuerpo, el cerebro necesita consumir grasas para funcionar bien. Una alimentación baja en grasas puede deteriorar el circuito neuronal, entre otros daños. Por lo tanto, grasas sí, pero saludables. Y la reina de esta categoría es el omega 3, seguro que te suena. Es muy importante para aumentar los niveles de serotonina y para el buen funcionamiento del cerebro. Se encuentra en los pescados azules, en las algas, en las nueces y en las pipas de calabaza, entre otros alimentos.

Para añadir un poco más de lío a esta cuestión, diré que tampoco hay que demonizar las grasas *malas*. De hecho, lo mejor sería un balance 5/1. Es decir, cinco veces más de grasas buenas (omega 3) que malas (omega 6). Así que no tienes que eliminar por completo estos productos, sino reducirlos lo más que puedas.

Personalmente, una vez por semana me voy a una de las mejores panaderías de Barcelona y me compro cruasanes de chocolate (soy adicta al chocolate). Los disfruto muchísimo precisamente porque es algo que hago de manera muy puntual.

Lo que de verdad importa es aquello que hacemos cada día, eso es lo que nuestro cuerpo, nuestro cerebro, notará. Y lo mismo sucede al revés: si un día a la semana te tomas un zumo natural, super verde y super *detox*, tampoco servirá de mucho. Y por supuesto, ya sabes que siempre es mejor comer la fruta entera que tomar un zumo, ya que estos son una fuente de azúcar y pierden casi toda la fibra.

Si quieres permitirte de vez en cuando algún capricho, los médicos recomiendan que mejor te lo des por la mañana para desayunar, ya que es cuando el sistema endocrino puede metabolizar mejor esta clase de alimentos. Por desgracia, suele ser durante la cena cuando sentimos más este impulso hedónico. Y justo por la noche es cuando al metabolismo le cuesta más asimilar los nutrientes.

El mejor consejo que te puedo dar para reducir el consumo de estos alimentos es no comprarlos, que no entren en casa. ¡Póntelo difícil! Adquiere sustitutos saludables para los productos que quieres dejar de consumir, porque si no con el ansia bajarás al super y acabarás comprándotelos. En el caso del dulce, puedes sustituirlo por yogures, frutas o chocolate negro puro con frutos secos (es mi merienda favorita).

Por último, tienes que saber que aquello que pensamos sobre los alimentos, cómo los valoramos a nivel racional y emocional, influye a la hora de escoger qué comer y a la de degustarlo. Las partes frontales de la corteza cerebral se ocupan de valorar aquello que estás comiendo (corteza gustativa). Si sabemos que el abuso de según qué alimentos puede empeorar nuestra salud, quizá eso haga que esta parte de tu cerebro se active para que puedas reducir su consumo.

¡Fíjate lo que me pasó a mí! Durante mucho tiempo no probé ninguno de estos alimentos porque mi parte frontal del cerebro los tenía etiquetados como *muerte*. Pero también puede pasar al revés, que alimentos que antes pensabas que no te gustaban, te los cocina alguien especial o los pruebas con otras recetas y encuentras un placer inesperado en ellos. Aquello que vivimos, nuestros recuerdos (ya sabes que el olfato te lleva directamente a ellos) marcan nuestras preferencias por la comida.

Aunque si quieres echarle la culpa a tu cerebro por ello, échasela no solo al núcleo accumbens y a la dopamina, sino también a la amígdala, que es la que etiqueta tus preferencias gustativas.

Todo esto es un gran tema de investigación hoy en día y no está siendo tan fácil como parece, ya que las redes dedicadas a alimentarnos a nivel de supervivencia, cuando tenemos hambre *real* (el hipotálamo aquí es el rey, donde la grielina, la leptina y la insulina son clave para la regulación del hambre), se solapan con aquellas que se activan por el mero placer de comer (aquí la amígdala, el circuito de recompensa y el tálamo desempeñan su papel).

El segundo cerebro

¿Quieres que tu estado anímico se eleve de forma saludable? ¿Quieres mejorar tus digestiones? ¿Quieres descubrir tu segundo cerebro? En ese caso, lee con atención lo que te voy a contar ahora.

El tiempo que tarda un alimento en ser completamente procesado es de unas cincuenta y cinco horas, aunque puede prolongarse hasta... ¡cinco días!

En realidad, en tu estómago como tal, el alimento permanece unas dos o tres horas. Luego pasa a tu intestino delgado, donde los nutrientes son absorbidos. Este proceso dura unas ocho horas. Aquellos nutrientes que no han sido absorbidos pasan al intestino grueso, donde se quedan unos dos o tres días. Más en concreto en el colon, donde se encuentra la mayor parte de la microbiota (de la que hablaremos en detalle luego), preparada para asimilar los últimos nutrientes que quedan. Lo que no es útil finalmente llega a la taza del váter.

El cerebro y el intestino están conectados por una vía de información constante y bidireccional conocida como eje intestino-cerebro. Su conexión nace en el vientre de nuestra madre, a las dos semanas de gestación, donde algunas neuronas del encéfalo viajan hasta el tubo digestivo y otras llegan hasta el intestino.

¿Sabías que el intestino cuenta con su propio sistema nervioso, el sistema nervioso entérico, compuesto por cerca de doscientos millones de neuronas? Por este motivo lo llaman *el segundo cerebro.*

La conexión del cerebro con el sistema nervioso entérico se da mayormente a través del SN simpático y parasimpático. Por eso el estrés afecta a la digestión y solo la relajación conseguirá que podamos digerir adecuadamente e ir bien al baño.

El nervio vago se encarga de enviar los mensajes rápidos entre el intestino y el cerebro, donde el intestino habla más con el cerebro que al revés. ¿Y qué le cuenta? Pues cómo le están llegando los alimentos, la cantidad, el nivel de saciedad... es decir, los procesos metabólicos y fisiológicos que ocurren en el cuerpo.

Por eso es importante masticar despacio y comer de manera relajada. Solo así el nervio vago puede informar correctamente al cerebro de cómo está el nivel de hambre y de los alimentos que están llegando. Comer deprisa, delante del ordenador o mientras miras la tele propicia que comas más y peor, ya que no te enteras de las señales que tu estómago te envía, y encima la CPF no está presente para ponerte límites.

También existe otra vía de comunicación más lenta entre aparato digestivo y cerebro: a través de diferentes hormonas. En este negociado tiene un papel especial la grielina, también llamada *hormona del hambre* porque nos despierta el apetito, y la leptina, que hace justo lo contrario: inhibir el hambre. No sé si recuerdas que te conté que estas dos se vuelven locas cuando dormimos poco.

EL DIÁLOGO DEL EJE INTESTINO-CEREBRO	
Cerebro	**Intestino**
• Controla las sensaciones de apetito y saciedad. • Coordina los movimientos del intestino. • Controla la secreción de sustancias para la digestión.	• Fabrica nutrientes para el cerebro. • Fabrica sustancias para la comunicación de las neuronas. • Fabrica ácidos grasos de cadena corta para el funcionamiento del cerebro. • Informa al cerebro de su estado. • Provee defensa inmunitaria frente a inflamaciones y patologías.

Fuente: Cuadro adaptado del libro *Pon en forma tu cerebro*, Raquel Marín, Roca Editorial, 2019.

Microbiota

Supongo que habrás oído hablar de la microbiota una y otra vez. En la época de mis padres la llamaban *flora intestinal*, pero parece que el nuevo nombre mola más y define mejor de qué se trata, aunque al final no deja de ser lo mismo.

Como supongo que sabrás, la microbiota es un montón de microorganismos que se halla dentro de tu cuerpo, en mayor proporción en el intestino. Sobre todo residen en el colon. La mayoría de estos bichitos son bacterias (existen diferentes cepas), aunque también puedes encontrar hongos, virus y protozoos.

Y no creas que hay pocos, no. Para que te hagas una idea, tu microbiota pesa de uno a dos kilos y, según la neurocientífica Raquel Marín, si estos bichitos se pusieran en fila india, desde tu intestino llegarían a la Luna.

Estamos inundados de ellos y a cada uno le gusta *comer* cosas distintas de nuestro tubo digestivo. Lo curioso es que nuestra microbiota va cambiando día a día, año a año, y no solo a través de lo que comemos, sino que también le afectan variables como el ejercicio físico, si vivimos en medio de la naturaleza o en la ciudad, nuestro género, los fármacos que consumimos, el nivel de contaminación al que estamos expuestos, la genética e incluso el parto que tuviste (vaginal o por cesárea).

Nuestra microbiota puede cambiar en pocos días a causa de una enfermedad, por un tratamiento con fármacos, debido al insomnio o incluso por la entrada de una mascota en casa. Y esta microbiota no para de comunicarse con el cerebro por diferentes vías: a través del nervio vago, del sistema inmune, de la producción de metabolitos y péptidos, así como de varios neurotransmisores y neuromoduladores. Esta comunicación se denomina *eje microbiota-intestino-cerebro*.

La microbiota intestinal fermenta la comida para aprovechar al máximo los nutrientes útiles. Gracias a ello, nuestro cerebro recibe vitaminas B y D y ácidos grasos, que son precursores de la serotonina y la dopamina, entre otros.

La serotonina es un neurotransmisor que se genera a partir del triptófano y ya sabéis que es muy importante para regular nuestro estado anímico, nuestra cognición e incluso el sueño, pero lo que aún no os he contado es que también regula la motilidad intestinal, entre otras cosas. De hecho, el 90 % de la serotonina se produce en el intestino y todo ello es gracias a tu microbiota (en concreto, puedes agradecer su trabajo a las bacterias de los filos Firmicutes y Proteobacteria). Quizá por eso mi madre solía decirme que uno se enamora por las tripas. Si estas son felices, producirán la serotonina adecuada y todos nos sentiremos más a gusto.

La microbiota también se encarga de defendernos contra los intrusos. El 70% de tu sistema inmunitario se halla en tu intestino, que es la primera línea de defensa contra cualquier agresión. Cuando hay inflamación en el cuerpo, es decir, cuando entran bichitos malos (patógenos) y atacan a tus células, tu microbiota *buena* combate esta inflamación liberando citoquinas.

Otra cosa que debemos saber es que algunos alimentos producen inflamación en tu cuerpo (proinflamatorios), mientras que otros ayudan a combatir la inflamación (antiinflamatorios). ¿Y por qué te hablo sobre inflamación aquí? Pues porque el cerebro también puede inflamarse. Es lo que se llama *neuroinflamación*, y se siente como una especie de embotamiento mental. Una de las claves para que no se produzca es evitar la inflamación del intestino, ya que inflamas también tu cerebro.

CÓMO EVITAR LA NEUROINFLAMACIÓN CAUSADA POR LA INFLAMACIÓN DEL INTESTINO

Se trata de dar a tu microbiota todo aquello que le gusta:

1. Mucha *fibra*, que puedes encontrar en verduras y frutas, pero sobre todo en cereales integrales y legumbres.
2. *Alimentos fermentados* como el kéfir, la kombucha, el tempeh, el vinagre de manzana... que además favorecen la longevidad y son muy buenos probióticos.
3. Alimentos que tengan *almidón resistente*: el plátano verde (no maduro), las patatas y boniatos (una vez cocinados,

tienes que dejarlos en la nevera durante veinticuatro horas antes de comerlos) y arroz (también hay que refrigerarlo veinticuatro horas).

4. *Alimentos ricos en polifenoles*, que actúan como antioxidantes protegiéndonos de los patógenos: cacao, frutos rojos, té matcha, alcaparras, uvas...
5. *Cúrcuma*, ya que es un super antioxidante, igual que el *té verde*.
6. *Otros alimentos* como puerro, espárragos, cebolla, alcachofas, avena...
7. Aumenta todo lo que puedas el consumo de *alimentos con omega 3*, que puedes encontrar en el salmón, el atún, las semillas de chía, verduras de hojas verdes...

El gluten y la lactosa, ¿enemigos intestinales?

Entre los alimentos proinflamatorios, uno de los que se demonizan mucho es el gluten. Se cree que al intestino le cuesta digerir bien las partículas de gluten, y que estas pueden crear incluso grietas en la barrera intestinal, con lo que escaparán y llegarán a la sangre y tus células se pondrán en modo alerta y lucharán (una batalla antinflamatoria).

¿Qué alimentos llevan gluten? Entre los más comunes están el trigo, el cuscús, el centeno o la espelta. Pero, realmente, ¿el gluten es tan malo como dicen? Según la literatura científica, no. Entonces ¿qué pasa? Pues que muchos productos que son perjudiciales para el cuerpo (que pueden dar lugar a una permeabilidad intestinal) contienen gluten.

La ecuación es fácil: si renuncias al gluten, evitarás comer muchos de estos alimentos poco saludables, pero en realidad no hace falta renunciar al gluten para dejar de tomarlos. ¿De qué alimentos hablo? Pues sobre todo de los ultraprocesados, aquellos que compras envasados y que son ricos en azúcares, sal y grasas. También los cereales «blancos» que llevan harinas refinadas que puedes encontrar, por ejemplo, en el pan y en la pasta. Es mucho mejor que estos alimentos los sustituyas por su versión integral.

Ojo: los alimentos ultraprocesados no son los mismos que los procesados. La diferencia reside en que en los primeros no hay nutrientes ni fibra. Se ha visto en numerosos estudios cómo el abuso de este tipo de *alimentos* puede causar alzhéimer y otros deterioros cognitivos. También aumenta el riesgo de sufrir depresión y ansiedad.

¿Qué cereales no tienen gluten? Por ejemplo, la quinoa, el trigo sarraceno, el maíz, la avena y el arroz.

También existe muchísima discusión sobre la lactosa. Leí un estudio que revisa todas las investigaciones hechas hasta 2017 para dilucidar si la lactosa es proinflamatoria o no, y el 70 % afirman, al contrario de lo que podáis pensar, que es antiinflamatoria.

Por lo que se puede ver a nivel científico, mi recomendación es que, si te apetece tomarla, adelante. Ahora, mejor si estos lácteos proceden de vacas felices, libres de medicamentos y antibióticos. Y, como siempre, lo mejor es no abusar.

Sobre todo, igual que con el gluten, observa cómo te sienta. No olvidemos que, al final, cada persona es diferente. Depende de cómo esté tu cuerpo ahora, te afectará de una manera u otra, mejor o peor. Por ejemplo, hay estudios que concluyen que, con el paso de los años, es más probable que se generen intolerancias como la de la lactosa.

¿QUÉ ALIMENTOS HAY QUE LIMITAR PARA TENER UNA MICROBIOTA FELIZ?

1. Alimentos ultraprocesados
2. Azúcar refinado
3. Carne roja
4. Embutidos y quesos grasos
5. Azúcar y edulcorantes artificiales

El factor principal para una microbiota feliz es la diversidad. Cuanto más variada sea tu dieta, mejor. La reducción de la variedad de alimentos produce disbiosis, una alteración que puede afectar a tu sistema nervioso, endocrino e inmunológico.

Uno de los factores clave que mantienen a tu microbiota bien contenta es el *ejercicio físico*. En numerosos estudios se ha visto cómo las personas que suelen hacer ejercicio tienden a presentar más diversidad en su microbiota. El otro elemento clave es el *control del estrés*.

Microbiota y cerebro

Numerosos estudios han demostrado que la microbiota afecta al desarrollo cerebral y al comportamiento. Por ejemplo, en un estudio hecho con ratas a las que les eliminaron la microbiota se comprobó que su aprendizaje se veía reducido. Les costaba más saber cómo salir de un laberinto. Se cree que esto es debido a una alteración del BDNF (una proteína llamada «factor neurotrófico derivado del cerebro» o «brain derived neurotrophic factor» en inglés) en la amígdala e hipocampo, áreas que, como vimos, están vinculadas al aprendizaje, a la memoria y a nuestro estado emocional.

Algunos investigadores trabajan sobre la hipótesis de que las alteraciones en la microbiota estén detrás del autismo, de la depresión e incluso del dolor crónico.

¿Puede ser que, según como sea nuestra microbiota, suframos más o menos estrés o depresión? Afirmativo. El estrés puede llevarnos a consumir *comida basura,* y esta clase de alimentos nutren un tipo de microbiota (perjudicial e inflamatoria) que empeora nuestro ánimo y nos provoca estrés y/o depresión.

Para saber con más detalle por qué sucede esto puedes leer mi primer libro, *El cerebro de la gente feliz.*

Psicobióticos

Para entender lo que es un psicobiótico debemos tener claro antes lo que es un *probiótico.* Los *probióticos* son microorganismos vivos que al comerlos benefician tu salud (como el kombucha o el kéfir). Cuando los probióticos ayudan a mejorar no solo nuestra salud física, sino también nuestra salud mental y estado de ánimo, entonces reciben el nombre de *psicobióticos.* Por ejemplo, hay bacterias capaces de producir sustancias neuroactivas como el GABA, la dopamina o la serotonina, ayudando a mejorar la ansiedad y la depresión.

Los *prebióticos,* por el contrario, son la comida preferida de tu microbiota *buena.* Por ejemplo, la fibra es un prebiótico natural. Tú de la fibra no sacas ningún nutriente, pero para tu microbiota es todo un manjar. Y es capaz de convertir este manjar en *butirato,* que contribuirá a que te sientas mejor. En cambio, todos los productos procesados le dicen adiós a la fibra, es decir, adiós prebióticos, adiós microbiota.

Volviendo a los psicobióticos, adivina qué alimento está considerado un psicobiótico... ¡el chocolate! Sí, y el café. Los alimentos fermentados tipo miso, tempeh, salsa de soja o chucrut también lo serían. La leche fermentada (quesos y yogures) es otro psicobiótico. En cambio, todo lo que está pasteurizado (le han quitado todos los microbios) no lo sería.

Igualmente en el tema de los psicobióticos aún queda mucho por explorar. Necesitamos indagar más sobre qué dosis funcionan, qué cepas y cuál es el mejor método para introducirlas en nuestro cuerpo. ¡Así que ahora no te pongas a tomar psicobióticos al tuntún!

La pirámide de alimentos psicobióticos

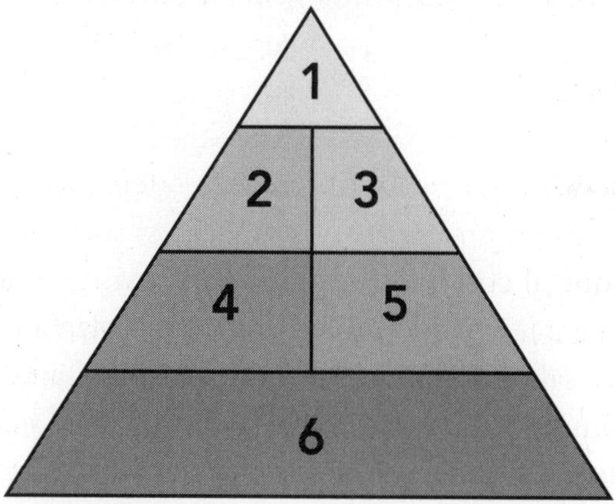

1. Dulces y carne roja: una vez por semana, o menos.
2. Carne de ave y huevos: de dos a cinco veces por semana.
3. Pescado y marisco: de dos a cinco veces por semana.
4. Fermentos: diariamente.
5. Semillas, frutos secos, hierbas y aceites: diariamente.
6. Cereales, hortalizas y fruta: con cada comida.

Fuente: Imagen del libro *La revolución psicobiótica,* John F. Cryan, Scott C. Anderson, Ted Dinan, RBA Libros, 2020. Es la pirámide de los alimentos usada por el Departamento de Agricultura de Estados Unidos para representar una dieta equilibrada. Los principales colaboradores psicobióticos de nuestra dieta han de ser las verduras y las hortalizas.

Algunos estudios han concluido que los alimentos con azúcar añadido pueden provocar depresión, seguramente porque dan de comer a bacterias *malas.*

De hecho, muchas investigaciones apuntan a que la dieta americana, rica en grasa y azúcares, y baja en fibra, puede crear un 70 % de inflamación (y con ella la neuroinflamación, es decir, estos alimentos degradarían la barrera encefálica, las toxinas llegarían al cerebro y producirían aturdimiento mental). Quizá por eso llevar una mala dieta puede causar enfermedades tanto físicas como mentales.

¿Sabías también que la dieta que lleva una mujer embarazada influye mucho en la salud mental del bebé? Según varias investigaciones, las madres que comen *comida basura* durante el embarazo aumentan el riesgo de tener niños con mal funcionamiento cognitivo.

Microbioma

¿No tienes ganas de saber cómo es tu microbiota? ¿Si está sana o no? Yo voy a pedir cita para hacerme una prueba y saber qué bichitos viven en mi microbiota intestinal. ¿Cómo? Pues enviando a un laboratorio una muestra de las defecaciones para que analicen lo que comúnmente se llama *microbioma*.

Esta prueba puede darte pistas de si necesitas mejorar tu dieta o no.

Me gustaría recalcar que, aunque está claro que una dieta pésima puede provocarnos más ansiedad y depresión, eso no significa que la dieta sea su causa principal. Como decimos en el programa *Bye Bye Ansiedad*, donde trabajo con Ferran Cases, para eliminar la ansiedad lo mejor es *atacar* diferentes frentes, hacer un trabajo holístico. No basta solo con cambiar la dieta o ir a un profesional de la psicología.

¿Funcionan las dietas milagrosas?

Según lo que comas, alimentas a unas cepas de bacterias u a otras. Si dejas de comer según qué alimentos, una parte de ellas muere. Por eso sucede muchas veces que cuando introduces ese alimento de nuevo en la dieta, no lo digieres bien. También podría ser que los antojos que tenemos sean, en realidad, estos bichitos diciendo *necesito que comas esto, si no moriré.*

Es por eso por lo que, como he dicho, para tener una microbiota feliz, hay que seguir una dieta variada. Comer alimentos de todo tipo (mejor si son frescos y de temporada) para que tu microbiota sea lo más diversa posible, algo que no sucederá si te ciñes a una alimentación del tipo paleodieta o cetogénica, que tanto se han puesto de moda.

Si te da igual tu microbiota y lo que quieres es perder peso, no te niego que este tipo de dietas funcionarán en un inicio (el primer mes) pero, pasado un año, la persona tiende a engordar de nuevo. ¿Será que estas dietas no son sostenibles en el tiempo? Toda la gente que conozco que ha seguido dietas como la paleodieta o la *keto* (cetogénica) se han cansado al cabo de un tiempo.

No se ha demostrado que estas nuevas dietas sean beneficiosas para nuestra salud. Algo que tienen en común es la eliminación de varios productos, normalmente hipercalóricos; por eso suelen ser efectivas al principio para adelgazar. Sin embargo, como hemos visto, si el consumo de alimentos es muy poco variado, puedes crearle problemas a tu microbiota (disbiosis) y, por lo tanto, a tu salud.

Luego están las dietas de toda la vida, en las que comes variado (por ejemplo, si sigues la dieta mediterránea), pero restringes el consumo de calorías. El *régimen* que todos conocemos, vamos.

Se ha comprobado que el 75 % de las personas que hacen régimen pierden kilos al principio, pero, una vez más, el problema es mantener la pérdida de peso a largo plazo. De nuevo, la misma situación que con las dietas más modernas. La ciencia ha demostrado que el 90 % de las personas que se ponen a *régimen* al cabo de cinco años han recuperado su peso inicial o incluso lo han superado. También se ha visto que ganar y perder peso constantemente puede ser peligroso para la salud.

Por otra parte, la ciencia está mostrando que las dietas vegetarianas son menos inflamatorias y el control de glucemia es mayor. Quizá pienses, entonces, que lo mejor sería comer un montón de frutas y verdura. Hacer una dieta vegana, incluso. Pero, una vez más, caemos en la trampa de la poca variedad. El 50 % de los veganos muestran deficiencia de vitamina B12, que, como veremos, es muy importante para el desarrollo del cerebro y su funcionamiento y tiene un papel neuroprotector muy importante en el hipocampo. También hay una deficiencia en hierro en muchos veganos, y esto puede causar disfunciones cognitivas.

Tampoco te digo ahora que te pongas a comer un montón de carne. De hecho, un estudio demostró cómo al reemplazar tan solo un 3 % del consumo de proteínas de origen animal (carne o huevos) por proteínas de origen vegetal (legumbres) se reducía la mortalidad. Quizá porque muchos de los productos que vienen de animales están llenos de antibióticos y otros medicamentos que son perjudiciales para la salud.

Muy bien, Sara, entonces ¿qué tipo de dieta es la adecuada para la salud?

¡Fácil! Una dieta variada como la mediterránea misma. Se ha comprobado científicamente que esta dieta es muy beneficiosa para la salud. Tiene efectos milagrosos a nivel cardiovascular y también metabólico, disminuye la inflamación, es neuroprotectora y te ayuda a dormir mejor. ¿Qué más quieres? ¡Y encima la tenemos bien cerca!

Dieta mediterránea y dieta japonesa

El otro día escuchaba al doctor Javier Peñafiel, especialista en endocrinología y nutrición, y me hizo gracia porque, aparte de recomendar esta dieta, lanzó una pregunta: ¿sabemos lo que es la dieta mediterránea *real*? Y tiene razón, porque con el tiempo se ha tergiversado un poco, así que, por si acaso, te la explico tal y como la expuso él.

Es una dieta basada mayormente en vegetales. Hay un consumo abundante de verduras y frutas frescas de temporada, legumbres, cereales (integrales), semillas y frutos secos. De forma menos frecuente se consume pescado, que sería la fuente proteica más predominante de esta dieta (no la carne, como quizá pensabas). Y los platos siempre se acompañan de un buen aceite de oliva (virgen extra). Si hay algo que tiene claro la comunidad científica es que el aceite de oliva virgen extra es el no va más. Va bien para nuestro cerebro, mejora nuestro rendimiento mental, retrasa el deterioro cognitivo y encima es antiinflamatorio.

Por último, en la dieta mediterránea el consumo de lácteos, carnes, azúcares refinados y procesados es reducido. Y, por supuesto, incluye la ingesta de aproximadamente dos litros de agua al día.

Algunos estudios prueban que, con treinta días llevando este tipo de dieta, se elimina ya cualquier inflamación causada por otras clases de alimentación, como la americana.

Pero si quieres una alternativa, la dieta japonesa tampoco está nada mal. De hecho, Okinawa es uno de los lugares donde la gente vive más tiempo (la media es de ochenta y tres años). Siguen un tipo de dieta vegetariana-pescetariana donde la fibra abunda, igual que los alimentos fermentados. Y lo más importante: no se atiborran de ultraprocesados, de grasas saturadas o *trans* ni de azúcar. Quizá ahí está el secreto, además de una curiosidad que conoceremos más adelante.

Ya ves que el equilibrio está en comer saludable y de forma variada a la vez que reduces aquellos productos que hemos visto que no te hacen ningún bien cuando los tomas en exceso (azúcares, sal, carnes rojas, embutidos, productos ultraprocesados...).

¿Existen alimentos milagrosos?

Así como hay dietas que se ponen de moda, algunos productos marcan tendencia según la temporada. Recuerdo que, en la época de mis padres, durante un tiempo, el super producto *estrella* era la levadura de cerveza. ¡Y cómo la odiaba! No me gustaba nada su sabor y mi madre dale que te pego con la levadura de cerveza, me la intentaba colar en cada plato. ¡Qué suplicio! Ahora, en cambio, ni se habla de ella, por muchos beneficios que tenga comerla.

Hay alimentos que tienen muchas propiedades beneficiosas, como la cúrcuma o los arándanos. Estos productos están de moda ahora, por su efecto antioxidante, pero no hay ninguno que te vaya a salvar la vida por comerlo más.

De hecho, el problema siempre es el abuso. Así que está muy bien consumir estos productos de manera esporádica, pero mejor no excederse. Más aún si muchos de ellos no tienen apoyo científico. Recuerda, en la variedad está el milagro.

La regla del plato de Harvard

Una forma fácil de saber si la proporción de alimentos que pones en el plato resulta saludable es utilizar la llamada *regla del plato de Harvard*, que aconseja llenar la mitad del plato con verduras y hortalizas, el 25 % del plato con carbohidratos (que pueden ser patatas, pan, cereales, arroz, cuscús...) y el último 25 % con proteínas (pescado, legumbres, carne, tofu, seitán...).

Para condimentar el plato con grasa saludable, ¿lo mejor? Un buen chorrito de aceite de oliva virgen extra (mejor si va en botella de cristal oscuro). Y, de postre, fruta (mejor, si es fresca y de temporada).

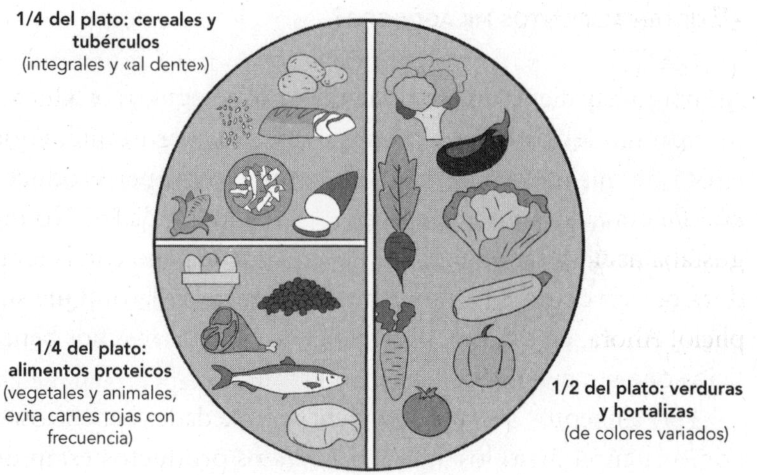

- Consume al menos dos piezas de fruta de temporada cada día.
- Cocina y aliña con aceite de oliva.
- Consume grasas saludables como frutos secos o aguacate.
- Hidrátate con agua natural.
- Realiza actividad física a diario.

Lo ideal sería consumir verduras, frutas, legumbres, cereales integrales y aceite de oliva diariamente, y que estos alimentos vayan cambiando; no comer siempre lo mismo. Del resto de alimentos, mejor no abusar.

Como técnica culinaria, la más recomendada por los expertos es preparar la comida al vapor (para que no pierda los micronutrientes), y hervir o hacer a la plancha mejor que freír.

Y no solo cuenta qué comemos, sino también cómo lo hacemos. Vivir de manera más relajada, comer acompañado de tus seres queridos, tomarte el tiempo para masticar y degustar la comida son actos que también beneficiarán tu salud. Igual que comer en un horario regular y adecuado.

¿Es sano el ayuno?

Así como hay alimentos que te dan placer, que te cambian incluso el humor, pasar hambre provoca todo lo contrario: te enfurece.

Hay un estudio muy curioso en el que se vio cómo la sentencia que dicta un juez suele ser desfavorable antes de comer. Me hace gracia, porque mi pareja se pone insoportable cuando tiene hambre. Cuando nos vamos de excursión tengo que obligarle siempre a que lleve algo de comida en la mochila. Él cree que no es necesario, pero la verdad es que su humor cambia —para bien— una barbaridad cuando calma su apetito en medio de la montaña.

Las personas que están a dieta o que hacen ayunos largos suelen experimentar cambios en el carácter. Y, para colmo, puede que incluso duerman peor, ya que las hormonas del apetito se ven afectadas cuando cenas poco o si directamente dejas de cenar.

Hay mucha polémica hoy en día con el tema del ayuno, sobre si es sano o no dejar de comer durante un periodo de tiempo. Para empezar, hay muchos tipos de ayuno. Los típicos son el ayuno total (en el que te pasas varios días sin comer) o el intermitente (en el que comes unas horas al día y ayunas otras). El que mejor resultado da es el ayuno intermitente, en el que dejas de comer durante un periodo de doce a dieciocho horas. Pero ese tipo de ayuno se consigue fácilmente y de forma casi natural: si cenas a las ocho de la noche y desayunas a las ocho de la mañana, ¡habrás ayunado doce horas! Este tipo de ayuno tiene sentido, ya que va muy acorde con nuestros ritmos circadianos. Por el contrario, comer cada día a horas diferentes, de forma rápida según te pille, estar siempre picando, cenar tarde, saltarse el desayuno... puede contribuir a una desregulación del metabolismo. El desorden horario altera las digestiones y afecta a tu microbiota, que también tiene su propio ritmo circadiano.

¿Por qué se ha puesto tan de moda el ayuno? Al menos eso me pregunté yo cuando veía amigas mías dejar de cenar un par de días a la semana o pasar días sin comer y beber nada más que agua. También tengo algún amigo que no desayuna para ayunar el máximo de tiempo posible, y esto es más desaconsejable.

Además de reducir peso, el ayuno es famoso porque se cree que puede alargar la vida. Y parece que así es, pero todo depende de cómo se haga, ya que algunos son contraproducentes. Por ejemplo, como vemos, no es lo mismo dejar de comer durante uno o dos días, que ayunar diariamente doce horas.

Por otro lado, a cada persona el ayuno le puede repercutir de manera diferente. Restringir el alimento por periodos largos de tiempo no deja de ser un factor estresante para el cuerpo, como quien se da un baño de agua helada o corre una maratón. Si vives ya con estrés, quizá no hace falta añadirle más, porque puede ser contraproducente. O si, por ejemplo, has sufrido algún desorden alimentario, no te aconsejaría nada de esto.

Me voy a centrar en el tipo de ayuno que se considera más beneficioso: el de restringir cuándo comemos y espaciar los tiempos sin comer (al menos doce horas). En este caso, el artículo del que más me fio es el de Valter D. Longo, publicado en *Nature* (la mejor revista científica) en 2021.

Basándome en él, os contaré de forma resumida qué pasa en el organismo en estos procesos. En el ayuno intermitente, el cuerpo quema la grasa que le sobra y agota las reservas de glucógeno de este modo: después de seis horas de la última ingesta, en el organismo ya no circula glucosa y, por lo tanto, el cuerpo consume la que se almacena —como glucógeno— en los músculos y en el hígado. Después de doce horas, el glucógeno (esa reserva de glucosa) también se ha agotado, y el organismo recurre entonces a los depósitos de grasa. Aparte, la energía que el cuerpo no gasta en consumir alimentos la dedica a reparar y limpiar el organismo, con lo que se inhiben los procesos de envejecimiento.

¿Y cuáles son los beneficios de ayunar para el cerebro?

Vayamos ahora a lo que nos interesa. Según un estudio llevado a cabo por el investigador Alex Brocchi en 2022, estos son los beneficios del ayuno para el cerebro:

- Mejora la plasticidad neuronal y la neurogénesis (aumenta el BDNF en el cerebro) en los periodos de recuperación.
- Regenera y protege las neuronas contra el estrés celular.
- Aumenta los niveles de serotonina (a través del aumento de grielina).
- Incrementa los niveles de GABA (debido a las cetonas), con lo que promueve la calma y la relajación.
- Disminuye la neuroinflamación (embotamiento mental), lo cual es determinante en patologías neurodegenerativas.
- Mejora nuestra capacidad cognitiva (memoria y aprendizaje).

Estos beneficios son algo más a tener en cuenta para quien se plantea el ayuno.

Sinceramente yo nunca lo he hecho, pues, como dije al inicio, le tengo mucho respeto al tema de la alimentación, pero muchos amigos me han contado su experiencia de ayunar completamente varios días y algo común es que digan que les ayuda a conocerse mejor.

Ciertamente, si eres un *comedor emocional* de los que hablábamos al principio del capítulo, de repente te encontrarás cara a cara con emociones incómodas que no puedes tapar con comida. Otra de las cosas que comparten y me parece muy interesante es que ganas un montón de tiempo en tu día a día. Ya no tienes que hacer la compra, ni pensar en qué vas a comer ni mucho menos gastar tiempo comiendo. Con ello ganas espacio para tu mente, quizá por eso hay retiros meditativos en los que el ayuno está presente. Aunque los primeros días solo escuchas a tu mente gritándote: ¡Tengo hambre!

HARA HACHI BU

Al menos antes de la pandemia, Okinawa ocupaba el puesto n.º 1 en las zonas azules del mundo. Es decir, en esta isla viven los campeones de la longevidad. Muchos de los reportajes que se han hecho sobre su dieta mencionan el «Hara hachi bu», un refrán que se traduce como «La barriga al ochenta por ciento».

La cultura tradicional okinawense no contempla la dieta, sino comer un poco menos del hambre que se tiene, detenerse cuando estás casi saciado. Cuando perciben que su estómago está ya al 80 %, en lugar de seguir e incluso superar el apetito que tienen, dejan de comer y *se guardan* un poco de hambre para la próxima comida. Tal vez sea este uno de los secretos de que este sea el lugar del mundo con más centenarios por cada mil habitantes.

Ahora veremos que no solo importa lo que se come, sino cuándo se come. Es lo que se denomina *crononutrición*.

Nuestro sistema digestivo tiene un reloj interno y, al igual que la vida exterior, se sincroniza a través de los ciclos de la luz. Si comemos a horas regulares, los órganos encargados de digerir y metabolizar la comida saben cuándo tienen que ponerse a trabajar.

La microbiota de la que hablamos antes, ese ejército de minúsculos ayudantes que nos ayudan a asimilar los alimentos, también necesita un horario, como los trabajadores en una fábrica. Si una persona empieza a desajustar sus horarios de comida, almorzando un día a las cinco de la tarde, cenando otro a medianoche o saltándose una ingesta por falta de tiempo, las bacterias intestinales dejarán de ser eficientes y se desequilibrarán.

Y el problema no acaba aquí. Cuando la microbiota va fuera de hora, también se desajustan los relojes internos del hígado, el riñón, el páncreas, etcétera. Las digestiones se hacen más pesadas y difíciles, el metabolismo se descompensa y lo pagamos con inflamación.

TIPS BÁSICOS DE CRONONUTRICIÓN

1. Sigue un horario regular de ingestas.
2. Concentra la mayor parte de las comidas en el horario solar.
3. Evita las cenas copiosas o con alimentos difíciles de digerir.
4. Deja como mínimo un margen de dos horas entre la cena y la hora de acostarte.

Es interesante observar que los ciclos circadianos de día y noche, que nos sirven para dormir, también son seguidos por la microbiota. Se ha calculado que las bacterias de nuestro intestino tienen ritmos de veinticuatro horas, con horarios preferenciales para realizar su trabajo. Por este motivo no digerimos igual de bien un almuerzo a la una de la tarde que si lo postergamos a las cuatro.

También hay alimentos preferidos por nuestra microbiota según el momento de la ingesta. Mientras que la fibra se digiere bien con el desayuno, aprovechando la abundancia de bacterias de los filos Firmicutes y Verrucomicrobia, los carbohidratos se asimilan mejor en la última comida del día, cuando las del grupo Bacteroidetes están más altas.

Se podrían escribir cientos de páginas sobre este universo que hay en nuestro sistema digestivo, y de hecho hay numerosos ensayos sobre el tema. Para lo que nos ocupa en este libro, solo hay que tener en cuenta que al cerebro le gustan la regularidad y los buenos hábitos.

Incluso si tienes sobrepeso y estás tratando de adelgazar, toma nota de que no siempre se engorda por la cantidad de alimento, sino también por comer a deshoras, cuando nuestro ejército digestivo está dormido. Y eso afecta también a nuestro estado de ánimo.

En un estudio muy reciente publicado en una de las mejores revistas de ciencia *(PNAS)* se vio que los trabajadores nocturnos que comen tanto de día como de noche tienen peor humor en comparación con aquellos que solo comen durante el día. De hecho, el 25-40 % de los trabajadores nocturnos padecen de ansiedad o depresión. Puede que el desajuste de sus ritmos circadianos esté pasando factura, así que esta estrategia (comer solo durante el día) puede ayudarlos favorablemente.

HIDRATACIÓN PARA TU CEREBRO

En el libro *Pon en forma tu cerebro*, la neurocientífica Raquel Marín señala que, por su alto contenido en agua, nuestro cerebro es extremadamente sensible a la deshidratación. Si no bebemos suficiente agua, en palabras de su autora, «Notaríamos sensación de mareos, vértigo, fatiga, cefaleas, cambios de humor, confusión, alteraciones del sueño y una pérdida generalizada de las facultades físicas y mentales. En los niños, la deshidratación transitoria se considera la causante de problemas temporales en el aprendizaje y la atención. Se solventa fácilmente acostumbrándolos a beber agua de manera regular».

Se calcula que un adulto necesita beber dos litros y medio de agua al día, un litro y medio de forma líquida y el resto en los alimentos. Por este motivo, si estás comiendo poco —tal vez porque sigues un ayuno— debes beber más agua que nunca.

SUPERALIMENTOS PARA TU CEREBRO

En mi primer libro, que antes he mencionado, dedico una sección a este tema, que resumiré aquí para completar lo que estamos abordando. Hagamos una lista de la compra con los alimentos que más le convienen a tu cerebro para tener buen rendimiento y un estado de ánimo positivo.

Hablamos de productos, naturales y de calidad, que contengan…

- Omega 3, el rey de los superalimentos para el cerebro.
- Magnesio para relajar el sistema nervioso y la musculatura.

- Cinc, también esencial para el buen funcionamiento del cerebro.

Estos tres últimos los encontramos en las pipas de calabaza, las almendras, los aguacates, las espinacas y las ostras.

- Alimentos de la familia de la vitamina B, que mejoran nuestra capacidad cognitiva y rebajan la ansiedad. Puedes encontrarlos en los frutos secos, las sardinas, las espinacas, los huevos, la avena, la soja y la fruta en general.
- Productos ricos en calcio, así como vitaminas C, D, E y K. La leche es rica en calcio, aunque no a todo el mundo le conviene y hay otras alternativas. Asimismo, las nueces tienen alto contenido en vitamina E, y el brócoli, en vitamina K.
- Alimentos con *colesterol bueno,* esencial para mantener las neuronas vivas y sanas. Lo encontramos en las aceitunas, el aguacate, los huevos, en el pescado azul o en el aceite de oliva.

En el libro hablaba también del cacao puro, las avellanas, las almendras, los arándanos o la cúrcuma como alimentos que favorecen la formación de nuevas neuronas y conexiones.

Concretamente, el cacao mejora la capacidad cerebral, la memoria, la concentración y el flujo de sangre en el cerebro. Es neuroprotector y antinflamatorio. Además, ya vimos que te hace sentir más contento y en calma. Se ha visto cómo reduce el estrés y la depresión.

Por supuesto, siempre con moderación, al igual que la cafeína presente en el café y el té, que nos facilita el aprendizaje en tareas de información pasiva, es decir, cuando no necesitamos memorizarlas.

Todos estos superalimentos (cacao, café y te) son poderosos antioxidantes (flavonoides) que ayudan a disminuir el riesgo de afecciones neurológicas.

Para terminar este capítulo, insisto en la importancia de que nuestra dieta sea lo más variada posible, no hace falta abusar de ningún producto en particular. Esto te ayudará a tener un cerebro bien alimentado, listo para vivir con energía y felicidad.

9

DORMIR PARA ESTAR DESPIERTOS

Todo lo que puede hacer por tu cerebro y por tu salud un buen sueño

Según la OMS, el 40% de la población mundial duerme mal o tiene algún trastorno del sueño. Si miramos nuestro país, en una encuesta recogida en 2019 por Ipsos con motivo del Día Mundial del Sueño, el 58% declaró que dormía mal. ¡Más de la mitad!

Sabemos que la pandemia no mejoró nada las cosas. Desde 2020 los casos de insomnio se incrementaron en un 20%. Personalmente me incluyo, pues fui víctima de ello durante ese periodo y hasta hace poco. Por eso, en especial, quiero que este capítulo sea de gran utilidad, no solo para descubrir todo lo que un buen descanso puede hacer por tu cerebro, sino también para darte herramientas, en caso de que no estés descansando bien, para que puedas mejorarlo en la medida de lo posible. ¿Quieres? ¡Pues viajemos por el mundo de los sueños!

Habrás escuchado más de mil veces que tenemos que dormir entre siete y ocho horas al día. Es cierto, aunque, como veremos, depende mucho de la etapa de la vida en la que estemos y de la calidad de nuestro sueño. También influyen nuestros ritmos circadianos, cómo es nuestra dieta, a qué hora hacemos ejercicio, el nivel de estrés que sentimos, cómo ha sido nuestro día, cómo cuidamos la higiene del sueño… e incluso de la importancia que le demos al hecho de dormir.

¿Por qué dormir bien es tan importante?

Cuando llevas varios días, incluso meses o años, sin dormir bien puedes llegar a pensar: «Dios, me voy a volver loca», «Uy, noto que mi cerebro no funciona bien», «¿Y si durmiendo tan mal me estoy destruyendo la salud?» o cosas así. Y es normal temer, porque el sueño ayuda a que muchos procesos del cuerpo se desarrollen de manera adecuada.

Para empezar, un buen sueño facilita que nuestro cerebro se regenere, que nuestros recuerdos se consoliden y nuestro aprendizaje y atención se vean mejorados. También es neuroprotector, nos ayuda a prevenir enfermedades neurodegenerativas como la demencia o el alzhéimer.

La ciencia ha comprobado que cuando se duerme menos de cinco horas varios días seguidos, además de la merma de atención, podemos llegar a generar recuerdos falsos. ¡Eso daría para un *thriller* de misterio!

Una de las funciones principales del sueño es limpiar los *desechos* cerebrales del día. De esta particular limpieza se encarga el llamado sistema glinfático (en analogía con el sistema linfático). Para ello, aumenta el caudal del fluido cerebral (líquido cefalorraquídeo) hasta setenta veces, como si se ensancharan las carreteras por donde este circula, eliminando de manera más eficaz las toxinas acumuladas. La falta de sueño hace que los residuos nocivos, como los depósitos de amiloide típicos del alzhéimer, no puedan limpiarse con tanta facilidad.

Dormir bien también ayuda a restaurar y regular de forma adecuada nuestro metabolismo, sistema inmunitario, endocrino, cardiovascular, muscular… En suma, el sueño facilita que nuestro cuerpo y cerebro funcionen correctamente. No es ningún secreto que las personas que no duermen bien tienen más riesgo de padecer problemas de corazón, infertilidad, obesidad o diabetes, entre otros.

Si no duermes suficiente, porque te privas a propósito de tu sueño, o si sufres insomnio, siento decírtelo tan directamente, pero: no dormir acorta la vida. Tal cual. Al menos así lo está demostrando la ciencia una y otra vez. ¡Ojo! Dormir demasiado tampoco la alarga ni es bueno. Dormir menos de cuatro horas o más de once cada noche reduce de manera patente la esperanza de vida.

Sueño y estado de ánimo

Por otra parte, dormir bien nos ayuda a tener una mejor gestión emocional, menos estrés y mejor humor. Ya debes de haber experimentado cómo una noche sin dormir bien hace que despiertes con cansancio e irritable.

Estudios realizados por el doctor Matthew Walker, neurocientífico del sueño, muestran que hay centros emocionales del cerebro como la amígdala y el núcleo estriado, asociados a la reactividad emocional y la recompensa, que se vuelven hiperactivos en personas que no duermen lo suficiente, mientras que la corteza prefrontal pierde actividad.

¿Qué significa esto en la práctica? Pues que no dormir te vuelve más impulsivo emocionalmente y fomenta que vayas en busca de los placeres instantáneos y te olvides de las recompensas a largo plazo. De ahí que, por ejemplo, las personas que duermen poco coman peor que el resto. Si a esto le sumas que, cuando duermes poco, tus hormonas del apetito (la grielina y la leptina) se desajustan y el metabolismo de la glucosa se desregula, ya tienes el cóctel perfecto para engordar y padecer de diabetes.

Dormir solo cuatro horas aumenta el apetito hasta un 24 % respecto a las personas que duermen ocho. El déficit de sueño también hace que recordemos más las emociones negativas que las positivas. ¡Otro punto a favor para no sentirnos culpables cuando se nos pegan las sábanas!

> **BUEN SUEÑO ES BUEN HUMOR**
>
> Según explica la neurocientífica Raquel Marín en su libro *Alimenta el sueño para un cerebro sano*, no dormir aumenta la reacción de la amígdala en un 60%, con lo que se pueden amplificar las reacciones negativas a este nivel. Por otro lado, la falta de descanso nos lleva a tomar decisiones erróneas y a multiplicar los conflictos con los demás.
>
> La buena noticia es que podemos estabilizar la amígdala durmiendo bien la noche siguiente. Por eso, las cosas se ven muy distintas después de una noche de descanso.

Quizá por esto las personas que sufren de insomnio acaban a menudo padeciendo depresión, mientras que tras una buena *consulta con la almohada*, los problemas nos parecen más leves y nuestra autoestima se ve mejorada.

¡Ya ves que dormir no es perder el tiempo, como muchos creen!

Neurociencia del sueño

El cerebro está activo mientras dormimos. Se calcula que al dormir consumimos un 15 % del total de kilocalorías diarias según la tasa metabólica de cada persona.

Las diferentes fases del sueño aparecen de manera consecutiva. De hecho, un ciclo completo formado por estas fases dura entre noventa y ciento veinte minutos. Una vez llegamos al final, terminado el primer ciclo volvemos a empezar.

En un periodo de siete y ocho horas realizamos un total de entre cuatro y cinco ciclos. A continuación explicaremos las diferentes fases del sueño y qué ocurre en el cerebro en cada una de ellas.

La arquitectura del sueño

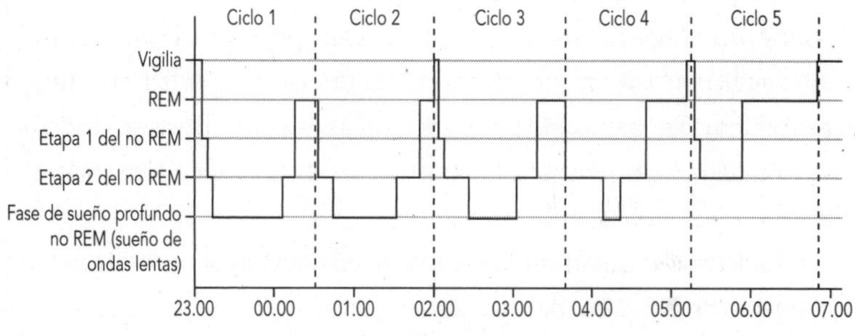

Por orden secuencial de aparición tenemos:

Fase de sueño ligero (no REM)

Para muchos, esta es una fase mágica, cuando nos sentimos adormilados y empezamos a fluir entre la vigilia y el sueño. Está compuesta a su vez por dos partes. En la primera, las ondas del cerebro comienzan a bajar, pasando a ser ondas tipo alfa y theta. En la segunda, la temperatura corporal desciende, la respiración se ralentiza y el patrón de actividad se vuelve un tanto irregular. En esta fase aparecen los llamados «husos» del sueño (potentes ráfagas de actividad), que nos ayudan a aislarnos del ruido externo.

Fase de sueño profundo (no REM)

Esta fase se puede descomponer también en dos. Aquí el sueño, como bien dice su nombre, es profundo. Llegamos a las ondas cerebrales más lentas que hay, las delta. En esta fase se repara la parte fisiológica del cuerpo. También es cuando se segrega la hormona de crecimiento y, para muchos científicos, es la fase en la que realmente descansamos.

A nivel neuronal se produce la consolidación de la memoria. Volviendo a los estudios del doctor Matthew Walker, el hipocampo, que se ocupa de la memoria a corto plazo (temporal y limitada), aprovecha la noche para traspasar los recuerdos importantes del día a nuestra corteza cerebral (largo plazo y mayor capacidad). Las ondas lentas de esta fase del sueño ayudan en este traslado de la memoria de corto a largo plazo.

En esta fase también se activa en el cerebro el «sistema de limpieza» del que hablamos antes.

Fase REM

Además de dar nombre a una mítica banda estadounidense de pop, esta fase es muy conocida porque, curiosamente, aunque tengamos el cuerpo dormido, nuestros ojos no paran de moverse (REM significa *Rapid Eyes Movement*) y nuestro cerebro muestra una actividad muy alta, como si estuviéramos despiertos (ondas alfa y beta).

Esta fase del ciclo resulta muy interesante porque es cuando principalmente se producen los sueños. Va adquiriendo mayor duración a medida que transcurre la noche. Este es el motivo por el que durante la madrugada tendemos a tener más sueños. Si te despiertas en esta fase, es muy probable que recuerdes qué estabas soñando.

Por otro lado, todo parece indicar que los sueños estimulan la creatividad. ¿Por qué? Pues porque se supone que en esta etapa del sueño la asociación entre informaciones se da a un nivel más amplio. ¿Sabías que cuando dejamos de dormir en los árboles y pasamos a dormir en el suelo aumentó esta fase del sueño?

Lo sabemos porque el resto de los primates presentan mucha menor cantidad de fase REM en comparación con los humanos. Puesto que esta fase promueve la creatividad y la inteligencia emocional, para muchos científicos/as esta parte del sueño es la que nos ha hecho evolucionar como especie.

Las regiones emocionales del cerebro, como la amígdala o la corteza cingulada, son hasta un 30 % más activas en esta fase que cuando estamos despiertos. Por otro lado, la corteza prefrontal se ve desactivada. Por eso, los sueños no tienen muchas veces sentido, porque la parte que controla el pensamiento racional está *fuera de servicio.*

Hay estudios que indican que en esta fase del sueño se consolida la memoria. ¡Qué lío! ¿No habíamos quedado en que la consolidación de la memoria ocurría en el sueño profundo no-REM? Pues depende de qué memoria hablemos.

Cuando se trata de memoria motora, por ejemplo, si aprendemos a tocar un instrumento o una coreografía, necesitamos del sueño REM para que estos aprendizajes se consoliden.

Además, se cree que el sueño REM nos ayuda a gestionar mejor nuestras emociones y sirve como terapia nocturna. Es algo que me encanta.

Y todo esto ocurre en unas dos horas del tiempo total en que dormimos y que se da mayoritariamente al final de la noche. Por eso, si dormimos pocas horas, lo estaremos perdiendo. Por ejemplo, si te vas a dormir tarde y acortas tu sueño a seis horas en vez de ocho, puede que te estés perdiendo el 70-90 % de tu balsámico sueño REM.

¿Para qué sirven los sueños?

Esta es una pregunta que los científicos se han planteado no pocas veces. Podría ser que los sueños no cumplieran ninguna función, y que fueran sencillamente consecuencia de los procesos que se dan durante el sueño REM (como un efecto colateral). O como otros sugieren, puede que los sueños ejerzan principalmente dos funciones:

1. Cuidar de nuestra gestión emocional.
2. Estimular la creatividad y resolución de problemas.

Los experimentos del doctor Stickgold, de la escuela médica de Harvard en Boston, han demostrado que los sueños no son una repetición de nuestras vidas de vigilia, pero sí hay una fuerte correlación entre los sueños que tenemos y las emociones que experimentamos durante el día.

Un estudio arrojó que entre el 35 % y el 55 % de las preocupaciones y emociones predominantes de la vigilia se manifiestan claramente en los sueños nocturnos. Y lo más interesante de todo: durante el sueño REM dejamos de liberar noradrenalina, responsable de la activación del sistema de lucha o huida. Por eso, muchos opinan que el sueño es terapéutico. ¿Quieres ahorrarte el psicólogo? Solución: ¡alarga tu sueño!

INSPIRACIONES ONÍRICAS

Muchos artistas y científicos aseguran haberse inspirado o resuelto problemas complicados gracias a soñar. Por ejemplo, el químico ruso Mendeléiev tuvo un sueño que inspiró la formulación de la tabla periódica. También la creación de canciones como *Yesterday* o *Let it be*, de Paul McCartney, fueron producto de un sueño según el compositor.

Los sueños han inspirado incluso novelas enteras, como fue el caso de la joven Mary Shelley, quien, tras vivir una inquietante pesadilla en el verano de 1816, al plasmarla en el papel dio nacimiento a su novela *Frankenstein*.

En un estudio del doctor Ullrich Wagner en la Universidad de Lübeck (Alemania) se enseñó a los participantes cientos de problemas que requerían de un atajo oculto para ser resueltos.

Algunos de los participantes, tras realizar las pruebas, se mantuvieron despiertos doce horas, mientras el resto durmieron ocho horas. Cuando volvieron a abordar el mismo tipo de problemas, solo el 20 % del primer grupo encontró una solución rápida, mientras que el 60 % de los que habían dormido dieron con el *eureka*. Resumiendo: la resolución creativa de problemas aumentó tres veces más gracias al sueño.

¿Qué significa tener un sueño de calidad?

Mi pareja y yo fuimos a hacernos un estudio del sueño. Él tiene problemas de sonambulismo y duerme intranquilo, mientras que yo caigo rendida en un segundo, pero me desvelo muy temprano. Él duerme aproximadamente ocho o nueve horas, mientras que yo cuando sufría insomnio apenas dormía unas cinco o seis horas. Pues bien, los resultados demostraron que yo tenía mejor calidad del sueño, aunque él estuviera más horas que yo en la cama.

Pasar por cada una de las fases el tiempo necesario es lo que hace que tu sueño sea de calidad, no importa tanto la cantidad. Por ejemplo, los humanos dormimos de tres a cinco horas menos que los primates, pero tenemos un sueño más eficiente. A lo largo de nuestra evolución, nuestro sueño también se ha visto optimizado: pasamos menos tiempo en las etapas de sueño ligero y más en las de sueño profundo. En principio, deberíamos pasar aproximadamente el 25 % del sueño en fase REM y el resto en fase no REM.

¿CÓMO SABER SI TU SUEÑO ES DE CALIDAD?

Para averiguarlo sin tener que hacerte un estudio, puedes responder a estas preguntas:

1. ¿Te levantas con mucho cansancio al despertar?
2. ¿Sientes sueño durante el día?
3. ¿Te notas irritable y con la cabeza en otro lado?

Si tu repuesta ha sido afirmativa a estas preguntas, entonces lo más seguro es que no estés descansando adecuadamente.

Se considera normal que al cabo de diez o quince minutos de estar levantada te sientas con ganas de hacer cosas, y que no tengas una necesidad imperiosa de dormir durante el día.

En condiciones saludables, el cerebro tarda unas dieciséis horas en producir el sueño.

¿Siesta sí o no?

Hay mucha polémica con este tema. Ciertos especialistas del sueño la recomiendan, mientras que otros creen que es contraproducente. Veremos que todo depende de cada caso.

Me hizo mucha gracia descubrir un día, mientras leía sobre el sueño, que la siesta viene de la palabra *sexta,* porque es aproximadamente a la sexta hora después de levantarnos cuando nos entra sueño, aunque los estudios demuestran que normalmente uno necesita descanso tras ocho horas de actividad.

La mayoría de los especialistas del sueño recomiendan dormir una siesta de entre veinte y treinta minutos, ya que es lo que suele durar la primera fase de sueño ligero. Si dormimos más rato, entraremos en sueño profundo y, si caes en esta última fase, lo más probable es que te levantes aturdida sin saber bien donde estás.

Sin embargo, esta recomendación es diferente en el caso de trabajadores nocturnos y para deportistas de élite. Estos pueden hacer siestas más largas para recuperarse mental y energéticamente y así reducir la fatiga muscular.

Según cálculos de la NASA, *la siesta ideal duraría veintiséis minutos.* Han comprobado que esta cantidad de sueño ayuda a los pilotos a reducir los errores en un 34 %, además de duplicar el nivel de alerta.

Aunque no seamos pilotos de naves espaciales, la mayoría de los estudios demuestran que, en las personas jóvenes y sanas, una breve siesta al mediodía ayuda a asentar la memoria y facilita el aprendizaje, además de promover el bienestar emocional.

Para ello, insisto, es importante no excederse. Es decir, si te levantas de la siesta sintiéndote aturdida o *grogui,* es que la siesta se te ha ido de las manos.

¿Tendríamos que dormir del tirón?

No está claro si el ser humano es bifásico o no, es decir, si necesita dormir en dos *tandas.* Aquellos que apuestan por un sueño bifásico creen que tiene más sentido dormir de noche y la siesta del mediodía (no en otro momento de la jornada). Echar una cabezadita después de las cuatro de la tarde puede crear desajustes en el sueño nocturno.

Muchos especialistas del sueño concluyen que si no eres sestera habitual, tampoco hace falta esforzarse en implantar esta práctica, y si lo eres y te sienta bien, sigue con ella. Puro sentido común.

La calidad de tu día condiciona la calidad de tu noche

Alguien que padece insomnio se obsesiona con la noche sin tener en cuenta que el día es igual o más importante. Dependiendo de cómo sea tu día, así será tu noche.

El sueño viene regulado por lo que llamamos ritmos circadianos y por la presión del sueño. Hablaremos sobre los ritmos circadianos más adelante, empecemos por la presión del sueño.

Mientras estás leyendo este libro, una sustancia química llamada adenosina se está acumulando en tu cerebro. Con cada minuto que estés despierto, continuará aumentando. Cuanto más cansancio acumulo, más adenosina libero en mi cerebro. Cuanto mayores sean los niveles de adenosina, más sueño siento. Si durante el día hago mucha actividad física y mental sin echar una cabezadita ni tomar estimulantes, el aumento progresivo de los niveles de adenosina conseguirá que por la noche sienta el peso del sueño. En cambio, si me paso el día sentada, relajada, sin moverme, sin esforzarme mentalmente, entonces generaré menos adenosina y no tendré tanto sueño. La *presión del sueño* llega a su punto álgido al final de la jornada. ¿Sabes ese momento en el que quizá estás viendo la tele, hablando o leyendo y te entra de repente mucho sueño? Es la presión de sueño que ha abierto la llamada *ventana del sueño*.

A la mayoría de la gente eso le sucede tras estar despierta entre doce y dieciséis horas. Ese momento es clave. Aprovéchalo. A veces ocurre que, si dejas pasar la ventana del sueño, tu cerebro se vuelve a activar, te desvelas y cuesta mucho más cogerlo de nuevo.

OJO CON LA CAFEÍNA

La cafeína compite con la adenosina por el privilegio de aferrarse a los sitios encargados de recibir la adenosina en el cerebro, también conocidos como receptores. Esto puede producir un desequilibrio por las razones que ahora veremos.

Cuando tomas un café, un té, una bebida energética o chocolate, por citar algunos estimulantes, a los treinta minutos la sangre presenta su nivel máximo de cafeína, que se mantendrá en el cuerpo entre cinco y siete horas. La ingesta de estimulantes a lo largo del día es responsable de que muchas personas no logren dormir bien por la noche.

¿Por qué, entonces, hay personas que pueden tomar un *espresso* por la noche y duermen como bebés? Pues seguramente porque tienen en el hígado una enzima más eficiente que degrada muy rápido la cafeína y la elimina del torrente sanguíneo.

En todo caso, los expertos en higiene del sueño no recomiendan tomar café ni otros estimulantes a partir de las cuatro de la tarde.

¿Qué sucede con toda la adenosina una vez que te duermes?

En el sueño, el cerebro puede eliminar rápidamente la adenosina acumulada a lo largo de la jornada. Esta se vacía del todo tras ocho horas de buen sueño, cuando deberíamos despertarnos de manera natural.

Por otro lado, si me paso con la actividad, aumenta mi estrés y acabo viviendo *como pollo sin cabeza*, yendo de un sitio a otro y de un pensamiento a otro, lo más seguro es que esté liberando más cortisol (hormona del estrés) de la cuenta.

El cortisol se libera de modo natural en mayor proporción por la mañana. Si lo produzco a deshora, estaré sentenciando mi sueño, ya que me sentiré activa, aunque mis niveles de adenosina me digan lo contrario. Si vivo de manera relajada, el cortisol estará bien regulado. Por eso es importante rebajar el ritmo a partir de la tarde y dejar que el sueño llegue de forma natural.

El problema es que a veces no descansamos ni un minuto en todo el día. Trabajamos hasta tarde, hacemos ejercicio, quedamos con alguien, llenamos la agenda de actividades. Entonces llegas a casa reventada, y cocina, ordena un poco, cuida de tus seres queridos... Acabas a las tantas tirándote al sofá. Enchufas la tele y miras algo que muy probablemente te mantenga en tensión (¡qué difícil es encontrar una serie relajada!). Intentas quizá aprovechar tu vida hasta el último segundo, y no está mal. Pero, claro, luego quieres quedarte dormida en un santiamén. Pues lo siento, pero si vives al límite, seguramente tu sistema nervioso esté hiperactivo y, como es lógico, tu sueño tardará en llegar o se verá devaluado.

En este sentido, incluir en tu día unos minutos para meditar o relajar puede ayudarte muchísimo a dormir mejor.

Hablemos sobre los ritmos circadianos

Si nos comparamos con las personas de hace un par de siglos, en materia de sueño salimos perdiendo. En aquellos tiempos, un agricultor se levantaba con los primeros rayos de sol, cuidaba de su huerto o de su establo, trabajaba moviendo el cuerpo, comía, hacía una siesta y volvía a trabajar un rato más hasta que la luz del sol se ponía; entonces se reunía con familiares y amigos a la luz de la luna para acabar de celebrar el día. ¡Qué fácil era en aquella época acompasar el sueño con la luz y la oscuridad natural!

Ahora, con la luz artificial y viviendo en un mundo globalizado e interconectado, que no para quieto las veinticuatro horas del día, los siete días de la semana, con un móvil al lado que no deja de emitir notificaciones, dime tú cómo debe de andar nuestro cerebro.

Hay una frase que escuché un día y que me encantó: «El cerebro está programado para un mundo que ya no existe». En parte, así es. Aunque no está todo perdido, si somos capaces de hacer pequeños cambios para acercarnos lo más posible a lo que el cuerpo nos pide de forma natural.

Los circadianos son ritmos naturales del organismo que duran aproximadamente veinticuatro horas, de ahí su nombre (*circo* = cerca + *diano* = día). El más conocido y principal es el ciclo de sueño y vigilia que, como veremos, es guiado principalmente por la luz-oscuridad, es decir, por la melatonina.

Los niveles de cortisol siguen el ritmo contrario a los de la melatonina: cuando la melatonina baja, el cortisol sube, y al revés. Cuando comienza a amanecer, los niveles de cortisol empiezan a subir. Su pico más alto se da a media mañana y por la tarde disminuyen de forma progresiva. Por el contrario, la melatonina sube durante el crepúsculo, su momento cumbre ocurre entre las dos y las cuatro de la madrugada, y con los primeros rayos de sol inicia su descenso.

Aunque parezca sorprendente, existen otras hormonas, constantes vitales, órganos... que varían a lo largo de un día. Por ejemplo, la temperatura corporal, la fuerza muscular o la actividad de hormonas como el cortisol o la testosterona. Observar en qué momentos del día tengo más fuerza, por ejemplo, me ayudará a mejorar mi rendimiento físico para ir en sintonía con mi cuerpo.

La cronobiología se encarga de estudiar todo esto. Estos ritmos son regulados por un reloj biológico principal que tenemos dentro del cerebro y que ayuda a sincronizar al resto. Ese reloj es el que regula el sueño y la vigilia, y se encuentra concretamente en el hipotálamo.

Ya hemos hablado antes de esta área del cerebro. Sabemos que participa en muchas funciones básicas, como la respiración, el apetito, la temperatura corporal o el sueño. Este reloj interno está formado por un grupo de unas veinte mil neuronas que forman una estructura llamada núcleo supraquiasmático.

Hay muchos factores que *dan cuerda* a este reloj biológico principal para que el ciclo sueño-vigilia se produzca de forma adecuada. El principal es la luz. Dependiendo de la longitud de onda que reciben nuestros ojos, sabremos si está amaneciendo o atardeciendo, si es de día o de noche. Esta luz entra por la retina y llega hasta nuestro cerebro, en concreto a la glándula pineal.

En esta glándula es donde se segrega la melatonina. Cuando es de día y la longitud de onda es azul, no se produce melatonina, pero en cuanto empieza a caer la noche y la luz anaranjada llega a nuestros ojos, la glándula pineal se pone manos a la obra. Los niveles de melatonina tienen su pico más alto a mitad de la noche (hacia las cuatro de la madrugada y van bajando progresivamente hasta que la luz azulada nos hace saber que es de día y se detiene la producción de melatonina.

Exponerse a la luz del sol quince o veinte minutos por la mañana o al mediodía sería lo recomendable para que el cerebro entienda que es de día.

Al anochecer, si estamos en casa con las luces encendidas, lo mejor sería que estas fueran anaranjadas para *engañar* a nuestro cerebro, haciéndole creer que el sol se está poniendo. Si, por el contrario, antes de irte a dormir estás mirando Netflix o trasteando el móvil con la pantalla pegada a tu rostro, con luz azulada entrando por tus retinas, es muy probable que tu cerebro ande perdido y te cueste más coger el sueño.

Además de la luz del día, nuestro reloj biológico también se guía por las horas de comida, ejercicio o incluso por la interacción social, si esta es regular. Esto permite también a las personas invidentes mantener su ciclo circadiano, siempre que tengan unos hábitos bien asentados.

La temperatura como Zeitgeber

Cualquier señal o rutina que sirva para poner el reloj *en hora* se llama *Zeitgeber*, que en alemán se traduciría como *que da el tiempo*. Y la temperatura corporal es otra de ellas. Al inicio del día, esta ronda los 37 °C, llegando a su pico hacia la primera hora de la tarde, lo cual permite que el organismo funcione a su máxima potencia. Luego va disminuyendo de manera paulatina a medida que se acerca nuestra hora habitual de acostarnos. Su punto más bajo es de un grado menos y se da aproximadamente dos horas después del inicio del sueño.

La temperatura es esencial para conciliar el sueño. Es importante que baje cuando nos acostamos. Por eso nos cuesta más dormir si hace mucho calor en la habitación.

Este grado de diferencia que *se pierde* a nivel interno se disipa a través de las extremidades. Si duermes con calcetines, puede que el calor no se disipe y la temperatura interna no llegue a reducirse, con lo que te costará conciliar el sueño.

Lo curioso es que este cambio de temperatura no depende de si estás dormido o no, sigue su propio ciclo gracias al núcleo supraquiasmático.

Ejercicio físico y sueño

Otro factor que nos ayuda a poner el reloj en hora es el ejercicio físico. Existe un momento del día en el que tenemos más fuerza muscular y mejor resistencia física, además de velocidad y flexibilidad. Este pico suele darse por la tarde de dieciséis a veinte horas. Justo a las horas en las que también se eleva nuestra temperatura corporal.

No es casualidad que los equipos de fútbol suelan jugar por la tarde, siendo también una parte del día que se elige a menudo para batir récords de atletismo. Esto sirve para el deporte de competición, pero el ejercicio para mantenernos en forma, que requiere más coordinación, atención y resistencia física, es mejor realizarlo por la mañana, idealmente hacia las once.

Por la noche es mejor no realizar ejercicio intenso si quieres acostarte seguidamente. Es desaconsejable practicarlo menos de dos o tres horas antes de irte a dormir. Piensa que el ejercicio físico intenso aumenta la frecuencia cardiaca, eleva la temperatura corporal y los niveles de adrenalina y noradrenalina, con lo cual te irás a la cama como una moto.

El único ejercicio recomendable para el buen sueño, y que puedes practicar incluso entre sábanas, es el sexo. Según la neurocientífica Raquel Marín, a quien ya hemos mencionado, el orgasmo —tanto en pareja como a través de la masturbación— aumenta la somnolencia entre un 50% y un 60%. El sexo solitario puede incluso ser un remedio para, tras un despertar nocturno, volver a conciliar el sueño. Está bien tenerlo en cuenta, ¿no crees?

Nutrición y descanso

Para segregarse, la melatonina necesita del triptófano que podemos encontrar en diferentes alimentos, como ya hemos visto. Además, muchos científicos creen que el triptófano mezclado con la vitamina B6 consigue convertirse en serotonina. Y la serotonina es la precursora de la melatonina. ¡Bingo! Por lo tanto, los alimentos ricos en triptófano aumentan la melatonina y nos ayudan a conciliar mejor el sueño. ¿Dónde encontramos estos alimentos? Principalmente en el pescado azul (salmón, atún, sardinas, anchoas...), plátanos, huevos, marisco, lácteos, carne de pollo o de pavo, verduras (brócoli, espinacas, zanahoria...).

También hay alimentos que directamente contienen melatonina. *Yes!* Si quieres dormir como un bebé, te recomiendo que los incorpores también a tu dieta. Algunos de ellos son las cerezas, las nueces, la avena, el arroz, el tomate...

¿Y lo del vaso de leche? ¿Mito o realidad? Pues me sabe mal decirte que aún no se puede contestar a esta pregunta de forma concluyente. No hay evidencia científica clara que diga que la leche caliente va bien como inductora del sueño. Sí que hubo un estudio muy gracioso que mostró que aquellas vacas ordeñadas de noche producían una leche con aporte mayor de serotonina que las ordeñadas de día.

También nos ayudará a mejorar el sueño incorporar a nuestra dieta alimentos ricos en vitaminas B, cinc y magnesio. Y puestos a pedir, si puedes incorporar más ácidos grasos omega 3 a tu dieta, mejor que mejor.

La vitamina B favorecerá los procesos de fabricación de la serotonina y, por tanto, de la melatonina. En la tabla siguiente se muestran algunos de estos alimentos, así como los ricos en cinc, magnesio y omega 3, que hacen que la fatiga, el cansancio y el estrés disminuyan para poder entrar en el sueño sin tensión.

	Dónde encontrarlos (ejemplos)
Magnesio (Para el metabolismo y la comunicación neuronal, reduce la ansiedad y los calambres musculares)	**Frutos secos** (pipas de calabaza, de girasol, almendras, piñones, anacardos, avellanas) **Legumbres** (alubias, lentejas) **Verduras** (acelgas, espinacas) **Semillas** (de sésamo, de lino) **Especias y hierbas aromáticas** (albahaca, comino, eneldo, orégano, menta, perejil) **Plátano**
Triptófano (Para fabricar la serotonina y la melatonina, mejoran el estado anímico, ayudan a conciliar el sueño y reducen la ansiedad)	**Cereales** (trigo, avena, maíz, cebada, sorgo, centeno, espelta) **Frutos secos y semillas** (almendras, cacahuetes, castañas, pipas de calabaza, anacardos, semillas de sésamo, pipas de girasol, fenogreco, amaranto) **Carnes** (pollo, buey, vaca, cordero) **Pescados** (atún, salmón, caballa, sardina, boquerón) **Frutas** (plátano, piña, kiwi, ciruela, melón, higo, pomelo)
Ácido glutámico (Para fabricar el GABA, relajante y conciliador del sueño)	**Carnes magras** (de aves como pollo, pavo, de cerdo y de conejo) **Huevos** **Semillas de sésamo** **Quesos** (frescos y curados) **Pescados** (bacalao, rape, salmón)
Vitamina B6 o piridoxina (Para los procesos metabólicos del cerebro y fabricación de la serotonina y la melatonina)	**Especias** (pimentón, albahaca, laurel, eneldo, orégano, azafrán) **Cereales** (trigo, maíz, avena, espelta) **Pescados y productos del mar** (salmón, boquerón, algas)
Vitamina B12 o cobalamina (Para fabricar la serotonina y la melatonina)	**Carnes magras** **Huevos** **Productos del mar** (pescados azules, huevas de pescado, mariscos, pulpo)
Carbohidratos de asimilación lenta (Para conciliar y prolongar el sueño)	**Arroz integral**

Fuente: Cuadro adaptado del libro *Pon en forma tu cerebro*, Raquel Marín, Roca Editorial, 2019.

Algunos alimentos comunes que contienen melatonina	
Alimento	**Cantidad de melatonina por gramo de producto (de mayor a menor cantidad)**
Setas salvajes (agaricus, pleitrotus, boletus, cantarela)	1.000-6.000 ng/g
Pistachos	220-230 ng/g
Arroz rojo	200 ng/g

Algunos alimentos comunes que contienen melatonina	
Alimento	**Cantidad de melatonina por gramo de producto (de mayor a menor cantidad)**
Semillas de mostaza	120-200 ng/g
Trigo	125 ng/g
Cebada	82 ng/g
Semillas de fenugreco	43 ng/g
Almendras	39 ng/g
Arroz basmati	39 ng/g
Semillas de girasol	29 ng/g
Semillas de hinojo	28 ng/g
Arándanos	25-90 ng/g
Leche de vaca	15 ng/g

Fuente: Cuadro adaptado del libro *Alimenta el sueño para un cerebro sano*, Raquel Marín, Roca Editorial, 2022.

Para la cena evita comer alimentos crudos o de difícil digestión. Mejor si puedes cocinarlos al vapor, hervidos o a la plancha. *Sorry*, pero nada de fritos, ni exceso de sal u otros condimentos. Lo que queremos es que el estómago a esas horas trabaje lo menos posible.

En cuanto a la cantidad, la ciencia —y el sentido común— nos dicen que no conviene acostarse con el estómago demasiado lleno o hambriento, porque podría hacernos despertar.

LOS ENEMIGOS DEL SUEÑO

Aquí va una lista de alimentos desaconsejados sobre todo por la tarde-noche:

- *Café, té, colas.* La absorción de cafeína varía de una persona a otra, pero normalmente requiere de unas siete u ocho horas. La cafeína engaña al cerebro bloqueando los receptores de adenosina. Por eso te hace sentir que no estás cansado.

- *Bebidas energéticas*. Además de poco saludables, activan el sistema nervioso.
- *Comidas muy especiadas y saladas*. También son estimulantes para el sistema nervioso.
- *Alimentos diuréticos*: ajo, apio, col, remolacha, jengibre, alcachofa, espárrago, perejil, menta o hierbabuena, cilantro, sandía, melón, melocotón, piña, arándano, limón, etcétera. Tomados a la hora de cenar, pueden hacer que te levantes a mitad de la noche para ir al lavabo.
- *Bebidas alcohólicas*. Facilitan que te duermas por su efecto GABA en el cerebro, pero te desvelarás al cabo de pocas horas, con lo que empeora la calidad de tu sueño.
- *Dulces y repostería*. Nos aportan un chute energético nada amigo del sueño.
- *Chocolate*. Es saludable en dosis pequeñas, pero al contener teofilina y cafeína resulta estimulante.
- *Alimentos crudos*. Son de difícil digestión por la noche.
- *Embutidos, carnes rojas y alimentos con grasas saturadas*: mantequillas, quesos grasos, etcétera. Todos ellos son de difícil digestión por la noche.
- *Tabaco*. No es alimento, pero, en todo caso, aunque parezca que relaje, en realidad es estimulante.

Crononutrición y sueño

Comer siempre a las mismas horas también facilita que nuestro cerebro entienda cuándo es de día y cuándo de noche. De hecho, el funcionamiento del sistema digestivo varía a lo largo del día. La microbiota, ese grupo de microorganismos —principalmente bacterias— que nos ayudan a realizar una buena digestión y nos defienden de microorganismos dañinos, también sigue un ritmo circadiano propio.

Por eso mismo, es importante mantener un horario regular de comidas, de modo que la microbiota sepa cuándo debe ponerse a trabajar. Según lo que ahora se denomina *crononutrición*, alguien que no come siempre a las mismas horas y que acaba picando a cada momento, tendrá más tendencia al sobrepeso y la fatiga física, mental y emocional.

Según el doctor Eduard Estivill, para el buen funcionamiento del reloj interno, el desayuno debería ser a las ocho, el almuerzo a la una y la cena a las ocho de la noche, como muy tarde a las nueve. Y lo mejor sería realizar un ayuno natural de noche de once a doce horas.

¿Cuál es tu cronotipo?

Estos rangos horarios de los que estamos hablando pueden variar según tu cronotipo, un tema que veremos a continuación. Todo lo comentado hasta ahora es útil para el cronotipo «intermedio», estándar, que suele levantarse sobre las ocho de la mañana fresco como una rosa y le entra el sueño a eso de las once de la noche.

Si eres de despertarte muy temprano (entre las cinco o las seis de la mañana) con mucha energía, tu cronotipo es matutino: *alondra*. Tu reloj interno va algo adelantado, así que para ti el mejor momento para hacer ejercicio intenso sería al mediodía y el horario de tus comidas mejor adelantarlo una o dos horas. Por ejemplo, el momento del desayuno tendría que ser sobre las siete en vez de a las ocho.

Si eres de despertarte tarde (sobre las diez u once de la mañana) y tardas un buen rato en activarte, tu cronotipo es vespertino: *búho*. Tu reloj interno va retrasado. Por consiguiente, te irá mejor hacer ejercicio hacia al atardecer, y puedes desplazar las horas de las comidas un poquito más tarde.

Según las estadísticas, el 25 % de las personas son alondras, otro 25 % son búhos, mientras que el 50 % tienen cronotipo intermedio. Ser búho o alondra de adulto está muy determinado por la genética.

Está muy bien saberlo para poder seguir los ritmos internos del cuerpo, y así ganar en salud y eficiencia.

Cultura y horarios saludables

Una vez conocemos los horarios más adecuados para nosotros, la pregunta es si la cultura en la que vivimos nos ayuda a cumplirlos. En España, por ejemplo, donde la vida social suele empezar al salir de trabajar, sobre las siete de la tarde, tranquilamente puedes llegar a las nueve de la noche a casa, te preparas la cena, comes, descansas un momento en el sofá, miras tu serie favorita y... ¡uy! ¿Ya es medianoche? ¡Y mañana hay que madrugar para estar a las ocho en el trabajo! Somos una de las sociedades que padece más privación de sueño. De acuerdo con las estimaciones del doctor Estivill, comparados con el resto de los europeos, dormimos cuarenta minutos menos.

El problema es que aquí nos parece normal comer a las dos o tres de la tarde y cenar a las nueve y las diez de la noche. En Europa del norte, en cambio, e incluso países mediterráneos como Italia, cuidan mucho mejor los ritmos circadianos. La gente suele comer sobre las doce de mediodía, y cenar en torno a las siete de la tarde, con lo que tienen tiempo de hacer bien la digestión y de dormir sin problema sus siete u ocho horas.

Siempre nos quedará el finde, ¿verdad? Pues siento decirte que si pensabas en *ganar* sueño descansando el finde, olvídate. La falta de sueño no se recupera en uno o dos días, no se compensan las horas perdidas. De acuerdo con varios estudios, se necesita un tercio más de descanso nocturno cuando previamente no se ha dormido lo suficiente.

Sé que no es tarea fácil adaptarse a los ciclos circadianos del cuerpo, más si eres del cronotipo matutino o vespertino. Para estos casos existen trucos para *volverte* un poco más cronotipo del tipo intermedio.

AJUSTES SEGÚN LOS CRONOTIPOS

SI ERES ALONDRA (MATUTINA):

1. Exponte lo máximo que puedas al sol por la tarde (si puede ser cuando está atardeciendo, mejor). Puedes mantener a la tarde-noche las luces artificiales encendidas hasta dos horas antes de acostarte. A partir de ese momento enciende solo luces «anaranjadas», cálidas.
2. Retrasa un poco la hora de tus comidas.
3. Haz ejercicio intenso por la tarde, entre las seis y las ocho.

SI ERES BÚHO (VESPERTINO):

1. Exponte lo máximo que puedas al sol por la mañana (si puede ser cuando amanece, mejor) y por la tarde-noche procura tener todas las luces artificiales apagadas o poner solo luces «anaranjadas», cálidas.
2. Adelanta un poco la hora de tus comidas.
3. Deja de utilizar pantallas (también las de los móviles) después de las nueve de la noche. Mejor leer en papel a partir de esa hora.
4. Haz ejercicio intenso antes de las cinco de la tarde. Si puede ser por la mañana-mediodía, mejor.

Todo lo que estamos viendo es para que el cerebro entienda cuándo es de día y cuándo es de noche, de modo que tu reloj circadiano pueda acercarse más al cronotipo intermedio.

Quien lo tiene más difícil para salir de su cronotipo son los búhos. Por eso suelen padecer más *cronodisrupción*. Aparte, son los más *castigados* por una sociedad que premia a las alondras. Quizá el rendimiento laboral de los vespertinos por la mañana es peor, o parece que madrugar les dé pereza. Sin embargo, el problema estriba en que se levantan tarde por cómo está cableado su ADN. No es una culpa consciente, sino su destino genético. Los búhos a menudo se ven obligados a forzar su reloj natural y, por tanto, son más proclives a sufrir enfermedades relacionadas con la falta de sueño, incluidas la depresión, la ansiedad, la diabetes, el cáncer, el ataque cardiaco y los accidentes cerebrovasculares.

Por otro lado, recientemente ha habido mucho *boom* con el despertarse pronto para ser más productivo, así que las alondras aún están mejor vistas. Libros como el de Robin Sharma, *El Club de las 5 de la mañana*, que invita a despertarse a las cinco de la mañana para hacer un montón de cosas, o el de Kevin Kruse, que recalca que la mayoría de la gente que tiene éxito es de este cronotipo, refuerzan esta visión.

A nivel personal, como alondra que soy, siento que despertar de madrugada tiene algo especial. Sabes que la mayoría de las personas duermen, y eso te transmite un silencio y una calma mental difíciles de conseguir durante del día. También me encanta la sensación de que tú vas por encima del día y no es el día el que puede contigo.

Acerca de eso, decía el filósofo Richard Whately: «Pierde una hora por la mañana y la estarás buscando todo el día».

Muchas alondras exitosas comentan que ese tiempo de silencio lo utilizan para organizarse bien el día, aclarar ideas o incluso para practicar deporte. Doy fe. Aunque no todo es tan bonito como parece, porque también es cierto que, si madrugas tanto, después de comer, al menos a mí, me viene un bajón considerable y caigo rendida. Si contabilizo el número de horas en que soy realmente productiva, estoy segura de que serán las mismas que las cualquier otro cronotipo, lo que pasa es que están repartidas de manera diferente.

¿Por qué existen estas diferencias genéticas? Una teoría interesante es que en el pasado, cuando vivíamos a la intemperie rodeados de peligros, siempre había personas que debían quedarse en vela para proteger al grupo. De ahí, quizá, que, con el tiempo, de forma natural, empezaran a existir diferentes cronotipos.

Sueño y edad

A medida que nos hacemos mayores, nuestro reloj interno tiende a adelantarse. Es lo que se llama *avance de la fase de sueño*: nos volvemos más alondras. Por eso la gente mayor tiende a despertarse muy temprano y a acostarse pronto (unas dos horas antes de lo normal).

Por otro lado, a una edad avanzada la necesidad de sueño es menor y hay más despertares durante la noche. No se sabe bien si esto es debido al cambio del ritmo circadiano o porque se produce una cronodisrupción. La gente mayor realiza menos actividad de tarde-noche, hacen más siestas durante el día, se mueven menos, les toca menos el sol por la tarde... Este cambio en el estilo de vida puede llevar a que el sueño se adelante aún más.

Por el contrario, durante la adolescencia muchos chavales padecen lo que se llama *retraso del sueño*: se vuelven más búhos. Los niveles de melatonina se ven reducidos y se desplaza el momento máximo de melatonina hacia muy entrada la noche. No tienen sueño hasta tarde (dos o tres de la madrugada) y les cuesta muchísimo levantarse pronto para ir a la escuela. Con la privación de sueño acaban rindiendo mucho menos. Es por eso por lo que algunos especialistas del sueño reclaman que el horario escolar empiece más tarde.

Claro que el horario más idóneo para los estudiantes no lo es para los docentes o para la familia. Después de lo visto hasta aquí, lo mejor para los adolescentes sería empezar una hora más tarde el cole, y hacerlo con actividad física, para que poco a poco el cerebro vaya despertando. Con eso se conseguiría que, cuando se sienten en la silla, puedan absorber bien todo lo que se les enseña.

Muchos padres riñen a sus hijos por este tema. Se creen que no quieren dormir por la noche porque prefieren hablar con sus amigos por el móvil. Qué sepáis, mamis y papis, que es natural que les entre sueño más tarde. Por supuesto, como ya hemos visto, la luz de las pantallas antes de ir a dormir o una vez acostados no ayuda precisamente a coger el sueño.

¿Y qué pasa con los bebés? Muchas de mis amigas mamis lo están pasando fatal con este tema. Y es que las estructuras que dirigen los ritmos circadianos en el cerebro no se forman hasta que el bebé tiene entre dos y cuatro meses. De ahí que su cerebro no entienda cuándo es de día y cuándo es de noche, cuándo hay que comer y cuándo no.

El bebé duerme de unas dieciséis a veinte horas al día. A los seis meses es cuando, en principio, ya están sus ritmos circadianos consolidados. Si el bebé sigue durmiendo *mal,* puede ser debido a causas externas que no están dejando que se regulen bien estos ritmos.

Durante los primeros meses del bebé, este se inicia con sueño REM. Por eso, si miras a un bebé que acaba de quedarse dormido verás cómo se le mueven los ojos por debajo de los párpados todo el tiempo. A partir de los tres meses, el niño/a empieza a sumergirse también en la fase no REM, igual que los adultos.

Los niños en edad escolar necesitan dormir entre nueve y once horas, y los adolescentes, unas nueve o diez horas. De adultos, dormir entre siete y ocho horas es perfecto.

Excepcionalmente hay quienes no necesitan dormir ocho horas. Esta diversidad depende de un gen (BHLHE41), pero el número de personas que muestran este gen es ínfimo. Así que siento decirte que si duermes poco y piensas que no pasa nada, no creo que sea por tu ADN.

EL SUEÑO DE LAS MUJERES

Las hormonas sexuales también condicionan nuestro sueño. En concreto se ha visto que una semana antes de la menstruación es cuando las mujeres tienden a dormir peor. Durante el embarazo, el sueño también se ve alterado. En el primer trimestre las embarazadas suelen tener más somnolencia, mientras que al final del embarazo el sueño se vuelve complicado por las limitaciones en la postura.

Durante la perimenopausia se reducen los niveles de estrógenos y progesterona, lo que facilita el insomnio y los despertares nocturnos. La menopausia, por ejemplo, limita la reducción de la temperatura que facilita el sueño profundo, lo cual supone un obstáculo más.

INSOMNIO: ¿QUÉ ES LO QUE NOS QUITA EL SUEÑO?

Mucha gente entiende equivocadamente que padecer insomnio es no poder dormir en toda la noche, y no tiene por qué ser así. En realidad, padecemos insomnio cuando no disfrutamos de un sueño de calidad.

El insomnio clásico que la mayoría de las personas conocen es el de *insomnio de inicio o de conciliación*. Es decir, cuando hay dificultades para quedarse dormido. Muchas personas a las que les cuesta iniciar el sueño acaban utilizando la televisión, meditaciones o algún sonido de fondo para poder relajarse y dormir.

Después está el *insomnio de despertar precoz*, el que yo he sufrido durante dos o tres años. Caía rendida a la cama en un santiamén, pero al cabo de cuatro o cinco horas me despertaba de repente muy activa y ya no podía pegar ojo de nuevo.

Por último, está el *insomnio de mantenimiento del sueño* o dificultad para permanecer dormido/a. Es cuando te despiertas a mitad de la noche, pasas un rato en vela y luego te vuelves a quedar dormido. Puedes tener varios despertares nocturnos que te hagan tener un sueño de mala calidad.

Estos tres tipos de insomnio pueden aparecer en la misma persona, alternándose por temporadas, o en una misma noche tal vez se dé más de uno a la vez. Cuando llevas más de tres meses con algún tipo de insomnio, se considera que padeces *insomnio crónico*.

La primera vez que el doctor me llamó insomne, me pareció un insulto, pero, como hemos visto, así se llama a las personas que llevan más de tres meses sufriendo insomnio.

En general, hay el doble de insomnio en mujeres que en hombres, y sobre todo empieza en la edad adulta. Asimismo, el perfil de quienes normalmente sufren insomnio son personas que tienden a preocuparse por todo, personas autoexigentes, controladoras y/o perfeccionistas. Este tipo de perfiles tienden a sufrir ansiedad y, cómo ya sabrás, el estrés no es muy buen amigo del sueño.

Sonambulismo

Cuando era pequeña, a mi hermana le daba miedo dormir conmigo por la de veces que me levantaba de la cama sonámbula o hablaba sin sentido en mitad de la noche. Pensaba, ¡qué exagerada! Ahora la entiendo mejor que nunca.

Ferran, mi pareja, casi a sus cuarenta años sigue siendo sonámbulo (yo por suerte dejé de serlo hace años) y los sustos que he pasado con él dan para escribir otro libro.

Por poner un par de ejemplos graciosos, me ha pasado más de una vez el estar plácidamente dormida y despertarme de golpe porque me ha robado la almohada (obviamente sin darse cuenta), o despertarme a golpes porque intenta tirarme de la cama (un día lo consiguió). Aun así, la vez que más me asustó fue una noche en la que empezó a gritar como un loco diciendo que había alguien delante de nosotros. Al final, menos mal que se trataba del ropero.

La gente suele pensar que los episodios de las personas sonámbulas suceden durante el sueño REM, cuando realizan específicamente lo soñado. Pero no. El sonambulismo parece estar causado por un aumento súbito de la actividad nerviosa en el cerebro durante el sueño profundo. Esta *descarga eléctrica* hace que el cerebro salga del no REM profundo camino a la vigilia, pero se queda bloqueado en un punto intermedio. Por eso se dice que los sonámbulos no están ni despiertos ni dormidos. ¿Dónde estarán exactamente? No se sabe. Igual que no se sabe cómo subsanar estos casos. No existe ningún remedio para ello, más que tomar melatonina o antidepresivos como le recomendaron hacer a mi pareja. Él se decantó por la melatonina, pero ya te digo yo que no hace milagros con este tipo de trastorno.

Insomnio por estrés, ansiedad y/o depresión

Cuando no se duerme bien, muchas veces se debe a que no estamos siguiendo una buena higiene del sueño, como veremos enseguida, pero también puede ser que la causa tenga un origen más emocional.

Si durante el día vivimos estresados, ansiosos o preocupados, lo más probable es que estemos liberando mucho cortisol. Como hemos visto, el cortisol necesita estar bajo en el momento de acostarnos, y aumenta de forma natural durante la madrugada, llegando a su pico más alto hacia el mediodía.

No obstante, si vivimos con el cortisol por las nubes, eso significará que en el momento de irnos a la cama los niveles seguirán altos y, por lo tanto, nos costará mucho dormirnos (*insomnio de conciliación*) o tendremos muchos despertares nocturnos (*insomnio de mantenimiento*). A su vez, dormir poco hace aumentar el cortisol, es la serpiente que se muerde la cola. O lo que se denomina *círculo vicioso del insomnio*. En estos casos lo mejor es decirse a uno mismo: «si hoy no duermes bien no se acaba el mundo, ya lo has vivido otras veces. Seguro que mañana por la noche dormirás como un bebé».

Como hemos visto, también puede suceder que, tras dormir unas cuatro o cinco horas en las que el cuerpo y la mente más o menos han descansado, despiertes y no puedas volver a dormir *(insomnio de despertar precoz)*. Cuando esto ocurre, normalmente se debe a una falta de serotonina. Aunque creo que también puede darse por un exceso de dopamina, un exceso de motivación e ilusión por conseguir hacer todo lo que te propones. Al menos esta es la teoría que tengo tras haberlo vivido, y debo decir que se complementa bien con el desgaste de serotonina (muchas veces una subida de dopamina provoca una bajada de serotonina).

¿Falta de serotonina? Sí, la serotonina sabemos que es un neurotransmisor precursor de la melatonina. Cuando una persona padece de depresión o está agotada (por ejemplo, sufre de *burn out* o trabaja demasiado), seguramente sus niveles de serotonina son bajos y no producirá suficiente melatonina para mantener el sueño.

Como concluye el doctor Matthew Walker en su libro *Por qué dormimos*: «El insomnio es en realidad un trastorno a tiempo completo: un trastorno tanto nocturno como diurno».

Si durante el día mantienes tu cortisol a niveles bajos y la serotonina a niveles altos, tienes el cóctel perfecto para garantizarte un buen sueño. Al mitigar el estrés, reducimos el cortisol, mientras que la serotonina la producimos cuando hacemos algo que nos gusta, como escuchar nuestra canción favorita o darnos un masaje.

Cuando una lleva tiempo sufriendo insomnio, además, puede que se active la ansiedad por no poder dormir. Es muy típico caer en el *no lograré pegar ojo. Y si no duermo bien esta noche, mañana no rendiré y será horrible.* Pensamientos de este estilo promueven el miedo, hacen que tu amígdala se active, que liberes cortisol y, en consecuencia, te acabes despertando porque las preocupaciones activan el cerebro. Es parecido a lo que en psicología se llama profecía autocumplida.

Lo mismo pasa si a medianoche me despierto y empiezo a preocuparme por cosas que tengo que hacer. Activaré mi cerebro, mi temperatura interna aumentará, y esto hará que me cueste conciliar el sueño de nuevo. Aparte, súmale el hecho de que cuando estamos dormidos o medio dormidos, nuestra corteza prefrontal, la que pone juicio y razón al asunto, está también medio dormida. Por eso, muchos temores, preocupaciones y obsesiones se amplifican y no hay nadie que los ponga a raya.

Muchos especialistas del sueño recomiendan que en esos casos te levantes y hagas cualquier otra cosa. Puedes coger un cuaderno (déjalo al lado de tu cama) y apuntar ahí la preocupación que tengas para *trabajarla* al día siguiente. Y si ves que la emoción te sigue impidiendo dormir, entonces mejor ve al sofá y haz algo relajante, como realizar alguna meditación guiada o leer un libro. Prueba a volver a la cama a los veinte minutos para recordarle al cerebro que en realidad es hora de dormir.

Sacar a la luz todo lo que nos preocupa nos liberará muchísimo. Normalmente, la terapia cognitiva conductual ayuda en este proceso de aprender a aceptar y gestionar de forma adecuada las emociones que no nos permiten dormir bien.

Muchas veces estas preocupaciones tratan de temas pendientes del día o de situaciones en las que tal vez aún no hemos decidido cómo actuar, y el cerebro puede interpretarlo como problemas que requieren de solución urgente.

Aunque sea una preocupación del tipo *¿Mañana me irá bien la presentación que tengo en la empresa?*, el cerebro, como buen buscador de respuestas qué es, intenta obtener una ya, encontrar recursos y así prepararse como es debido para esa situación. El cerebro, de entrada, odia la incertidumbre. Por eso es importante aprender a ser flexibles y soltar el control, de modo que las preocupaciones mundanas no nos roben el sueño.

Personalmente, lo que a mí me ha ido muy bien es enfocarme durante el día a disfrutar de las cosas que me gusta hacer. No dejar que el malestar de no dormir bien invada mis pensamientos durante la jornada, ni que estos condicionen mi día. Trato de llevar la vida más normal posible, enseñándole a mi cerebro que la realidad está compuesta de muchas cosas que me hacen feliz y que puedo seguir haciendo mis actividades como siempre.

Si te paras a pensar, dormir es una función fisiológica que hacemos de forma natural, que el cuerpo necesita hacer para llegar a la homeostasis, al equilibrio interno. Ahí está la gracia y la desgracia. No puedes hacer nada para controlar tu sueño. Es más, para que aparezca, paradójicamente tienes que *dejar de hacer,* dejar que Morfeo venga por él solo, sin forzarlo.

Aunque esto te suene raro, te aconsejo incluso que sueltes la intención *de no hacer nada*. A veces, cuando estás de los nervios y te dices a ti mismo que deberías relajarte, acaba siendo contraproducente. Estás de nuevo forzando. La verdadera relajación aparece cuando no hay tensión. Por eso, si sueltas incluso la intención de querer relajarte, algo se destensará de manera natural dentro de ti y lograrás hacerlo de verdad.

Si te encuentras en este proceso, te doy muchos ánimos. Sé que es duro. Aunque también existe un gran aprendizaje detrás, por mucho que en el momento cueste verlo.

Insomnio por cronodisrupción

Algunos problemas del sueño se arreglan ajustando de nuevo los relojes circadianos del cuerpo, de los que ya hemos hablado. El típico problema de cronodisrupción se puede dar por el *jet lag* o por trabajos en turnos rotatorios o nocturnos.

Estoy convencida de que cuando se asuma todo lo que conlleva dormir mal, según qué trabajos dejarán de existir o se establecerán otras condiciones. De momento se ha visto que las personas con trabajos nocturnos duermen menos horas (unas seis) y de peor calidad. Quienes se ven obligados a dormir de día presentan una mayor predisposición a trastornos en el ánimo, digestivos, cardiovasculares y del sistema inmunitario.

Uno de los consejos que se les da a estas personas es que utilicen gafas de sol al salir de trabajar, para que la melatonina pueda producirse. Asimismo, que utilicen tapones y antifaz para dormir. Y que compensen la privación de sueño con una siesta larga (una hora y media).

20 TIPS PARA UNA BUENA HIGIENE DEL SUEÑO

1. Intenta durante el día recibir al menos dos horas de luz solar. No hace falta exponerse directamente al sol del mediodía, el de primera hora de la mañana sirve. También sirve acercarte a las ventanas para que te de la claridad.
2. Realiza al menos treinta minutos de ejercicio al día.
3. Evita la cafeína y otros excitantes a partir de las seis de la tarde.
4. Intenta no aumentar tu actividad mental antes de irte a dormir. Todo aquello que veas que te estimula retíralo al menos dos horas antes de irte a la cama.
5. Apunta aquello que te preocupa o tus quehaceres en una libreta. Así sentirás que todo está bajo control.
6. Puedes establecer incluso un *worry time* en tu agenda, un tiempo en el que te des permiso para preocuparte de las cosas para luego cerrar la sesión.
7. La práctica de la meditación activa las ondas alfa y theta, así como el sistema nervioso parasimpático, ayudando a dormir mejor. También sirven las técnicas de respiración profunda, relajaciones guiadas como las de yoga nidra o la relajación muscular progresiva de Jacobson.
8. Desconecta de las pantallas un par de horas antes de acostarte.
9. La habitación donde duermas debe ser silenciosa, si no siempre puedes utilizar tapones.
10. Mantén oscura la habitación. Utiliza un antifaz si es necesario.
11. El colchón y la almohada deben ser los adecuados para el buen descanso.
12. Utiliza la cama solo para dormir. Bueno, también puedes leer en papel un libro tranquilo antes de acostarte.

13. La postura ideal para dormir es la cabeza de lado sobre la almohada, ya que favorece el trabajo del sistema glinfático (el de limpieza de la *basura cerebral*).
14. Procura levantarte e irte a dormir siempre a la misma hora (con un margen de media hora). Si eres insomne, levántate siempre a la misma hora, da igual cómo haya ido la noche.
15. Duerme con el móvil apagado o en otra habitación, para no tentarte a mirar la hora o que la iluminación de una actualización o mensaje pueda despertarte. Ponlo en modo *no molestar.*
16. La temperatura de la habitación debería rondar los 18-22 °C. Y vigila que esté bien ventilada.
17. Mejor utilizar un despertador lumínico (simula el amanecer y/o atardecer) que cualquier otro tipo de alarma.
18. Acuéstate en el momento en que se abre la *ventana del sueño.* Este es el momento ideal.
19. Si al cabo de veinte minutos no has logrado dormirte, levántate, haz algo relajado y vuelve a intentarlo cuando te entre el sueño (mejor no estar por estar en la cama, dando vueltas sin parar, para que el cerebro asocie la cama con el descanso).
20. Si te gustan los pódcast y quieres saber más sobre el tema del sueño, te recomiendo el de Jana Fernández.

¿Qué me tomo?

Muchos especialistas del sueño recomiendan empezar con sustancias naturales para regularlo. Si la cosa se complica, solo entonces acostumbran a recetar fármacos hipnóticos.

Las sustancias naturales más recomendadas son un suplemento de triptófano o de melatonina una hora antes de acostarnos. También tomar infusiones o pastillas de hierbas como la valeriana o la pasiflora un par de horas antes puede inducir el sueño.

Cuando los remedios naturales no bastan, el problema de la medicación farmacológica es que, al ser retirada, se produce el temido efecto rebote y reaparece el insomnio. Ante esto, la gente se asusta y, como no tolera dormir mal, vuelven a caer en las pastillas. Muchas personas se quedan enganchadas de por vida, sin pensar en todos los efectos secundarios nocivos que tienen para su cerebro.

Aunque sea bajo prescripción médica, no se recomienda tomar fármacos para el insomnio más allá de cuatro semanas, porque son adictivos y tienen importantes efectos secundarios a largo plazo. Un estudio llevado a cabo por el doctor Daniel Kripke concluyó que quienes toman pastillas para dormir de forma diaria aumentan 4,6 veces el riesgo de morir, en un plazo de dos años y medio, respecto a quienes no las toman.

Una razón más para que este tipo de tratamiento, cuando es indispensable, sea puntual.

Hay que aceptar que durante la retirada de la medicación habrá un momento de transición en el que el sueño se verá alterado. ¡Que no cunda el pánico! Después volverá a normalizarse. Confía.

Sueños lúcidos: viaje con nosotros

Tras hablar de cosas a veces desesperantes como el insomnio y sus remedios, acabaremos con un tipo de sueño que despierta nuestra imaginación: los sueños lúcidos.

Se trata de aquellos episodios oníricos en los cuales, aunque sea por unos breves instantes, la persona se da cuenta de que está soñando y, sin llegar a despertarse, goza de conciencia y de cierta autonomía dentro del sueño.

En ese especial estado, puedes moverte a tus anchas por los paisajes y situaciones que te presenta tu inconsciente, por lo que algunos terapeutas opinan que los sueños lúcidos son una oportunidad para afrontar miedos o para explorar deseos inconfesados.

Aunque este es un terreno abierto a nivel científico, todo apunta a que realmente se pueden tener sueños lúcidos. Los especialistas en sueños lúcidos son capaces de comunicarse con los investigadores durante la fase REM gracias al parpadeo deliberado de sus ojos. Por ejemplo, avisan al investigador de que harán tres movimientos oculares hacia la izquierda cuando empiece a controlar su propio sueño, y sorprendentemente así lo llegan a demostrar una y otra vez.

Si te apetece probar, que sepas que los especialistas en sueños lúcidos nos aportan un par de consejos para facilitar este singular estado:

- *Cuidar la higiene del sueño.* Para aspirar a la lucidez, primero hay que dormir bien y así soñar. Obvio. Puedes aplicar todo lo aprendido en este capítulo.
- *Llevar un diario de sueños.* Ten un cuaderno en la mesita de noche para este fin. Por la mañana, al despertar, puede que te vengan imágenes o escenas de lo último que has soñado. Eso te ayudará, por ejemplo, a darte cuenta de que en los sueños se producen ciertos errores que nos permiten reconocerlos: las cosas y lugares son distintos a como son en la vigilia, o tal vez las personas se comportan de modo distinto. Darnos cuenta de eso dentro de un episodio onírico puede desatar la lucidez.

Y, aunque no es exactamente un sueño lúcido, hablando de experiencias raras, o quizá no tan raras, no podemos dejar de mencionar la famosa parálisis del sueño, en la que te despiertas, pero tu cuerpo no responde. Y digo no tan raras porque se estima que le ocurre a una de cada cuatro personas (aunque confieso que por suerte nunca lo he experimentado). Aquí tu corteza cerebral motora está activa enviándole señales a tu cuerpo, pero no puedes hablar, abrir los ojos ni moverte de la cama hasta pasado un rato. Si te sucede, no tienes que preocuparte, aunque sé que crea mucha angustia. Lo que pasa es que se produce un desajuste en tu cerebro al salir del sueño REM (en el que estás inmóvil físicamente, y solo tus ojos pueden moverse) y tardas un poco en recobrar el movimiento consciente.

Sean lúcidos o no nuestros sueños, el psiquiatra Carl Gustav Jung decía que al soñar entramos en la mansión de nuestro inconsciente y tenemos ocasión de abrir puertas que están cerradas para ver qué estancias secretas hay detrás.

Esta experiencia fascinante nos es regalada, una noche tras otra, por el privilegio de soñar. Una razón más para dar importancia y buen cuidado al tercio de nuestra vida que dedicamos a dormir, ¿no crees?

10
EL CEREBRO EXITOSO Y CREATIVO

Cómo hallar un equilibrio entre el flow *y el descanso para hacer las cosas bien y disfrutar*

Discutiendo con un amigo acerca del título de este capítulo, me preocupaba transmitir la idea equivocada de que el éxito solo se consigue en el ámbito laboral. Creo que ha hecho mucho daño la idea de que el éxito depende del estatus profesional, del poder adquisitivo o de tener un gran ejército de *followers* en alguna red social.

Cada persona tiene su propia definición de éxito. Para mí es vivir en calma, disfrutando de todo lo que hago (no solo en el trabajo) y compartiendo desde el amor.

Por supuesto, la profesión es algo importante para realizarnos en la vida, aunque no sea lo único. Por eso, en este capítulo veremos cómo ser más productivos en el ámbito laboral (o en cualquier cosa que hagamos), pero de manera consciente y sana, disfrutando del camino y potenciando nuestra creatividad.

No me gusta ver el cerebro como una industria que hay que optimizar, basada en hacer, hacer y hacer... Así nos va, que el *burn out* se ha convertido en una de las principales causas de ansiedad. ¡No somos máquinas! Y, aspirar a hacerlo todo rápido, bien controlado y perfecto es una trampa.

Tampoco nos centraremos en la plasticidad neuronal, en crear nuevas conexiones gracias a seguir aprendiendo ni en ejercicios para estimular la memoria o la concentración. Para eso ya existen manuales especializados. Sin duda, trabajar el cerebro aumenta nuestro rendimiento y disminuye el riesgo de padecer demencia o enfermedades neurodegenerativas como el alzhéimer.

Todo eso está muy bien, pero no quiero ir por ahí.

En este capítulo me gustaría hablar de qué pasa en el cerebro cuando estamos haciendo algo (puede ser el trabajo) con muchísimas ganas, llenos de alegría y motivación, y cómo ello nos permite ser más eficientes. Es decir, cómo podemos entrar en ese estado en el que estamos tan absortos con lo que hacemos, que el tiempo pasa rapidísimo y nos olvidamos de todo lo demás.

¿Te suena lo del estado de *flow*? ¿Quieres saber más sobre este estado? ¿Quieres saber cómo puedes conseguir realizar tu trabajo (o proyectos) desde este estado que despierta la creatividad, la productividad y te llena de gozo? Entonces sigue leyendo.

EL MAYOR ESTUDIO CIENTÍFICO SOBRE LA FELICIDAD

Recientemente se han publicado los resultados de la investigación más prolongada de la historia sobre el tema. La lleva pilotando la Universidad de Harvard desde 1939 bajo el título *The Harvard Study of Adult Development* y ha continuado hasta nuestros días.

Este estudio, que lleva ya ochenta y tres años de desarrollo, busca responder a una pregunta tan simple como difícil: **¿Qué nos hace felices?** Para ello, los investigadores siguieron la vida de miles de ciudadanos —mayormente, hombres blancos de Boston— desde la juventud hasta su muerte para conocer sus motivaciones, su carrera laboral y sus relaciones.

Algunos se arruinaron o fracasaron en sus profesiones, otros triunfaron; hubo quienes tuvieron una salud de hierro, mientras que otros padecieron largas enfermedades.

Robert Waldinger y Mark Schulz han publicado un libro exhaustivo, tras cotejarse todos estos datos, para llegar a saber, con base en una amplia estadística, qué nos hace felices. Se llama *Una buena vida* y en él nos traslada la conclusión sobre cuál es el factor n.° 1 para experimentar eso tan difícil de definir que denominamos felicidad.

Si quieres saber la respuesta, tendrás que leer hasta el final del capítulo.

El estado de flow

Desde que escuché esta palabra, popularizada por el profesor de psicología Mihály Csíkszentmihályi en su libro así titulado, algo en mí resonó y quise saber más. Una de mis virtudes —y a la vez quizá uno de mis defectos— es el alto grado de concentración que puedo tener cuando estoy haciendo algo.

Recuerdo de pequeña leer en el metro y sentir que toda la gente a mi alrededor se desvanecía, mientras que mi hermana, que estaba sentada a mi lado, se distraía con todo lo que pasaba. Mis padres a veces se enfadaban conmigo, porque era capaz de estar en un restaurante absorta con mi libro sin enterarme absolutamente de nada, y otras veces me alababan justo por esta cualidad.

Cuando me gusta algo, me es muy fácil poner toda la atención. Me sumerjo en ello como si no existiera nada más en ese momento. Me olvido de todo, incluso de mí misma y de mis necesidades básicas. El tiempo desaparece, y no sé si han pasado segundos, minutos u horas. Solo sé que permanecer en ese estado me encanta, lo disfruto, y me siento feliz y realizada. El acto en sí mismo ya es mi propia recompensa. Esto es lo que se conoce como estado de *flow*. ¿Lo has sentido alguna vez?

En su libro *Flow*, el doctor Csíkszentmihályi describe ese estado mental como de rendimiento óptimo del cerebro. Al parecer, cuando una persona se encuentra ahí, su productividad puede mejorar hasta un 500 %. En este estado cerebral de eficiencia máxima uno es capaz de hacer posible lo imposible, como dice Steven Kotler, exfundador del Flow Research Collective.

Antes, el *flow* se vinculaba sobre todo con el mundo del arte y del deporte. Tal vez porque lo vemos de manera muy clara en algunos músicos, bailarines, pintores, atletas… cuando están entregados a su actividad por completo.

Si se les pregunta qué sienten en ese momento, te dirán que se han sumergido en un estado en el que ellos mismos y todo su alrededor desaparece y donde se funden con aquello que están haciendo. Puro *flow*.

Pero ¿sabes lo bueno? Pues que esto no solo les pasa a los artistas, sino que cualquier persona puede entrar en ese estado mientras está haciendo algo. Supongo que ahora pensarás: ¿Cómo puedo entrar en él? ¿Cuándo se da este estado? ¿Qué pasa en el cerebro cuando entramos en *flow*? ¿Qué podemos hacer para potenciarlo?

Primero déjame que te diga que hay diferentes grados de intensidad. Puedes estar totalmente sumergido en este estado o tener microestados de *fluir*, como se traduce en español. Con independencia de la intensidad, entrar en ese estado alternativo del cerebro es penetrar en un mundo paralelo donde la motivación, el gozo, la creatividad y la eficiencia en lo que hacemos lo impregna todo. Ahora lo veremos.

Las nueve dimensiones del 'flow'

En su libro, Csíkszentmihályi describe las nueve dimensiones que caracterizan este estado:

1. *Equilibrio entre habilidad y reto.* Para poder fluir con una actividad, esta no debe ser demasiado fácil (nos aburriríamos) ni demasiado difícil (podemos desmotivarnos o incluso bloquearnos).
2. *Acción y pensamiento van juntos.* Nos absorbe de tal manera que no nos vemos como algo externo a la actividad, sino que nos fundimos con ella.
3. *El objetivo es claro.* No hay ambigüedad al entrar en ese estado. Todas nuestras energías —físicas y mentales— se dirigen a una sola meta.
4. *La concentración es total.* No hay pensamientos que nos distraen mientras realizamos la tarea, porque estamos completamente absorbidos por ella.
5. *Sensación de control.* Un gran pianista o un deportista de élite, por poner solo dos ejemplos, sentirán en todo momento que están *al mando,* y por lo tanto tienen la certeza de que todo saldrá bien.
6. *Pérdida de la autoconciencia.* Mejoramos nuestro rendimiento porque no prestamos atención a los pensamientos negativos y a las dudas. El diálogo interior se apaga, con lo que estamos completamente presentes.
7. *Se altera la percepción del tiempo.* El tiempo vuela, con lo que podemos haber estado una hora haciendo algo y lo percibimos como si hubiera pasado un minuto.
8. *Experiencia autotélica.* Esta palabreja se compone de los términos griegos *auto* (uno mismo) y *telos* (objetivo). Significa que en esta clase de estado encontramos la recompensa en eso mismo que estamos haciendo.

9. *Feedback constante*. En todo momento, la persona sabe cómo ajustar la manera en la que ejecuta la actividad. De algún modo tiene el conocimiento de si su actuación está siendo óptima o no. Esto le permite irse readaptando a la situación.

Estas nueve dimensiones nos ayudan a reconocer el estado de *flow* que potencia tanto nuestras habilidades físicas como las cognitivas. Asimismo, aumenta nuestra fuerza y resistencia, optimiza la reacción muscular, disminuye el dolor y mitiga el cansancio físico. A nivel cognitivo, aumenta la motivación, la productividad, la creatividad, la innovación, las ganas de aprender, la memoria, la empatía e incluso la cooperación y la colaboración con los demás.

La cuestión es: ¿por qué nuestro cerebro ha evolucionado para que podamos entrar en ese estado? Según explica Steven Kotler, cuando el ser humano empezó a sentirse seguro y relajado se puso a innovar, a crear nuevos recursos que mejorasen o preservasen por mucho más tiempo lo que necesitaba para vivir. Una vez se ha conseguido cubrir las necesidades básicas, uno puede pasar a un estado en el que la mente descubre nuevas posibilidades. Cuando no estamos estresados, con ansiedad, sino que vivimos abiertos al mundo, confiando, con buen humor, entramos en ese estado de exploración y productividad máxima. Uno de los ingredientes claves para ello es estar motivados, ¡pero no de cualquier manera!

El cerebro motivado

Cuando vivimos en *modo supervivencia*, nuestras acciones se guían por objetivos externos. Una vez cubiertas las necesidades básicas, podemos escuchar aquello que nos motiva de manera intrínseca, lo que nace de una curiosidad interior. La curiosidad lleva a la pasión, a la motivación.

Como ya comenté en el capítulo 2, cuando estamos motivados o deseamos algo, el principal neurotransmisor que se libera es la dopamina. Esta, como vimos, reduce las distracciones (el ruido externo), y hace que podamos prestar más atención al contenido que nos interesa (la señal). Es, por lo tanto, un neurotransmisor clave para el aprendizaje y para la memoria. Recuerda que, gracias a la liberación de dopamina, aquello que hacemos o el lugar donde estamos se queda más fuertemente registrado en nuestro cerebro.

Si algo nos gusta especialmente, el cerebro lo graba a fuego para poder volverlo a hacer en un futuro.

El disfrute en sí que sentimos cuando nos encontramos inmersos en el *flow*, sin embargo, no está producido por la liberación de dopamina, sino por opioides endógenos como las endorfinas, y por endocanabinoides como la anandamida.

Cuando se libera en el cerebro, sentimos una placentera alegría interior. Esta neuroquímica nos relaja y hace que nuestro estrés se vea reducido. Por eso, en estado de *flow* no se siente el estrés ni existe el miedo. Tienes la sensación de que haces lo que haces porque te apetece.

Cuando esto ocurre mientras trabajas, puedes llegar a pensar: me están pagando por algo que haría gratis, lo cual responde a uno de los ideales pronunciados por Confucio: «Elige un trabajo que te guste y no tendrás que trabajar ni un día en tu vida».

¡Ojalá toda persona pudiera sentir este gozo y pasión por todo lo que hace!

En ese estado de placentera actividad estamos relajados y a la vez atentos, gracias a la producción de noradrenalina, indispensable para que aumente nuestra concentración, aprendizaje, interés y ganas de hacer cosas.

Según el neurocientífico de origen estonio Jaak Panksepp, existen siete sistemas motivacionales, pero, de todos ellos, los dos que nos interesan aquí son:

1. *Curiosidad y búsqueda*. Es el *drive* de los científicos, de los artistas revolucionarios, de los emprendedores e innovadores que nunca se conforman. La persona se mueve para cubrir ese anhelo, yendo siempre más allá para hallar la satisfacción.
2. *Juego y sociabilización*. Si observamos a cualquier mamífero, es muy propio de ellos aprender jugando. A través del juego aprendemos, nos divertimos, pero también nos conectamos a los demás. Es un campo de pruebas donde podemos desplegar el ensayo y error.

¿Cómo empieza la motivación entonces? Desde la curiosidad. Al ver el mundo como lo hace un niño, todo cobra sentido y nos motivamos. La curiosidad está soportada por la dopamina y la noradrenalina. Cuanto más se libera, más pasión siento por aquello que me interesa.

De hecho, recuerda que la combinación de noradrenalina con dopamina se da en altas dosis cuando nos enamoramos de alguien, cuando nos obsesionamos por la persona que nos interesa. Por lo tanto, cuando escuchas a alguien decir *estoy enamorada de lo que hago* quizá no sea solo una metáfora.

A mí me sucede muchas veces. Soy tan apasionada y tengo tanta capacidad de concentración que me pierdo con aquello que hago. Me hace mucha gracia, porque, por un lado, a mi pareja le gusta verme motivada, disfrutando, pero a veces también se enfada o se encela, porque siente que me olvido de él, que no le escucho cuando me habla (de lo absorbida que estoy en lo mío) o que llego tarde cuando hemos quedado, porque trabajando no me he dado cuenta de la hora.

Me gusta pensar que son los típicos rasgos que relacionamos con el tópico del científico despistado o el genio loco y creativo.

Lo que no le he confesado a mi compañero es que esto es un círculo vicioso: cuanto más actúo desde la pasión, más quiero hacer aquello que me apasiona. Los *culpables*, como vimos, son la dopamina y la noradrenalina.

Propósito, flexibilidad y maestría

Si hablamos de pasión, también tenemos que hablar de propósito: el deseo de que lo que estamos haciendo tenga un sentido, aporte valor y sirva para algo. Como vimos en el capítulo 2, tener un propósito influye en nuestro cerebro: hace que el miedo se reduzca, la activación de la amígdala disminuye, mengua el estrés y el cortisol, a la vez que aumenta la oxitocina, con lo que nos sentimos confiados y en calma.

Cuando tenemos un propósito en la vida, se reduce el volumen del córtex temporal medial, es decir, nuestra forma de percibir el mundo nos cambia. Aparte, como ya comenté en su momento, la ínsula aumenta su tamaño, lo cual puede estar vinculado a sentirnos menos tristes y con una mayor sensación de bienestar.

Al tener un propósito, la atención deja de estar tan centrada en uno mismo y se dirige más hacia los otros. Este cambio hace que el diálogo rumiativo interior se reduzca, disminuyendo el riesgo de padecer ansiedad y depresión, a la vez que crece la red atencional ejecutiva que te permite estar concentrada, focalizada en aquello que estás realizando. Esto hace que sea fácil sumergirte en estado de *flow*, y esta es la causa de que se relacione a menudo con el propósito. Sin embargo, hay algo más.

Cuando trabajamos, también necesitamos sentir que tenemos flexibilidad, no solo horaria, sino también para desarrollar nuestras propias ideas e inventivas. Por ejemplo, cuando Google dejó que los empleados trabajasen de forma autónoma el 20 % de su tiempo, aumentaron en un 50 % la generación de productos. Como ya mencionamos anteriormente, aplicaciones como Gmail, Google Maps o Google Earth fueron creadas dentro de este tiempo de trabajo autónomo. ¡Para que veas!

Poder hacer lo que a uno le gusta incrementa los neurotransmisores de placer, con lo que el estrés disminuye y se fomenta la productividad y el rendimiento.

Por último, también es importante la maestría. Dicen que la práctica hace la perfección. La teoría de Ericson, popularizada por el periodista Malcom Gladwell en su *Fuera de serie*, afirmaba que son necesarias diez mil horas de práctica para pasar de ser estudiante a maestro. Esta teoría quedó obsoleta cuando se vio que en la mayoría de los casos se necesitan más horas, y en otros casos (más especiales) menos. Sean las que sean las horas que se necesite, el deseo de mejorar, de ganar en maestría, es un gran potenciador para que no te quedes estancado y puedas salir adelante.

¿Y qué es lo contrario al *flow*? Según Csíkszentmihályi, cuando las variables de la curiosidad, la pasión, el propósito, la autonomía y la maestría no están bien alineadas, en vez de entrar en *flow*, pasamos a un estado de ansiedad.

La importancia de tener una dirección clara

Saber hacia dónde nos dirigimos es clave para mantener la motivación. Una vez está eso claro, trocear el camino en pequeños pasos y crear límites nos ayuda a entrar en *flow*.

Para obtener éxito cuando empiezo a trabajar en algo, necesito primero tener definidos los objetivos. El cerebro es *control freak*: le encanta predecir qué pasará después y cuánta energía debe invertir. Si tiene claro el foco, no perderá energía en otras cosas ni divagará, porque la mente ya sabe lo que tiene que hacer.

En cambio, si mi misión es inconcreta, me invadirá la sensación de andar perdida. La incertidumbre puede incluso llegar a paralizarme.

El objetivo tiene que ser desafiante y a la vez alcanzable, como vimos en las dimensiones del *flow*, ya que de otro modo la frustración estará asegurada.

HAZ UNA *TO-DO LIST*

Te aconsejo que hagas una *to-do list* con miniobjetivos diarios. Esto le chifla al cerebro. Marcar *checks* en una lista de tareas nos encanta. Cada *check* es un subidón de dopamina (¡misión cumplida!), un chute de motivación y de concentración.

Tener objetivos predeterminados hará, además, que disminuya la carga cognitiva (se libera espacio mental) y el ruido (se obvia más fácilmente la información que no sirve).

Lograr de manera diaria estos pequeños objetivos conseguirá que te sientas (y seas) una persona productiva y eficiente, que camina hacia el lugar deseado.

Sobre el ejercicio de las listas que acabamos de ver, si no quieres perder tu salud mental, mi primera recomendación es que ajustes bien tu número de objetivos diarios.

Parece una chorrada, pero acabar el día sintiendo que no hemos conseguido hacer todo lo propuesto puede causarnos mucha frustración. A mí me llevó mucho tiempo descubrir cuántos *to-do* puedo hacer en un día. Al principio, con toda la emoción e impaciencia, me ponía un montón de cosas para hacer y acababa el día desgastada tras haber trabajado sin parar. La novatada clásica de la emprendedora. Por suerte, ya aprendí la lección.

Mi segunda recomendación es que aprendas a tomarte descansos. A veces nos cuesta parar. Nos sentimos culpables si lo hacemos. En España, por ejemplo, es muy típico quedarse horas de más en el trabajo. Muchas veces solo para calentar el asiento y hacer ver que se está trabajando. ¿Qué pasa ahí? ¿No sería mejor dedicar menos horas al trabajo, pero alcanzar tus objetivos e irte para casa a descansar?

La magia del descanso activo

El descanso es necesario para la salud y para nuestro rendimiento físico y mental. Si quieres que tu negocio, tu proyecto o cualquier trabajo que hagas sea realmente sostenible en el tiempo, necesitas, sí o sí, descansar.

En el pasado, el ser humano trabajaba dos o tres horas (cazando, recolectando...) y el resto del día descansaba. Igual hacen los animales. Lo puedes comprobar si tienes una mascota en casa. Reposa mucho para no consumir energía en balde, y cuando tiene que actuar lo hace con toda su energía y atención. Rendimiento cien por cien.

Tal vez quienes saben tomarse descansos sean más eficientes. El otro día leía un artículo que decía que este tipo de personas que viven con la filosofía de *hacer lo mínimo* en el trabajo para tener más tiempo de descanso suelen encontrar una solución fácil para todo, evitando tareas innecesarias. Muchas veces dan, incluso, con soluciones muy astutas. Saben priorizar lo importante y van *al tajo*. Fuera de eso, viven de manera más relajada, sufren menos *burn out* y, al permitirse el descanso necesario, el cuerpo y la mente se regeneran mejor, con lo que ganan en claridad mental. ¿A quién no le apetece ahora priorizar un poco más el descanso que el trabajo?

Fuerza de voluntad y piloto automático

Antes de entrar en otros temas, te contaré un neurosecreto sobre los objetivos. ¡No se lo cuentes a nadie! Bueno... si trabajas con alguien, entonces sí.

Se ha descubierto que cuando les contamos nuestro objetivo a los demás, disminuye la probabilidad de que lo consigamos. ¿Y eso por qué? Pues porque de alguna manera el cerebro interpreta que ese objetivo ya se ha conseguido, recibiendo el chute de dopamina que se supone que recibirías al lograr la meta.

En cierto modo, la recompensa se anticipa y eso hace que *pierdas fuelle*, que te desinfles.

En este apartado vamos a tratar justamente de la fuerza de voluntad que nos mantiene en el camino. Por mucha motivación que tengas, por muy planificado que esté tu día (con tus agendas y subrayadores de colores), a no ser que te comprometas con lo que haces y seas constante, no alcanzarás nada importante. Por muy creativa que seas, si las ideas no se materializan, ¿de qué sirven?

La gente odia palabras como *fuerza de voluntad*, *sacrificio* o incluso *esfuerzo*. Trabajando para la plataforma online de Xuan Lan Yoga Studio, recibí un comentario de una alumna que decía que no le gustaba que dijera la palabra *esfuerzo* o *dificultad* en mis clases. En su opinión, eso la condicionaba para que no le saliera la postura en cuestión.

Al principio no lo entendí. Para mí, *esfuerzo* implica algo bonito y valioso. Estoy esforzándome en esto porque me gusta, porque lo quiero, porque lo he decidido. En todo caso, para evitar estos casos, en clase he reemplazado la palabra *difícil* por *desafiante*.

Mis amigos siempre han valorado mucho mi fuerza de voluntad para hacer todo aquello que me propongo. Yo no lo siento así. No hay un sacrificio o un esfuerzo negativo detrás, sino un placer, una recompensa, junto con una sensación de cansancio, eso sí. Igual que cuando realizas un deporte que te gusta y acabas muchas veces cansado, pero con una sonrisa en la boca.

Como vimos en el capítulo 2, la fuerza de voluntad consume recursos cognitivos; es limitada y se va agotando durante el día. Por eso es mucho mejor empezar un día de trabajo haciendo aquellas cosas que te dan más pereza o que necesitan más atención.

Cuando nuestra fuerza de voluntad se agota, disminuye nuestra CPF y entonces empezamos a actuar en piloto automático. Estoy segura de que incluso un profesor apasionado, después de horas dando clase, entra en piloto automático para optimizar su energía y recursos.

A mí alguna vez me ha pasado, por eso prefiero dar muy pocas horas de yoga a la semana. Realizar tu trabajo en piloto automático es perder la esencia, la vida, la pasión por aquello que haces, y a mí no me compensa.

¿Qué puedes hacer para aumentar tu fuerza de voluntad? Pues dejar que se regenere. Es decir, tomar pequeños descansos durante el día, ya sea comiendo, meditando, durmiendo, haciendo deporte... Lo que necesites para desconectar y descansar el cerebro. Sin embargo, si la falta de voluntad es debida a una falta de motivación, tal vez necesites marcarte objetivos más altos, más desafiantes.

Cuando hay retos que resolver, también necesitarás resistencia a la frustración. Es normal que las cosas no salgan siempre como quieres. La capacidad de caer y volver a levantarte será clave. Ferran Cases siempre me dice en broma que las cosas le están yendo bien por pesado, porque no ha dejado que todos los fracasos se lo llevaran por delante. Se ha quedado ahí, aguantando, aprendiendo de cada error, hasta convertirse en una persona exitosa. Al menos para mí.

La persona perseverante es también resiliente, es decir, no se deja hundir por los reveses del destino.

Cuestión de hábito y de mentalidad

Se ha demostrado que las personas perseverantes activan menos su red neuronal por defecto, es decir, su mente no se distrae tanto. Se cree que esto sucede porque cada vez que cumplen un miniobjetivo se produce una liberación de dopamina.

Si esto pasa a menudo, entonces se crea el hábito. El hábito de la perseverancia. Y en un hábito lo bueno es que no te planteas por qué lo haces. No hay un diálogo interior: lo haces y ya. Es como cuando te vas a lavar los dientes. No piensas: *Uy, no sé si hoy me apetece lavármelos...* Te los lavas y punto. Es una ventaja, porque hay menos riesgo de que aparezca la procrastinación, de la que hablaremos al final del capítulo.

Según Angela Duckworth, profesora de la Universidad de Pennsylvania, las personas perseverantes son más felices. La gente menos perseverante tiende a buscar el placer inmediato, mientras que los perseverantes buscan recompensas a largo plazo, cosa que les aporta mucha más felicidad.

¿Cuál es el secreto para ser perseverante? Tener una buena *mentalidad*. Puedes tener una mente amiga o enemiga. Una mente que te anima, que confía, que te hace tirar hacia adelante, o bien una que te automachaca, que se tira piedras a su propio tejado, que se frustra o se aburre.

¿Cómo tener una buena *mentalidad*?

Veremos tres sencillas medidas para cultivar este *mindset* característico de las personas exitosas:

1. *Háblate bien.* La neurocientífica Kriss Naiff estudia cómo el diálogo interno afecta a nuestro cerebro. Cuando nos hablamos mal, la amígdala se activa, como si estuviéramos tocando el botón de alarma que dispara nuestra ansiedad. El cerebro todo lo sabe, aunque la gente de tu alrededor no escuche lo que te dices. Háblate como si te dirigieras a un ser querido. Y por cada cosa negativa que te digas, debes decirte tres positivas.
2. *Medita.* Sí, soy pesada con el tema, pero para cambiar mi diálogo interior, primero debo ser consciente de cómo me trato, de qué me digo, de cómo soy. La meditación, además, es clave para volverte menos reactivo, menos impulsivo (se refuerza la conexión amígdala-CPF), lo que te ayuda a encontrar la calma en una situación emocionalmente complicada. Después explicaremos qué tipo de meditación y cuánto tiempo necesitamos para ganar en calma y claridad mental.
3. *Escribe un diario de gratitud.* Tenemos un sesgo cognitivo orientado a prestar atención a las cosas negativas que ocurren en nuestra vida. Esta negatividad nos ha ayudado a sobrevivir, ya que es mucho más importante prestar atención a las amenazas que a las cosas bonitas del día a día. Sin embargo, ya no vivimos en la selva. Por eso, si dedicas unos minutos a escribir cosas agradables, la amígdala no estará tan sesgada en recoger información negativa. Vamos, que cuanto más agradezcas, más cosas positivas verás en tu día a día. Se ha comprobado que, con solo tres semanas de práctica, el cerebro se recablea y la ansiedad disminuye.

El cerebro creativo

Según una encuesta llevada a cabo por Adobe, las personas creativas son un 34 % más felices que las no creativas. Esto puede deberse a que, cuando somos creativos, nos encontramos en un estado más seguro y relajado. En estado de *flow* parece ser que la creatividad aumenta del 400-700 %.

¿Cuál es la neurociencia detrás de este fenómeno tan sorprendente y mágico? La creatividad es la capacidad que tiene el cerebro para realizar asociaciones entre conceptos aparentemente distantes entre sí. Implica ampliar las opciones existentes, dejar de hacer asociaciones directas y repetitivas (ya realizadas en el pasado) y hacer otras nuevas, originales e impredecibles.

La tendencia natural del cerebro es repetir lo mismo que ya hemos hecho. Es decir, si en el pasado algo me funcionó, se guarda en la memoria. Cuando me enfrento a una nueva situación, problema o desafío, busco qué me sirvió hacer en situaciones parecidas en el pasado y lo reproduzco en el presente.

Así es como actúan los animales y es lo que llamamos comúnmente *instinto*. Funcionamos de este modo, sobre todo cuando trabajamos bajo estrés, ya que necesitamos que las cosas pasen de la manera más rápida y eficaz posible (piloto automático en modo *ON*).

Cuando estamos relajados y contentos, la cosa cambia gracias a nuestra querida corteza prefrontal (CPF). En vez de reaccionar repitiendo patrones pasados, puedo pararme a reflexionar y decidir entre diversas opciones, simular distintos escenarios, un futuro diferente.

Por un lado, necesitamos romper ese *instinto reactivo*. Necesitamos el lóbulo frontal del cerebro (red atencional ejecutiva) que fomenta un tipo de pensamiento *focalizado* o *convergente*. Es decir, intento buscar estrategias, combinaciones efectivas que permitan dar con la solución. Me rebano los sesos de forma activa para dar con algo nuevo. Aquí estamos utilizando una parte muy local de nuestro cerebro y consumimos muchos recursos cognitivos. Por eso a veces incluso nos puede entrar dolor de cabeza cuando pasamos mucho rato dándole vueltas al mismo tema.

Por otro lado, es necesario, que se den asociaciones curiosas, sorprendentes, inesperadas, que nos lleven a algo innovador y creativo. El cerebro debe entrar en un pensamiento de tipo *difuso* o *divergente*. Aquí necesitamos que se active nuestra red neuronal por defecto, que nos brinda la oportunidad de que la combinación entre informaciones se dé de manera más global. Partes distantes del cerebro se ponen manos a la obra para buscar asociaciones entre los conceptos nuevos y los conocimientos pasados almacenados en nuestra memoria (*véase figura*).

Esto ocurre cuando dejamos nuestra cabeza volar, cuando divagamos, cuando descansamos. De ahí que en esos momentos se den los grandes *eurekas*.

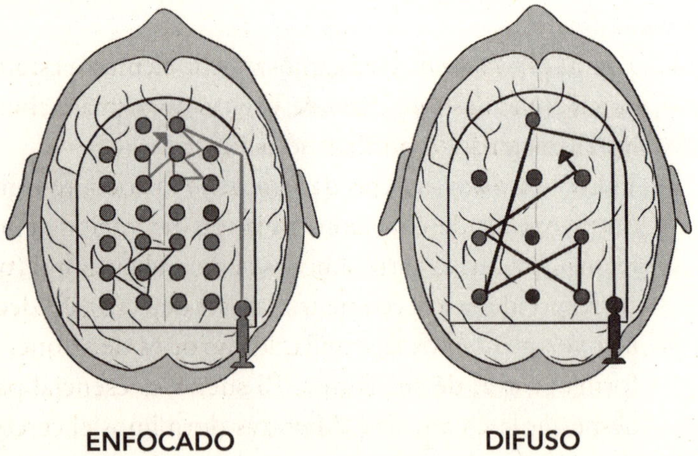

PENSAMIENTO LATERAL VS. PENSAMIENTO VERTICAL

El psicólogo maltés Edward de Bono, formado en la Universidad de Oxford, acuñó el término *pensamiento lateral* como alternativa al *pensamiento vertical*. Mientras que este último es lógico y racional, basado en procesos repetidos, el pensamiento lateral busca soluciones no obvias que surgen de la intuición y la libre asociación.

Un ejemplo de ello sería el típico *brainstorming* que realizan los creativos publicitarios. Se lanzan toda clase de ideas, algunas de lo más absurdas, hasta que alguna nos sorprende y captura. Si quieres encontrar nuevas soluciones a viejos problemas, tendrás que lubricar esta clase de pensamiento.

Los cuatro ciclos de la creatividad

Según Wallas y Poincaré, para potenciar tu creatividad se debe seguir el siguiente ciclo que está compuesto por cuatro fases:

1. *Fase de preparación*. Dedicamos mucho tiempo a estudiar el tema en cuestión, dándole vueltas de forma racional, local, imaginando posibles soluciones.
2. *Fase de incubación*. Tras darle mucho al coco, te tomas un tiempo de desconexión. Dejas de dar vueltas al problema para que la parte subconsciente trabaje por ti (que correspondería a la red neuronal por defecto). Es decir, una vez plantamos la semilla, lo mejor es dejar que, de forma pasiva, dé sus frutos. El sueño es esencial para despertar la creatividad. Mientras dormimos el cerebro tiene tiempo de encontrar conexiones más remotas entre ideas. Es lo que popularmente se llama *consultar con la almohada*.

3. *Fase de iluminación*. Sucede cuando se da el *eureka*. Este *momento ajá*, como lo llaman los anglosajones, no es más que el resultado de una recombinación entre conceptos que de repente se hace consciente.
4. *Fase de verificación*. La idea es revisada, y uno se asegura de que la solución creativa e inesperada realmente resuelva el problema en cuestión.

Entrenar la creatividad

Uno de los neuromitos que existen es que para tener un pensamiento divergente hay que entrenar el hemisferio derecho del cerebro, de ahí que exista la creencia de que las personas zurdas son más creativas. Sin embargo, como hemos visto antes, el proceso de reconexión entre conceptos remotos ocurre en distintas partes distribuidas por todo el cerebro. Y eso incluye los dos hemisferios, no solo el derecho. Lo que sí es cierto es que el hemisferio izquierdo se orienta más a los detalles, mientras que el derecho tiene una visión más de conjunto.

Últimamente se ha popularizado lo de pensar *out of the box*, pero antes tienes que saber cuál es tu *box*. Muchos estudios afirman que cuando una indagación es demasiado abierta, resulta más difícil que la creatividad se despierte, mientras que poner límites ayuda. Por ejemplo, en clase de danza, cuando nos toca improvisar, es mucho más difícil que te digan *baila como lo sientas* que si te dan una directriz como *muévete pensando que eres una onda*.

Nuestro cerebro necesita conocer el contenedor para crear el contenido. Cuando nos iluminamos, en el momento en que nuestro cerebro da con una idea creativa hay una subida de dopamina. Este chute de excitación, de optimismo, hará que busquemos más de aquello. La creatividad llama a la creatividad.

Ya lo decía Einstein: «La creatividad es inteligencia divirtiéndose», como también decía que «el secreto de la creatividad está en dormir bien y abrir la mente a las posibilidades infinitas».

Según teorías recientes sobre la creatividad, esta es un baile entre la red atencional ejecutiva y la red neuronal por defecto. También participa mediando en todo ello la red de saliencia.

La red de *saliencia* tiene un nombre muy raro, pero, en el fondo, con mucho sentido. Viene de *saliente*, de algo que sobresale, que predomina sobre otra cosa. En otros capítulos ya hemos hablado de ella. Pues esta red es la que se ocupa de detectar aquello que destaca entre todo lo demás y hace que puedas percatarte de ello. Por ejemplo, mientras lees este libro tranquilamente, de repente escuchas el ruido de la puerta. Ese sonido activa esta red, ya que algo ha cambiado.

Esta red está compuesta principalmente por la corteza cingular anterior (CCA) y la ínsula anterior. Si te acuerdas, estas dos partes del cerebro son las que se encargan, cuando meditas, de que te des cuenta de cuándo te has distraído. Por eso a mí me gusta más llamarla la red de *darse cuenta*.

Cuando la CCA descubre algo interesante, apaga la red neuronal por defecto y enciende la red ejecutiva para que esta pueda considerar la señal detectada. Para aumentar nuestra creatividad, por consiguiente, debemos aprender a pasar de una a la otra, entrenando la red de saliencia. Meditar, una vez más, es una muy buena opción para ello.

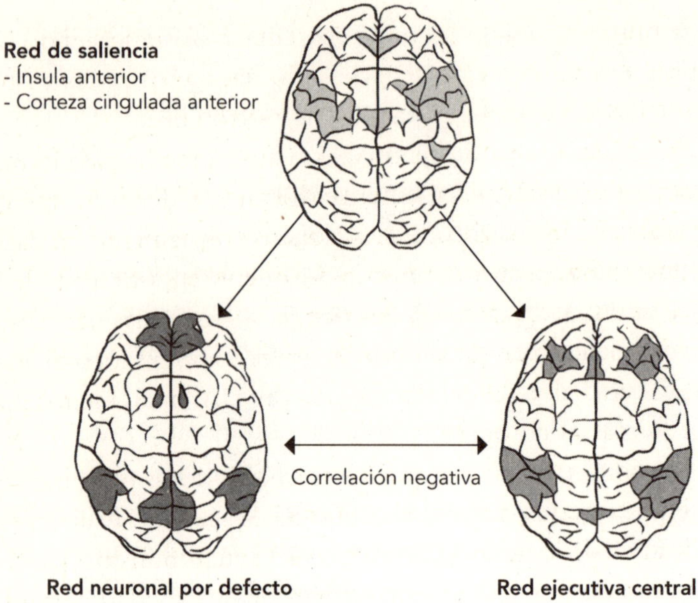

Fuente: «Go with the flow: A neuroscientific view on being fully engaged», Van Der Linden, Dimitri, Mattie Tops, and Arnold B. Bakker., *European Journal of Neuroscience*, 53.4, 947-963, 2021.

¿Por qué perdemos creatividad con los años?

Una investigación llevada a cabo por la NASA buscaba qué porcentaje de la creatividad es genética. Curiosamente se descubrió que el número de personas creativas decrece con la edad. El 90 % de los niños puntuaron como supercreativos, mientras que, a los quince años, solo el 12 % lo seguían siendo. Se pasó el mismo test a un grupo de adultos y solo el 2 % alcanzaron esta calificación.

¿Por qué se pierde la creatividad con los años? El doctor George Land, al cargo de estos estudios, concluyó en su momento que esta pérdida de creatividad era culpa de la educación. Sin embargo, ya hemos visto que la educación no lo hace tan mal, ya que te obliga constantemente a pasar de la red atencional ejecutiva a la red neuronal por defecto. Por ejemplo, en la escuela te piden que dibujes una flor (se activa la red ejecutiva atencional), pero te dan libertad para que la dibujes como tú quieras (red neuronal por defecto).

En general, sabemos que el número de conexiones neuronales decrece drásticamente con la edad, con lo que también decrece la combinatoria de conceptos a conectar. Algunos creen que la creatividad disminuye a medida que crecemos porque aumenta el conocimiento. Al saber más buscamos menos asociaciones disruptivas entre los conceptos, nos limita la búsqueda.

Sea como sea, la clave es mantener una mirada curiosa ante la vida. Cuanta más curiosidad tengas por aprender, más dopamina se libera y, como ya sabemos, mejor se te quedará grabado todo en el cerebro.

También se ha demostrado que el humor afecta mucho a la creatividad, en concreto, a la sensibilidad de la CCA. Cuando estamos de buen humor, esta se activa más, con lo que podemos detectar más fácilmente una reconexión entre posibilidades remotas y llevarla a la superficie, a la conciencia. En cambio, cuando nuestro humor no es para tirar cohetes, entonces la parte lógica de nuestro cerebro se ve más activada.

Ya sabemos que, cuando estamos alegres y relajados, nos sentimos seguros. Podemos dar más tiempo a la CCA para prestar atención a estas señales sutiles, lo que hace que aumenten la creatividad y las ganas de innovar. En cambio, bajo el estrés o el miedo, nos encontramos de mal humor, así que vamos a aquello que nos funcionó en el pasado y ¡chimpún! Nos volvemos más prácticos y nos dejamos de cosas raras.

En suma, tener buen humor aumenta los niveles de serotonina, nos relaja y aumenta los niveles de oxitocina, mientras que el cortisol y la adrenalina se ven reducidos. Cuando esta neuroquímica está presente en el cerebro, se fomenta la creatividad.

CÓMO ESTIMULAR LA CREATIVIDAD

1. *Practica la gratitud.* Entrenar al cerebro para pasar de una tendencia negativa a una positiva ayuda a enfocar la mente hacia nuevas posibilidades, en las ganancias, en vez de centrarse en las pérdidas, en lo que falta. Eso aumenta nuestro buen humor.
2. *Meditar* nos ayuda a calmar el sistema nervioso, a estar más focalizados y relajados, además de entrenar la red de saliencia del cerebro. Una meditación abierta nos ayuda a fomentar el pensamiento divergente. Aparte, puedes combinar la meditación centrada a un objeto (por ejemplo, observar la respiración) para fomentar el pensamiento convergente.
3. *Realizar ejercicio de manera regular* disminuye el estrés, el cortisol, y aumenta los neurotransmisores de la felicidad (endorfinas, serotonina, dopamina y oxitocina), con lo que nuestro humor se ve favorecido.
4. *Dormir bien.* Como vimos, el sueño es clave para el periodo de incubación y los momentos eureka. Aparte, cuando dormimos conseguimos que el cerebro se regenere. Aumenta nuestras reservas cognitivas, lo que nos capacitará para afrontar mayores desafíos.
5. *Pasear por la naturaleza.* Al ampliar la visión focalizada por una más periférica, le decimos al cerebro que no estamos en modo de supervivencia, sino en modo exploratorio, *ready* para conocer nuevas posibilidades. Varios estudios han mostrado que la naturaleza ayuda a aumentar el número de *insights* creativos y a sentirnos más relajados y de mejor humor. También nos ayuda a tomar perspectiva de las cosas.
6. *Tomar descansos.* Las pausas nos regeneran y activan nuestra red neuronal por defecto.

7. *Sociabilizar.* La soledad puede ser un obstáculo para la creatividad. Y digo *puede*, porque inicialmente, mientras estamos en la fase de preparación, de concentración, resulta muy útil. Fuera de eso, la soledad no elegida puede ser un hándicap, ya que hace que tu humor empeore y/o que no te sientas seguro/a, con lo que entras en modo supervivencia.
8. Buscar actividades que nos hagan reír. Ver una película de risa, hacer de *clown*, leer un libro divertido, ver vídeos hilarantes... El objetivo es subir el estado de ánimo.
9. *Abrirnos a la diversidad.* Especializarnos mucho en un tema nos da dominio en cierta materia, pero si lo que quieres es innovar y ser creativa, entonces debes estar abierta a muchas cosas. Especializarte demasiado puede matar la creatividad. Lee libros de temáticas diferentes, júntate con personas que saquen nuevos temas de conversación, interésate por otros temas, ya que todo eso crea conexiones inesperadas en tu mente.
10. *Hacernos buenas preguntas.* La incertidumbre no le gusta nada al cerebro. Por eso tener una pregunta sin respuesta es una muy buena forma de que la creatividad despierte sola. Al final es darle esa «semilla» al cerebro para que pueda dar sus frutos.

NEUROCIENCIA DEL CEREBRO EN ESTADO DE *FLOW*

Regreso ahora al *flow*, porque hay unos artículos de 2020 y 2021 que nos aportan datos interesantes sobre qué sucede en el cerebro cuando estamos sumergidos en ese estado tan especial y anhelado.

Se ha dicho mucho que el cerebro solo está al 10% de su capacidad. Esto es otro neuromito. Tendría muy poco sentido que utilizáramos solo el 10% con todo lo que gasta, ni más ni menos que el 20% de la energía total del cuerpo (ocupando solo el 2% de su espacio).

¿Qué es lo que cambia en el cerebro entonces para que se pueda dar el *flow*? Como vimos, para iniciar el estado de *flow* intervienen dos sistemas motivacionales. El primero es el circuito de recompensa, donde el núcleo accumbens y la dopamina son muy importantes. Gracias a la activación de este circuito, el disfrute y el optimismo se despiertan, mientras que la fatiga y la incomodidad subjetiva se ven reducidas. Debido a los grandes niveles de dopamina segregados, ese estado se vuelve adictivo. La suma de adicción y placer puede hacer que el *flow* aumente la productividad en un 500%, como dijimos.

En segundo lugar está el circuito de la noradrenalina (NE), donde el locus coeruleus (LC) es el núcleo principal de este neurotransmisor. El aumento de noradrenalina hace que nos sintamos más activos, más despiertos. Nos mantiene en alerta. Este segundo sistema motivacional (LC-NE) también está involucrado en decidir si vale la pena seguir manteniendo la atención hacia la tarea o dirigirla hacia otra cosa. Sigue una U invertida (*véase gráfico*).

Cuando la tarea que estamos realizando se vuelve demasiado complicada, los niveles de noradrenalina suben demasiado y nos sentimos estresados. Entonces tendemos a distraernos. En cambio, si la tarea es muy asequible y no necesitamos casi estar en alerta para hacerla, los niveles de NE bajarán, nos aburriremos y dirigiremos la atención a otra cosa.

La parte alta de la U es ese punto óptimo que recomendaba el profesor Csíkszentmihályi: la actividad no es ni demasiado fácil ni demasiado difícil. Eso produce niveles adecuados de NE, mantenemos la atención por más tiempo y, por lo tanto, nuestro rendimiento es óptimo.

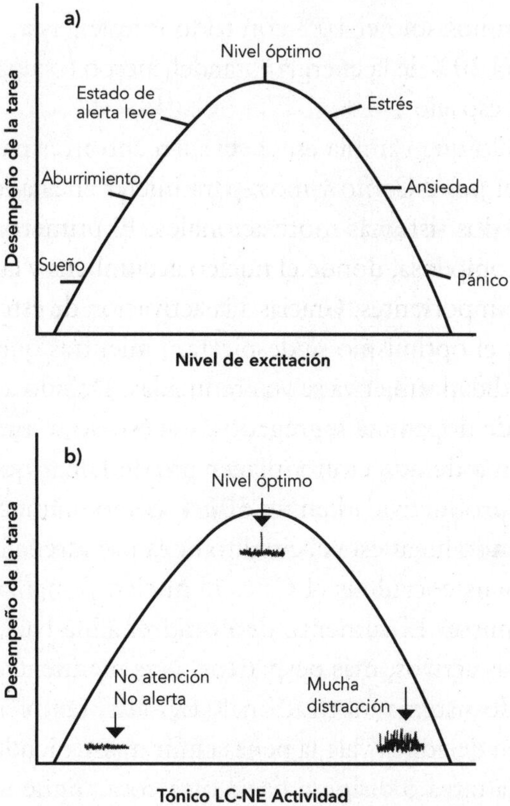

Fuente: «Go with the flow: A neuroscientific view on being fully engaged», Van Der Linden, Dimitri, Mattie Tops, and Arnold B. Bakker., *European Journal of Neuroscience*, 53.4, 947-963, 2021.

Las tres redes neuronales de las que hablamos en el apartado sobre la creatividad pueden también ser partícipes en el estado de *flow*, pero de forma diferente.

En primer lugar, ya vimos que al entrar en *flow* la consciencia de uno mismo desaparece. Nuestra mente se silencia, no existe diálogo interno ni ninguna rumiación. Por eso se cree que la red neuronal por defecto en este estado se ve disminuida o desactivada completamente.

Por otro lado, estar en *flow* aumenta mucho el foco. Nos quedamos absortos, superconcentrados en aquello que estamos haciendo. Por eso se cree que la red atencional ejecutiva tiene que ser un actor principal en ese estado. Una teoría que coincide con el hecho de que la red neuronal por defecto (RND) se reduzca, ya que normalmente una es complementaria de la otra.

No podemos estar cien por cien presentes en algo si nuestra mente nos está hablando. Así que, ya sabes, si quieres silenciar tu mente (reducir la actividad de la RND), lo más sencillo es que pongas mucha atención en otra cosa (activando así la red ejecutiva).

Una de las partes centrales de la red ejecutiva es la CPF dorsolateral, sede de la memoria de trabajo. La memoria de trabajo es esa memoria de corto plazo que mantiene información útil para cosas que necesitamos hacer en este momento. Por ejemplo, es la que estás utilizando ahora para retener todo lo que te estoy explicando.

Esta memoria es limitada y se almacena de forma temporal.

Hasta aquí parece que todo tiene sentido, excepto porque resulta que hay científicos que han observado cómo toda la CPF se ve reducida cuando las personas entran en estado de *flow*. ¡Uy! Esto desmonta la teoría de que durante el estado de *flow* la red ejecutiva está superactiva. ¿Cómo puede ser?

Según descubrió hace dos décadas Arne Dietrich, profesor de neurociencia cognitiva, cuando se entra en estado de *flow* se hace menos esfuerzo cognitivo. Es lo que se denomina hipofrontalidad: poca actividad en los lóbulos frontales.

Tiene sentido, ya que cuando aprendemos algo, utilizamos mucho esta parte consciente de nuestro cerebro, pero una vez dominamos esa actividad (por ejemplo, conducir) se vuelve un aprendizaje implícito, algo que podemos hacer de manera automática, subconsciente. Cuando llegamos a este nivel de maestría, la parte frontal del cerebro deja de activarse tanto y la activación pasa a los ganglios basales, sede de todo aquel conocimiento que hemos automatizado, como sucede con cualquier hábito.

Seguro que te ha pasado que, cuando aprendes muy bien algo, ya no necesitas hacerlo con tanta consciencia y atención. Gracias a esto, los recursos que quedan disponibles pueden utilizarse para otras cosas. Por ejemplo, para mantener una conversación con el copiloto mientras conduces.

La hipótesis de la hipofrontalidad también concuerda con el hecho de que el tiempo pase de manera diferente en estado de *flow*, ya que esta parte frontal del cerebro se encarga de calcular el tiempo. También encaja con el hecho de que desaparezca la consciencia de uno mismo, que como veremos en el último capítulo reside en la CPF medial (que forma parte de la RND).

¿Entonces qué, Sara? ¡Me estoy perdiendo! Tranquilidad. Hay una cosa que no te he explicado aún y es que se cree que todo depende de la tarea que se esté ejecutando. Me explico.

Los estudios hechos con personas que entran en *flow* cuando hacen actividades complejas a nivel cognitivo (jugar a videojuegos complicados, competiciones de ajedrez, resolver problemas difíciles, escribir artículos científicos...) muestran la red ejecutiva muy activa y la RND casi desactivada. Justo lo que esperábamos.

Por el contrario, en los estudios en que el *flow* está relacionado con actividades que incluyen movimiento llevado a cabo por expertos (deportistas, artistas, gente de circo...) se ve cómo disminuye la actividad tanto de la RND como de la red ejecutiva (hipofrontalidad).

Y luego está la participación de la red de saliencia, de la que ya hablamos en este capítulo. Se cree que esta red es clave durante el estado de *flow*, porque es la que va comprobando que todo está pasando como tiene que pasar. Quizá es justamente la que nos aporta la sensación de control que impregna el estado de *flow*.

Si durante la actividad se pierde el equilibrio entre nuestra habilidad y el desafío a ejecutar, esta red lo registrará y promoverá los ajustes necesarios. En cambio, si aumenta la dificultad, se producirá un incremento de foco, la actividad de la red ejecutiva aumentará y la RND se verá aún más disminuida. El estado de flujo en esta situación será muy intenso. Si, por el contrario, la dificultad es tan alta que empezamos a cometer errores y perdemos confianza en nuestras propias capacidades, la red ejecutiva disminuirá, con lo que aumenta la RND y el *flow* disminuye o desaparece por completo.

Una vez visto este *interplay* entre las tres redes, vamos a meternos en el fascinante mundo de las ondas cerebrales para acabar de adentrarnos en el estado de *flow*.

Fluyendo en las ondas cerebrales

Los estudios apuntan a que cuando entramos en *flow*, nuestras ondas cerebrales oscilan a una frecuencia de aproximadamente de ocho hercios. Estamos en la frontera entre las ondas alfa y theta.

¿Qué significa esto? Las ondas alfa, como vimos en el capítulo 7, aparecen cuando estamos atentos y a la vez relajados (ayudan a mantener las distracciones fuera). Las ondas theta, aún más lentas que las alfa, aparecen durante el sueño REM, justo antes de ir a dormir o bien recién levantados. Por último, encontramos las ondas delta durante el sueño profundo, que son las más lentas que aparecen en el cerebro.

Como curiosidad, existe también un tipo de ondas llamadas *gamma*, que están vinculadas a los momentos *eureka*. Estas son las ondas más rápidas que existen (más que las beta), pero lo interesante es que para entrar en ellas tienes que pasar antes por las ondas theta (muy lentas). Eso significa que para alcanzar la iluminación, primero debemos estar bien relajados.

Decíamos que cuando estamos en *flow* nos movemos entre las alfa y theta, con lo que nos sentimos muy tranquilos y relajados. Ya vimos al principio que el estado de *flow* libera neurotransmisores como las endorfinas, anandaminas, oxitocina y serotonina. Pues, aunque parezca maravilloso, en este estado óptimo tanto para el cerebro como para el cuerpo, si uno no está bien regulado, el *flow* también puede llevarte al lado oscuro.

La parte oscura del *flow*

Como todo, abusar siempre nos lleva a su lado oscuro. En este estado, el cerebro gasta muchos recursos, ya que se liberan infinidad de neurotransmisores. Así que, si tras permanecer en *flow* no le damos tiempo al cerebro para que se recupere, acabaremos desgastados y exhaustos (*burn out*).

Tomarnos buenos descansos después del *flow* sería lo ideal, pero descansar en nuestra sociedad no está del todo bien visto. Por otro lado, no olvidemos que la neurociencia detrás del *flow* es placentera y adictiva, por lo que podemos caer en una adicción para evitar la depresión y el vacío. Si esto sucede en el trabajo, lo más seguro es que acabes con adicción al trabajo (*workaholic*), lo que acabará seguro en *burn out*. Es decir, te sentirás cansada, agotada, con ansiedad, depresión y es muy probable que sufras insomnio. Y el *burn out* disminuye nuestras funciones cognitivas, con lo que nuestra productividad se verá fuertemente repercutida.

La adicción al *flow* puede poner incluso tu vida en riesgo. Varios estudios han demostrado que quienes realizan actividades de riesgo (por ejemplo, surfistas o escaladores) cada vez necesitan subir más el nivel de desafío para mantenerse en ese estado.

Por otro lado, durante el *flow* perdemos el sentido del *yo*. Esto puede llevarnos a no considerar cosas mundanas realmente importantes que suceden en paralelo en ese momento. Por ejemplo, puede suceder que al estar concentrada en aquello que estoy haciendo ni me dé cuenta de que se está quemando la casa. O que no me ocupe suficientemente bien de mis hijos, de mi pareja o de mi cuidado personal. ¿Cuántas veces nos olvidamos de comer —o incluso de dormir— cuando estamos abstraídos en algo? Más de una vez he tenido discusiones con mi pareja acerca de esto. De hecho, nuestra última discusión sobre el tema fue hace un par de días cuando me enteré de que estaba embarazada. Se preocupó de que, con la gran facilidad que tengo de entrar en estado de *flow* con todo lo que hago, realmente no sea capaz de cuidar a bien al bebé cuando nazca, de que me olvide de esa personita y sus necesidades.

Es verdad que cuando entro en *flow* me olvido de todo lo demás, pero también es cierto que cada vez soy más capaz de desconectar de este estado cuando es necesario (lo que llamamos *flexibilidad cognitiva).* Me ha costado mucho tiempo aprender a autorregularme y a darme los tiempos necesarios para regenerar a mi cerebro. Confieso que he aprendido a base de golpes y lo he pagado en salud mental. Pero justamente por eso, lector o lectora, ojalá te sirva lo que aprendí y que ahora compartiré contigo.

Autorregulación y regeneración: un cerebro en equilibrio

Como he dicho, entrar en estado de *flow* es muy placentero, pero también debemos aprender a saber cómo salir de ese estado. No queremos que el *flow* nos controle y nos quedemos absorbidos por la acción sin tener en cuenta sus consecuencias. Para ello debemos entrenar la capacidad de autorregularnos emocionalmente. Hay que tomar consciencia de las conductas automatizadas que nos llevan al lado oscuro del *flow*. Es importante darse cuenta de cuándo somos incapaces de salir de ese estado.

Una de las técnicas recomendadas es la meditación (cómo no), ya que, como bien sabes, aumenta la conexión CPF-sistema límbico, logrando que podamos decidir qué queremos hacer, en vez de llevarnos por la vida en piloto automático.

La segunda clave para disfrutar de las ventajas que aporta este estado, sin que tu salud física y mental se vean comprometidas, es aprender a regenerarte de manera adecuada, encontrar un buen equilibrio entre el *hacer* y el *no hacer*. Me encanta cuando Steven Kotler en su libro *The Art of Impossible* habla de lo que es la *relajación activa*. La llama *activa* porque es una relajación que las personas a las que nos cuesta parar, en parte, debemos imponernos para regenerar nuestro cerebro. Lo más fácil para que se entienda este tipo de relajación es que primero te explique lo que es una relajación pasiva, y por qué no es tan efectiva.

¿Qué haces al finalizar un duro día de trabajo? Lo que te pide el cuerpo y la mente es descansar, y lo que hacemos es buscar ese descanso yendo a tomar unas birras con los amigos o apoltronándonos en el sofá a mirar la tele. De forma natural, pasiva, tendemos a estas actividades para buscar la relajación. Pero siento decirte que no son las mejores opciones para descansar y regenerar así el cerebro.

Primero, el alcohol (por no hablar de otras sustancias) es una forma rápida de relajarse, pero luego tiene consecuencias nefastas para nuestro cerebro. Entre otras cosas incluso más graves, repercute de forma negativa en la calidad de nuestro sueño, y ya vimos que una buena noche de descanso hace milagros en nuestro cerebro. Podemos integrar adecuadamente toda la información aprendida durante el día y promover conexiones remotas con conocimientos previos ya consolidados. Así que, si quieres regenerar tu cerebro, ya sabes: proteger tu sueño es el TOP 1 para recuperarte bien a nivel físico y mental.

Mirar la televisión para desconectar también nos encanta, porque es una forma rápida de apagar las partes frontales del cerebro, pero genera mucha estimulación visual. Esta hace que el cerebro se mantenga en ondas beta (actividad) y dificulta que podamos pasar a las ondas alfa, que, como vimos, son necesarias para entrar en un estado de relajación.

Entonces, entendido ya que la relajación pasiva no es la mejor, ahora volvemos a cómo relajarnos de manera activa. El objetivo será que el cerebro pueda pasar de ondas de frecuencia alta a unas más lentas sin que haya efectos secundarios nocivos.

¿Cómo podemos relajarnos activamente? Haciendo ejercicio, practicando yoga restaurativo, taichí, qigong, meditación, yoga nidra, paseando por la naturaleza, tomando un baño relajante, con un masaje, una sesión de sauna, haciendo una pequeña siesta (veinte minutos es lo ideal, lo vimos en el capítulo dedicado al sueño), charlar con alguien de confianza, leer un libro agradable, pintar, cantar, bailar, escribir tu diario de gratitud... ¡Tienes muchas opciones!

Cuanto más estrés sientas, más necesitarás descansar y regenerar tu cerebro. Entre el listado de actividades que te acabo de pasar, te toca a ti escoger aquellas que creas que te irían bien según tus niveles de activación diaria. Lo siguiente es agendarlas ya en tu horario. Lo que no está en la agenda no existe y se va posponiendo.

Una solución más drástica es hacer una desconexión total de varios días. Puedes irte a un lugar bonito, rodeado de naturaleza, y hacer un pequeño retiro (prohibido trabajar).

Por último, aparte de tomar estos descansos *activos* durante el día, priorizando el sueño y el ejercicio físico, la nutrición es otro pilar a tener en cuenta para nuestro descanso del *flow.* Si nos alimentamos bien, nos regularemos emocionalmente, ayudando a que el cerebro y el cuerpo puedan regenerarse adecuadamente.

No existe una varita mágica que de repente haga que trabajes de manera equilibrada sin ir sobreestimulada o agotada.

Todo depende de las acciones que realizamos. Así que, por mucho que leas estas líneas, si luego no tomas las decisiones adecuadas, no se producirán los cambios esperados. Como dice Edith Eger: «el tiempo no cura, lo que cura es lo que haces con el tiempo».

Procrastinación: aplazar la vida

En el extremo opuesto del *flow*, me gustaría acabar el capítulo explicando brevemente qué pasa cuando caemos en la procrastinación. Si eres una persona a la que le cuesta mucho concentrarse y entrar en *flow*, veremos qué se puede hacer para combatir las distracciones que te impiden llevar a cabo los objetivos que te propones.

Lo que sucede es que hay una lucha entre tu CPF y tu sistema límbico, entre buscar la recompensa inmediata (sentirse bien ahora) o posponerla porque sabes que luego obtendrás una recompensa a largo plazo que te llenará mucho más.

Es una lucha entre el *YO* presente y el *YO* futuro. El *YO* presente es un mimado, quiere sentirse bien ya y no tiene en cuenta al *YO* futuro. Querer cuidar de tu *YO* futuro, tenerlo presente, puede ayudarte a no caer en las tentaciones que tu *YO* presente prefiere.

La dificultad del trabajo que realizas, no tener del todo claro lo que tienes que hacer, estar atenazado por la ansiedad o el miedo (por ejemplo, por el miedo a fracasar), o que la tarea sea tediosa o aburrida son detonantes que harán que quieras procrastinar.

En estas situaciones se activan las mismas partes del cerebro que cuando padecemos un mal físico (la ínsula). Es decir, sentimos *dolor*, de ahí que para evitar ese dolor dejemos la tarea que tenemos entre manos y vayamos en busca del placer.

¿Y qué puedes hacer para evitarlo? Puedes reducir la dificultad del trabajo, descomponiéndolo en pequeños objetivos más asequibles. Si, por el contrario, el trabajo es aburrido o tedioso, móntatelo para que aumente su dificultad y sea más estimulante. Si no tienes claro lo que tienes que hacer y esto te bloquea, pregunta o discute el tema con alguien de confianza. Cuando lo compartimos con otras personas, relativizamos aquello que nos produce miedo y podemos llegar a verlo como algo divertido, como un juego.

Esto me lleva de vuelta a la investigación de Harvard de la que os hablé en el capítulo sobre la felicidad. En él hacían la pregunta: ¿qué nos hace felices? Recordemos que, tras ochenta y tres años de seguimiento a miles personas, el factor n.º 1 de felicidad no ha resultado ser el dinero o el éxito, ni siquiera la salud. Son las *conexiones sociales.*

Una persona que se relaciona bien con su familia, amigos y comunidad tiene muchas más probabilidades de ser feliz que otras. Pero también de solucionar mejor sus problemas, de tener éxito, sea lo que sea que signifique para ti.

Como decía John Donne en su poema: «ningún hombre es una isla». Y si nuestra felicidad depende de las buenas relaciones con los demás, a quienes tenemos la oportunidad de hacer felices, lo mismo sucede con el éxito y la creatividad. Como diría Stephen Covey, «no hay mejor éxito que el win-win, aquel en el que todos ganan».

CÓMO SALIR DE LA PROCRASTINACIÓN Y ENTRAR EN *FLOW* (FOCUS Y RELAX)

1. Elige una tarea interesante y adecuada, ni muy fácil ni muy difícil para ti.
2. Define tu propósito con la máxima concreción. Agéndalo y establece los plazos.
3. Evita las distracciones. Apaga el teléfono y otros dispositivos. Duerme suficiente y no intentes trabajar con la barriga llena.
4. Respira lenta y profundamente. Enfócate en el presente y disfruta del proceso, sin obsesionarte por los resultados.
5. Trabaja con *mindfulness*. Cada vez que te distraigas, regresa cariñosamente a la tarea tantas veces como sea necesario.
6. ¡Disfruta! Juega con la seriedad y la pasión de los niños. Ellos son nuestros maestros en el arte del *flow*.

11
CONSCIENCIA Y SENTIDO DEL «YO»

El apasionante viaje a aquello que nos hace humanos

Este es uno de los capítulos que tenía más ganas de escribir. Entrar en el mundo de la consciencia, del *yo,* de la espiritualidad, no solo es adentrarnos en los grandes misterios de la vida, sino también aprender sobre nosotros mismos, sobre la especie humana, sobre qué hacemos aquí y qué existe más allá de nosotros. Es reflexionar acerca de nuestra existencia, entrar en un terreno donde la filosofía, la psicología, la biología, la medicina y la neurociencia se unen para hallar respuestas a cuestiones que han venido estudiándose durante siglos.

No es un tema fácil y supone un gran desafío. Por eso me resulta tan excitante. Hasta hace poco, los neurocientíficos no se habían atrevido a estudiarlo porque no sabían ni por dónde empezar. Expertos en filosofía de la mente como Daniel Denett consideran incluso que la consciencia es una mera ilusión.

Existen mil y una teorías que quieren dar respuesta a grandes preguntas como: ¿Qué nos ha hecho ser conscientes, a diferencia de otros animales? ¿Quién soy Yo? ¿Todo reside en el cerebro?

Sinceramente, casi me vuelvo loca estudiando todo lo referente a la consciencia. Definir qué es supone ya todo un reto, ya que aún no existe consenso ni siquiera para su definición.

Cada teoría sobre la consciencia te fuerza a meterte en un *insight* completamente diferente. Por eso no quiero correr el riesgo de decir demasiado, ni limitarme a mis propias opiniones, pero tampoco me gustaría quedarme en la línea segura de la ambigüedad.

Como he hecho en cada capítulo, pondré todo de mi parte para explicarte de la manera más pedagógica posible lo que sabemos hoy científicamente sobre estos temas. Espero que este último capítulo tan especial abra nuevas puertas de reflexión en tu mente y, sobre todo, que lo disfrutes y lo degustes conscientemente.

¡Empecemos el viaje!

¿De qué consciencia hablamos?

Vamos a por el primer reto: definir qué se entiende por consciencia. Pero antes una cuestión filológica que no sé si te has preguntado alguna vez... ¿Es *consciencia* o *conciencia*? Son dos cosas distintas.

Conciencia es un término estrechamente relacionado con la conciencia moral, es decir, con el conocimiento del bien o del mal de nuestros actos. Por ejemplo, podríamos decir que tenemos mala conciencia por algo que hicimos o que nos remuerde la conciencia si hubiéramos engañado a nuestra pareja.

Consciencia, de acuerdo con el Diccionario de la Real Academia Española es el «conocimiento inmediato que el sujeto tiene de sí mismo, de sus actos y reflexiones».

A veces se habla de *consciencia* para referirse al estado de vigilia. Una persona está consciente cuando está despierta, mientras que alguien está *inconsciente* o *pierde la consciencia* cuando entra en sueño profundo, está anestesiado o en coma, por ejemplo. Pero no es esta acepción en la que me voy a centrar, sino en la *consciencia* como estado mental personal y subjetivo en el que me doy cuenta de todo lo que está sucediendo fuera y/o dentro de mí, es decir, que tengo consciencia sobre mí misma y mi mundo interior.

Por ejemplo, mientras escribo este libro soy consciente de todas las palabras que mis dedos teclean, soy consciente de las ideas que pasan por mi mente y, a la vez, soy consciente de cómo me siento por dentro, de mis ganas y motivación de estar por fin escribiendo este último capítulo.

En este momento, por el contrario, no soy nada consciente de todos los ruidos de mi alrededor, ni de si tengo ganas de ir al lavabo o me siento incómoda en la postura que he adoptado. De hecho, al mencionarlo he prestado atención a mi cuerpo y he tenido que cambiarla. Si ahora me fijo en los ruidos de mi alrededor, me distraigo escuchándolos, lo que hace que me cueste más ser consciente del hilo de mis ideas, de lo que quiero seguir escribiendo.

Como veremos, la consciencia y la atención están muy relacionadas. Igual que también lo está el sentido del *YO*.

Y tampoco es lo mismo *estar* consciente que *ser* consciente. En castellano tenemos más fácil esta distinción gracias a los verbos *estar* y *ser*, que en inglés, sin embargo, son el mismo. El primero se refiere al estado de vigilia en el que la persona mantiene despierta su mente. El segundo es cuando entramos en el mundo interior y subjetivo; aquí hablamos de pensamientos, sentimientos, emociones, reflexiones, sabiduría... Está claro que para poder *ser consciente* primero debe cumplirse el requisito de *estar consciente*.

¿Qué es la consciencia?

Aclarado este punto, vamos a definir qué es la consciencia. Según José Antonio Aznar Casanova, catedrático de la Universidad de Barcelona, podemos considerar la consciencia como «un estado mental privado, personal, subjetivo y cualitativo que integra, de modo unitario, coherente y continuo múltiples experiencias personales *(qualias)*».

Los *qualias*, un concepto muy debatido dentro de la filosofía de la mente, pueden definirse como las sensaciones subjetivas que sentimos frente a las experiencias que vivimos.

Por ejemplo, yo puedo mirar el cielo azul y embargarme de una sensación de paz absoluta, pero quizá otra persona mira el cielo azul y siente una incertidumbre que le causa terror. O el típico ejemplo de la dolorosidad del dolor: tú puedes sentir el dolor de manera muy diferente a como lo sienta yo. Dicho de otro modo, cada cosa que vemos, tocamos, pensamos..., cada concepto que experimentamos despierta algo único en el interior de cada uno. Ese *algo* es a lo que le llaman *qualia*.

Hay neurocientíficos que creen que el misterio de la consciencia está en la dificultad de ubicar esos *qualias* en el cerebro. Otros, en cambio, se quejan de que la mayoría de las teorías neurocientíficas intentan encontrar esta propiedad tan preciada tan solo dentro del cerebro. Lo consideran un reduccionismo bestia.

Muchos incluyen al cuerpo, e intentan buscar la conexión cerebro-cuerpo al estudiar la consciencia. Algunos tienen perspectivas aún más amplias acerca de cómo nace la consciencia.

El otro día escuchaba una charla del neurocientífico español Ignacio Morgado, que decía que la consciencia podría ser análoga al movimiento, algo que no se puede ubicar en una zona concreta del cuerpo. No puedes decir que el movimiento se da gracias a los brazos o a las piernas. El movimiento es una función que surge de la actividad eléctrica cerebro-cuerpo, pero no tiene una sola ubicación. Por eso, preguntas como: *¿Dónde se encuentra la consciencia?* o *¿Cómo se mide la consciencia?* podrían estar mal formuladas ya de base.

A fin de no perdernos, en este capítulo me centraré solo en explicar las tres teorías sobre la consciencia que están más en auge en el mundo de la neurociencia, pero antes veamos de qué está compuesta.

William James en su obra fundacional *Principios de psicología* establece cinco características para la consciencia:

1. Para él la consciencia es *íntima*, cada cual tiene la suya propia, privada, a la que nadie más puede acceder.
2. También es *cambiante*, dinámica, no se detiene.
3. Es *continua*, puedes transportarte al pasado, presente o futuro.
4. Es *selectiva*, presta atención a una sola cosa.
5. Y es *intencional*, no divaga, sino que va a un propósito claro. Solo somos conscientes de aquello que realmente nos interesa.

En lo que están de acuerdo muchos neurocientíficos y filósofos es en que la consciencia está estrechamente relacionada con el sentido del *Yo*. De hecho, el gran neurocientífico Antonio Damasio define la consciencia como el *Yo conocedor*, el *Yo que sabe*.

Por lo tanto, primero nos centraremos en buscar el *Yo* en el cerebro.

Buscando el Yo en el cerebro

Si pensabas que el *Yo* puede situarse en una zona concreta del cerebro, siento decirte que no es así. El *Yo* surge de la integración de varias áreas cerebrales. La buena noticia es que este terreno está mucho más claro a nivel neurocientífico y, como verás a continuación, tiene todo el sentido del mundo que diferentes áreas trabajen juntas para que puedas percibir el *Yo* en tu interior.

¿Qué partes engloban el Yo?

Según el consenso de numerosos neurocientíficos, hay tres características que componen el Yo:

1. *Individualidad* (te sientes único).
2. *Continuidad* (sientes que el de ayer es el mismo que el de hoy y será el mismo que el de mañana).
3. *Unidad* (identidad unitaria, eres una sola persona).

William James, en la obra que hemos citado antes, hablaba de tres *Yo:* el físico, el social y el espiritual o psicológico.

El primero se refiere al yo que delimita nuestro cuerpo, que sabe que el cuerpo que habitamos es nuestro. El yo social está muy unido a la opinión o idea que los demás tienen sobre mí; me veo a mí misma a través de los ojos de los demás. Por último, el yo espiritual o psicológico engloba lo que yo pienso sobre mí, mi autoconcepto, mis recuerdos sobre quién soy yo, etcétera.

Veamos, ahora que sabemos de qué está compuesto, a nivel neurocientífico, dónde reside el sentido del *Yo*.

Este cuerpo es mío

Como vimos en el capítulo sobre el ejercicio físico, la corteza somatosensorial es donde se halla el mapa del cuerpo en nuestro cerebro. Esta zona es esencial para saber los límites y partes que construyen nuestro organismo. Por su parte, el cuerpo envía allí la información proporcionada por sensores que se hallan en músculos y tendones, de modo que podamos percibir el espacio que ocupa nuestro cuerpo en el espacio (la propiocepción).

Para sentirnos por dentro, como vimos en el mismo capítulo, la ínsula es la gran protagonista. Gracias a esta parte del cerebro tenemos la capacidad de escuchar el interior de nuestro cuerpo (la interocepción) y podemos tener sensaciones viscerales, como sed, hambre, cosquilleo, náuseas, excitación sexual...

También existe un tercer sistema dentro de este *yo físico:* el sistema vestibular, que nos proporciona la sensación de equilibrio, orientación espacial y el movimiento del cuerpo. Situado en la corteza vestibular (dentro de la corteza parieto-insular), esta parte del cerebro recoge la información que le proporcionan los receptores que tenemos en el oído interno.

La integración de estas tres áreas cerebrales permitirá que yo tenga la sensación de que mi cuerpo es mío. De hecho, hay experimentos que demuestran que cuando existe una lesión en la corteza parietal (encargada de integrar la información del sistema visual, somatosensorial y propioceptivo) puedo sentir que hay partes de mi cuerpo que no son mías.

Aparte de los sistemas citados, las partes frontales del cerebro me permiten saber que mi cuerpo me pertenece e interactúa con el entorno, que soy la causa de mis acciones. Estas zonas nos ayudan a planear y ejecutar acciones motoras.

Yo y el mundo

Sabemos que la región dorsomedial de la corteza prefrontal (CPF) incrementa su actividad cuando pensamos en los demás, a la vez que se activan las áreas de la línea media de la CPF y la corteza cingulada posterior (CCP), que son clave dentro de la red neuronal por defecto (RND), de la que hablamos extensamente en el capítulo sobre meditación.

Parece ser que estos *hubs* procesan el pensamiento autorreferente (sobre uno mismo), la rememoración de recuerdos autobiográficos, a la vez que simula posibles sucesos futuros. Todo narrado en primera persona, ya que somos bastante egocéntricos en nuestras divagaciones.

En las personas que tienen muy activas estas partes del cerebro (la red neuronal por defecto), el diálogo interno está muy centrado en el *yo*, es decir, tienen obsesión por sí mismas.

Por el contrario, se ha podido observar en meditadores expertos cómo la CCP presenta una actividad muy disminuida comparada con personas no meditadoras. En suma, los meditadores dan menos peso al *yo*.

Los budistas decían que, sin el Yo, no hay problema. Quizá por eso los estudios constatan una y otra vez que meditar proporciona felicidad. Cuando meditamos, estamos atentos o bien a algo neutro como la respiración, o a alguna parte concreta de nuestro cuerpo, con lo que durante un rato nos olvidamos de nosotros mismos. Y si el objetivo de la meditación es observar nuestro diálogo interno, lo hacemos siempre desde la distancia, con una ecuanimidad y compasión que ayudan a tolerar mejor la presencia de ese *yo*.

¿Dónde se ubica el «yo psicológico o espiritual»?

Como puedes imaginar, las áreas que forman parte de la red neuronal por defecto también se activan aquí. Por ejemplo, la CPF medial (que forma parte de la RND) aumenta su actividad cuando realizamos juicios sobre nosotros mismos, es decir, cuando nos evaluamos a nivel personal.

La CCP (que también, como vimos, forma parte de la RND) aumenta su actividad cuando se integra información referente a nuestro autoconcepto. Conecta áreas frontales del cerebro con subcorticales. En ese estado de introspección del cerebro también participa la corteza orbital frontal, que se activa frente a estímulos relevantes personalmente y ayuda en la regulación emocional.

¿Y cómo han sido capaces los neurocientíficos de localizar dónde se esconde nuestra idea mental de cómo somos? Los típicos experimentos son aquellos en los que se enseña a los participantes adjetivos calificativos como *torpe, inteligente, simpático, cariñoso*... y la persona debe de indicar hasta qué punto cada adjetivo la define. Así de simple, pero a la vez así de efectivo: demostraron que la línea media del cerebro se activa cuando pensamos en nosotros mismos.

Zonas mediales de la red neuronal por defecto

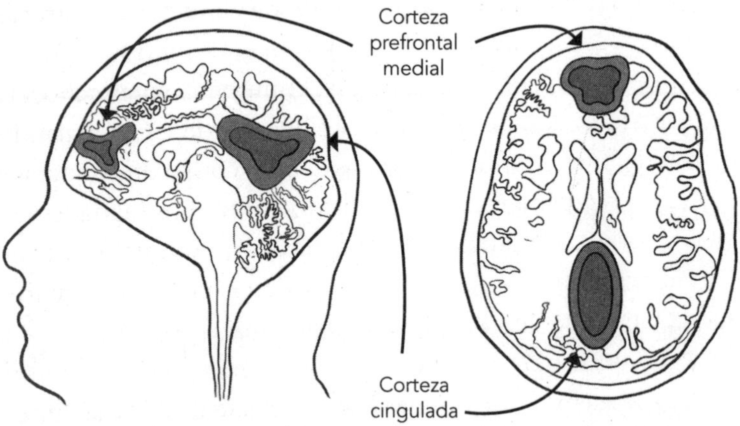

Fuente: Imagen del libro *Consciente*, Daniel Siegel, Paidós, 2020.

Cuando el YO es un problema

La consciencia de uno mismo y la social, tan importante para nuestra supervivencia, están entrelazadas. Como seres sociales, nuestro autoconcepto tiene mucho que ver con cómo percibimos que nos ve la comunidad.

Si nos obsesionamos con nuestra persona, puede deberse a que la RND se queda encerrada en sus propios circuitos, en vez de conectarse con otros sistemas neuronales, que es lo que nos permite desarrollar una *consciencia flexible,* además de ser empáticos y compasivos.

El budista Walpola Haula decía: «El *Yo* es la fuente de todas las perturbaciones existentes en el mundo» y yo estoy de acuerdo a medias. Sinceramente, tampoco me gusta demonizar el Yo, ni decir si la RND es buena o mala. Sentir ese *yo* es algo que se da, es natural y necesario para nuestra evolución y supervivencia.

¿Hasta qué punto podemos ser capaces de disolverlo? ¿Este pensamiento no nos creará frustración? Quizá es mejor pensar que podemos reducir ese *Yo,* pero disolverlo es decir mucho. También es cierto que, cuando me llevo bien con ese *Yo*, puede ayudarme a salir bien parada de situaciones muy delicadas.

CUANDO LA IMAGINACIÓN NOS SALVA

En el precioso libro *La bailarina de Auschwitz*, que está basado en hechos reales, Edith Eger narra su historia, cuando a los dieciséis años se la llevaron, junto con toda su familia, al campo de exterminio. Nada más pisar el campo, sus padres fueron asesinados en la cámara de gas, mientras que ella permanecía con su hermana esperando la muerte. En su lucha por la supervivencia, la imaginación y su amor por el arte le permitieron salir adelante, creando en su mente un espacio de libertad para compensar el infierno en el que estaba viviendo.

Para mí, el problema empieza cuando no me llevo bien con mi mente, con este *Yo,* o cuando el *Yo* adquiere demasiado peso.

Como decía un profesor de meditación que tuve: «Cuando no te lleves bien con tu yo interior, imagínatelo como la típica vecina pesada a la que no le haces caso. Aquella con la que, al compartir ascensor, ya empieza a explicarte todas sus historietas. Y tú tan solo puedes responder "sí, sí, vale..."».

A mí me sirve mucho esta imagen para darle menos peso mental a todo lo que me digo. Sobre todo cuando estoy asustada y mi mente empieza a llenarme de preocupaciones. Ahí paro y me digo: *Gracias, Sara, por todo lo que me dices. Valoro que quieras protegerme, pero,* sorry, *esta vez voy a hacer lo que quiero.*

Podría decirle: Sorry, *no te voy a hacer caso,* pero confieso que me sabe mal. Al final, gran parte de ese diálogo que muchos filósofos y grandes pensadores creen que nos lleva al sufrimiento es fruto de una evolución. Nos ha ayudado a tener éxito en nuestra supervivencia. Hay que aceptarlo con amabilidad, pero no tienes por qué creértelo. ¡Qué bien que exista la vecina pesada! Gracias a ella existimos. Es genial que su intención sea cuidarnos, pero hay veces que ese cuidado se vuelve sobreprotector e innecesario.

¿Y QUÉ TE HACE SER TÚ?

Una amiga mía que estudió filosofía y cursó un máster en Bioética hizo su trabajo final de máster acerca de la identidad. Me pareció un temazo, la verdad. En concreto, me gustó mucho cómo relacionaba la identidad con la memoria, porque así lo hace también la neurociencia.

Una persona que no recuerda nada de su vida ¿dejaría de ser ella misma? William James, de quien ya hemos hablado, diría que sí, sin duda. Las personas que tenemos familiares con alzhéimer podríamos también llegar a la misma conclusión. Si te borran los recuerdos, ¿qué queda? ¿Seguirías siendo tú?

Existen diferentes tipos de memoria. En neurociencia se habla sobre todo de la memoria episódica y de la memoria semántica. La primera hace referencia a la memoria autobiográfica, a todo lo que hemos ido viviendo, es decir, a nuestros recuerdos. La segunda se asocia al conocimiento social que nos enseñan en las escuelas, como, por ejemplo, la tabla de multiplicar o los ríos de España. Esta memoria es objetiva y compartida, mientras que la episódica es subjetiva y personal.

Al perder la identidad se nos borra la memoria episódica, la autobiográfica. Hay casos extremos de personas que solo pueden recordar minutos o segundos del presente. Si quieres conocer historias curiosas al respecto, te recomiendo leer el famoso libro del neurólogo Oliver Sacks, de quien ya hablamos en el capítulo 2, *El hombre que confundió a su mujer con un sombrero.*

Hay personas con lesiones en el cerebro que son incapaces de recordar nada de lo que les sucede en el momento, pero que saben el país donde viven, cómo atarse los zapatos o llegar hasta su casa.

Cuando situamos la memoria en el cerebro, no solo hay que pensar en el hipocampo. Este se encarga sobre todo de la memoria a corto plazo (recuerdos de cosas que acaban de pasar). Cuando un recuerdo se consolida en la memoria de largo plazo (lo recordaremos durante mucho tiempo), es porque el hipocampo ha traspasado esta información a zonas de la corteza cerebral.

En cambio, la memoria relacionada con hábitos (como el camino a casa) involucra a otras partes del cerebro, como los ganglios basales. A su vez, la memoria motora que tiene que ver con saber atarse los zapatos, ir en bici o conducir, queda almacenada en una de las partes más primitivas del cerebro: el cerebelo.

En este capítulo solo hablaremos sobre la memoria autobiográfica, que requiere de la interacción entre el hipocampo, redes de la CPF y la corteza parietal. Curiosamente algunas de estas redes forman parte de nuevo de nuestra querida RDN. Se cree que es gracias a esta memoria autobiográfica que sentimos la continuidad en el *Yo,* pese a que transcurra el tiempo. Por eso muchos científicos piensan que la RND es la red neuronal clave para construir nuestra identidad. De hecho, se ha visto que los pacientes con lesiones en estas partes de la CPF muchas veces no pueden reconocerse en las fotos ni en el espejo.

Por último, un dato curioso: ¿sabías que todo aquello por lo que sentimos apego (una persona, algo material, o incluso una creencia, valor u idea) también forma parte de nuestro *Yo* en el cerebro? En experimentos donde se muestran objetos personales relevantes se activaba en la persona la línea media del cerebro. El cerebro los considera suyos, parte de uno mismo.

Ahora entiendo por qué a veces cuesta tanto tirar cosas o por qué hay tantas peleas políticas o sobre diferentes valores. ¡Las personas pueden sentir esas diferencias de opinión como ataques personales!

¿Los animales tienen consciencia? ¿Y los bebés?

Según el neurocientífico español Francisco Mora, entre otros grandes científicos, los seres humanos somos los únicos capaces de tener consciencia sobre nuestra propia mente, es decir, autoconsciencia o metacognición. Esta propiedad marca la diferencia entre nuestra especie y el resto de los seres vivos.

Sí se ha comprobado que algunos chimpancés, delfines, elefantes e incluso urracas pasan la prueba del espejo de Gordon Gollup. Es decir, son capaces de reconocerse a sí mismos en un espejo, pero esto no significa que sean conscientes de su propio pensamiento, que tengan un *Yo* consciente de sí mismo. Lo que demuestran estos experimentos es que esos animales son capaces de reconocer su cuerpo como suyo propio, lo cual se denomina técnicamente *identidad visuoquinestética*.

Cuando cumplen un año y medio, los bebés también son capaces de reconocerse en el espejo, pero no tienen aún autoconsciencia. Pueden ver que tienen una marca o calcomanía en la frente, cuando se miran al espejo, pero según el neurocientífico Wolf Singer, eso no es lo mismo que tener consciencia de la existencia sobre uno mismo a lo largo del tiempo.

El tema de la consciencia en los bebés sigue abierto. La CPF es una pieza clave en la autoconsciencia. Durante mucho tiempo se pensó que los bebés, al tener la CPF muy inmadura, no podían tener consciencia sobre sí mismos. De hecho, antes, ni se anestesiaba a los bebés en las operaciones, porque se pensaba que no podían sentir dolor, ya que esta parte no estaba formada.

Con el tiempo se vio que el hecho de que esta parte estuviera inmadura no significaba que no fuera funcional. Incluso en el vientre de una madre, en un periodo de gestación de poco más de seis meses, se ha visto que la corteza cerebral empieza a formarse y plegarse. Esta parte está activa. Lo que sí sucede es que las conexiones (axones) no están recubiertas de mielina, una vaina que ayuda en la velocidad de transmisión de la información.

Por consiguiente, esta parte del cerebro en los bebés sí funciona, pero de una manera más lenta que en los adultos. Por ejemplo, un adulto puede detectar un rostro en una pantalla cuando esta imagen es proyectada al menos unos cuarenta o cincuenta microsegundos, mientras que un bebé de cinco meses es capaz de reconocer el rostro solo si se muestra la imagen durante más de cien microsegundos.

Según los estudios del neurocientífico Stanislas Dehaene, los niños de dos meses ya muestran consciencia, aunque este acceso consciente es cuatro veces más lento en los bebés que en los adultos. Claro que, para él, esta consciencia está ligada al hecho de que alguien sea capaz de prestar atención a algo que se le muestra, lo que también puede denominarse *percepción consciente*.

Este mismo neurocientífico descubrió que los bebés de dos meses ya son capaces de recordar, es decir, de retener información en la memoria de trabajo. Fascinante, ¿verdad? De ahí que los bebés, ya desde pequeños, sean esponjas capaces de absorber todo lo social que les rodea.

En cambio, para muchos otros neurocientíficos lo importante es tener la *consciencia de sí* (metacognición o autoconsciencia).

Tal y como se define nuestra especie tiene todo el sentido del mundo: *Homo sapiens sapiens* significa *el que sabe que sabe*. Es la capacidad de reflexionar acerca de nuestra propia existencia lo que marca la diferencia entre nosotros y el resto de los seres vivos.

Según Dehaene, el lema «conócete a ti mismo» es solo un ideal, porque nunca tendremos un conocimiento genuino de nuestro verdadero *Yo*. Las partes inconscientes que se activan al pensar en el *Yo* quedan lejos de nuestro alcance consciente, y nos serán siempre desconocidas.

Volviendo a la cuestión de si los animales tienen consciencia, para muchos neurocientíficos, uno de los grandes requisitos para que se dé la consciencia es que el cerebro del ser vivo en cuestión sea capaz de generar sentimientos.

Para algunos neurocientíficos, los animales con una gran corteza cerebral pueden tener sentimientos (emociones que pasan por el filtro de la razón, de la CPF) y, por lo tanto, son capaces de generar la subjetividad necesaria para que se dé la consciencia.

De hecho, en 2012 un grupo de destacados neurocientíficos se reunió en una conferencia titulada *Consciencia en humanos y en animales no humanos* en la Universidad de Cambridge. Ahí se firmó la famosa Declaración Cambridge de Consciencia que puede ser consultada de manera gratuita si la buscas por internet. En esta declaración se reconoce que los animales tienen consciencia, es decir, que perciben su propia existencia como algo diferenciado de los demás, así como la del mundo que los rodea.

Algunos científicos piensan, sin embargo, que hubo confusión con el término consciencia. Como dijimos antes, tener consciencia de uno mismo (a nivel físico) no es lo mismo que tener consciencia de lo que pienso y siento (autoconsciencia). Y en esta reunión no existió un consenso claro de que los animales pudieran llegar a tener pensamientos y sentimientos (aspectos subjetivos de la mente). Si hablamos de autoconsciencia, parece ser que solo los humanos la tienen.

Espero que la gente que tenga mascotas no se moleste al leer todo esto. No se está diciendo que los animales no sean inteligentes; estamos hablando del término consciencia (o quizá, mejor decir, autoconsciencia), en el que la subjetividad, el hecho de que exista un *Yo* interior que observa, analiza, evalúa y es consciente de sí mismo, es un requisito indispensable.

Dice el médico José Enrique Campillo Álvarez:

> Me cuesta asumir que un perro o incluso un chimpancé puedan ser conscientes de su yo, puedan evocar sentimientos de su pasado (lo felices que eran cuando cachorros) o sepan que inevitablemente han de morir. Y, por supuesto, nada de creer en un dios simio ni en un edén perruno.

Este es en verdad un terreno pantanoso, porque, ¿quién nos dice que los animales no tienen otras facultades mentales u otra forma de consciencia completamente diferente a la nuestra, y que desde nuestro condicionamiento mental no podemos ver? ¿Y si la forma de sentir de los animales es diferente a la nuestra?

Ahí dejo el tema. Lo que sí creo es que el hecho de que tengamos un nivel más elevado de consciencia, de ser así, no nos da el derecho de hacer con ellos cuanto queramos. Todo ser vivo merece ser amado y respetado.

¿Para qué sirve la consciencia?

Volviendo al reino humano, mi pregunta ahora es: ¿Por qué tenemos consciencia? ¿Fue fruto de una evolución o se dio como efecto secundario de algún proceso biológico?

Lo más fácil es pensar que si tenemos consciencia es porque tiene una cierta utilidad. Sin embargo, hay científicos que creen que no presupone para el ser humano un beneficio claro. Llevado a un extremo, el escritor francés Alexandre Vialatte decía que «la consciencia, igual que el apéndice, no sirve para nada más que para enfermarnos». Considera que la consciencia es un simple epifenómeno, es decir, un fenómeno secundario del desarrollo del cerebro. Algunos psicólogos la equiparan incluso al *acompañante del conductor*, que solo sirve para criticar inútilmente.

Quienes no tienen este pensamiento pesimista ven en la consciencia un objetivo funcional: nos capacita para tomar mejores decisiones, en lugar de ser arrastrados por los impulsos de la mente inconsciente.

Según Stanislas Dehaene, el neurocientífico de quien ya hemos hablado, el inconsciente es como un ejército de trabajadores que operan en el sótano del cerebro. Estos hacen el trabajo duro (por módulos) y filtran toda la información que entra. Una vez tienen una interpretación más detallada y completa, se la presentan a la mente consciente. Esta última viene a ser un comité ejecutivo que vive en el ático y que examina y evalúa estas partes ya filtradas y es capaz entonces de decidir, de determinar.

Según Daniel Gilbert (profesor de la Universidad de Harvard), la consciencia nos sirve para construir el futuro, imaginando escenarios que aún no existen, lo cual aumenta claramente nuestras posibilidades de supervivencia y reproducción. Otra función que podría tener la consciencia es ayudarnos a comunicar nuestras ideas, sentimientos y pensamientos a los demás, lo cual permitió la cooperación social que nos hizo progresar.

Gracias a la **consciencia** podemos:

- Sentido de la identidad
- Decidir (salir del piloto automático)
- Control de la conducta social
- Anticipar, imaginar, predecir
- Disfrutar y valorar de los placeres, deseos (plenitud)
- No sentirte sola

Por culpa de la **consciencia**:

- Miedo a la pérdida, a que todo terminará (muerte)
- Ansiedad (anticipación miedos)
- Construcción del EGO (YO)

Teorías sobre la consciencia

Vamos a explorar diferentes teorías sobre la consciencia y su relación con la neurociencia. Si quieres conocer más, puedes ver el estudio de revisión que se publicó en 2022 en la prestigiosa revista *Nature Neuroscience.*

Podríamos discutir, de entrada, si la consciencia se halla en el cerebro o no, porque muchas personas, a diferencia de la mayoría de neurocientíficos, consideran que la consciencia no tiene por qué hallarse en el cerebro o solo en el cerebro.

A favor de quienes la sitúan solo en el cerebro, es cierto que los traumatismos craneoencefálicos, los tumores o los infartos cerebrales suelen alterar la consciencia del sujeto, pero tal vez no sea prueba suficiente.

El neurocientífico Antonio Damasio defiende firmemente que la consciencia no se halla solo en el cerebro y en sus correlatos neuronales, sino que para explicarla necesitamos implicar el resto del cuerpo.

Como vemos, son varias las teorías que intentan desentrañar el gran enigma de la consciencia. Veamos las que tienen más fama neurocientífica.

1. Teoría global de trabajo (Global workspace theory)

Fundada por el psicólogo Bernard Baars en 1980 y apoyada después por Dehaene, esta teoría sostiene que la consciencia surge de la comunicación global en el cerebro. El cerebro trabaja por módulos, así como una empresa grande tiene diferentes departamentos (marketing, comercial, recursos humanos...) y también consta de un CEO, un jefe que observa lo que pasa en cada uno de estos módulos, esa sería la función de la consciencia.

Dehaene cree que en la CPF existen axones largos que pueden conectar partes distantes del cerebro (CCA y cortezas asociativas) y permiten generar este espacio global de trabajo.

Según esta teoría, los macacos serían conscientes, ya que tienen esta red de larga distancia que conecta la CPF con cortezas asociativas, y serían capaces de pensar en eventos pasados (se activa la CPF-parietal).

Según esta teoría global de trabajo, casi todas las regiones del cerebro participan en el pensamiento consciente tanto como en el inconsciente. La mente inconsciente propone diferentes opciones, mientras que la consciente elige cada vez una de ellas. Se podría hacer una analogía con el mundo cuántico. La parte inconsciente presenta todas las oportunidades posibles, mientras que la parte consciente determina una de ellas.

2. Teoría predictiva de la consciencia

El neurocientífico y divulgador Anil Seth apoya esta teoría sobre el carácter predictivo del cerebro. Con toda la información que el cerebro recibe a través de los sentidos, la consciencia hace sus mejores predicciones para interpretar lo que se ha percibido. Para el neurocientífico británico, la realidad que vemos no existe como tal, sino que es una interpretación que hace nuestro cerebro. Cada persona crea su propia *ilusión* de la realidad.

Según esta visión, las percepciones no vienen de afuera hacia adentro, sino que van principalmente de adentro hacia afuera. Lo que experimentamos, la realidad que construimos, es fruto de las *mejores conjeturas* que hace el cerebro sobre las causas de las señales sensoriales que recibe.

Por ejemplo, ¿qué ves en la siguiente imagen?

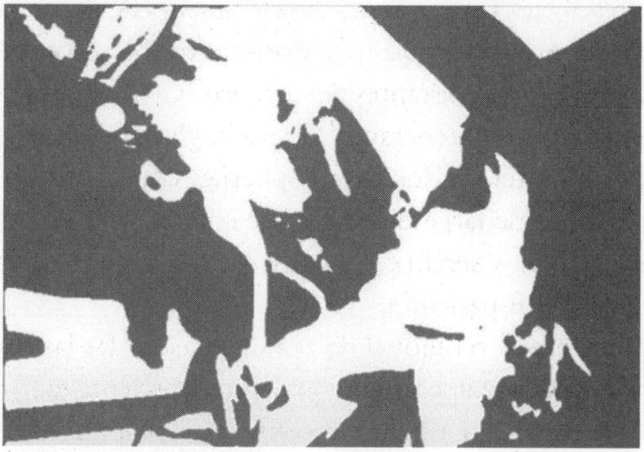

Fuente: «Theories of consciousness», Seth, A. K., & Bayne, T., *Nature Reviews Neuroscience*, 23(7), 439-452, 2022.

Seguramente, tu cerebro esté luchando por interpretar alguna imagen con sentido.

Si después de ver la imagen real (*más abajo*), vuelves a ver la anterior, lo más seguro es que tu cerebro pueda «percibirla» mucho mejor. Según diría Anil Seth, gracias a que tu cerebro considera todas las experiencias y conocimientos previos, puede dar su mejor predicción para que acabes viendo una realidad u otra. Sin embargo, la imagen original sigue siendo la misma. Lo que ha cambiado es la mejora de predicción hecha por tu cerebro.

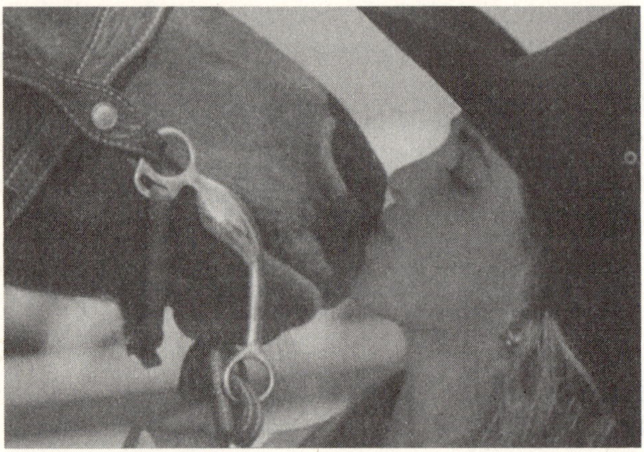

Aunque recibamos la información de afuera, proveniente de los sentidos, esta es filtrada, interpretada, contrastada con toda la información almacenada dentro del cerebro. Lo que se hace consciente es fruto de predicciones condicionadas por lo que hemos vivido previamente, por las expectativas previas y creencias.

Así pues, no percibimos el mundo como es, sino de la manera que nos resulta más útil en cada momento.

3. *Teoría de la consciencia según Antonio Damasio*

Para Antonio Damasio, todo ser vivo que siente y tiene un sistema nervioso complejo está en condiciones de tener consciencia.

Cuando habla de sentir se refiere a detectar todo lo que hay en el exterior. Por ejemplo, los mamíferos, aves, peces e incluso los insectos sociales son capaces de sentir estímulos sensoriales como la luz, el calor, las vibraciones o el contacto. Las bacterias y las plantas también pueden sentir estas influencias de fuera, gracias a una inteligencia no explícita, una inteligencia oculta en las profundidades de la biología. Lo que sucede es que no tienen un sistema nervioso que permita transformar estas percepciones en emociones.

Para Damasio, los sentimientos proporcionan experiencias, el conocimiento de la vida exterior en el cuerpo. La información sensorial, lo que percibimos de fuera, nos llega gracias a los sentidos vinculados al cuerpo. La médula espinal y el bulbo raquídeo se encargan de que esta información viaje a la corteza cerebral, donde —principalmente en las cortezas asociativas— se darán unos *mapas mentales* que él denomina *imágenes.* Aunque estas *imágenes mentales* no vienen solo del sentido de la vista. De hecho, el mundo interior también puede crear imágenes, gracias a la interocepción o, por ejemplo, cuando recordamos algo del pasado.

Los seres humanos podemos traducir estas imágenes en palabras gracias al carácter narrativo de nuestra mente, que permite que lo que nos sucede pueda ser recordado.

Hay sentimientos primarios provocados por percepciones que nos llevan hacia el equilibrio homeostático (mantener correctamente las variables fisiológicas del cuerpo, como la temperatura, el oxígeno, el ritmo de corazón, el agua…). Sin estos sentimientos no estaríamos vivos.

Luego existen los sentimientos secundarios, desencadenados por emociones como el miedo, la ira, la alegría... Todos los sentimientos poseen una valencia; es decir, son buenos o malos, positivos o negativos, deseables o rechazables, placenteros o dolorosos, agradables o desagradables. Cuando durante mucho tiempo siento un determinado sentimiento, es cuando podemos hablar de estado de ánimo.

Para Antonio Damasio, la subjetividad (la perspectiva del *Yo*) es clave para generar la consciencia. Para él, la subjetividad es el hecho de saber que el material que hay en mi mente es mío y el material que hay en la tuya es solo tuyo. Como seres conscientes, sentimos o percibimos en nuestra mente que existe una especie de *NOSOTROS MISMOS* que observa nuestra vida. Si la vida es una obra de teatro, somos actores y espectadores de esta obra, pero a veces también somos capaces de sentir que existe un observador capaz de observar cómo nos estamos observando. ¡Pum! Aquí el pensador corre el riesgo de acabar en un bucle casi infinito.

Para Damasio, los sentimientos de los que hemos hablado antes aportan la parte de *qualia* que lleva implícita la subjetividad. Y la integración de las imágenes más nuestra subjetividad es lo que generará la consciencia. En sus palabras:

> La subjetividad es una narración que se construye incesantemente. Esa narración surge de las circunstancias de un organismo con un perfil cerebral concreto que interactúa con el mundo que lo rodea, el mundo de sus recuerdos pasados y el mundo de su interior. Y esta es la esencia de los misterios que hay detrás de la consciencia.

4. Teoría cuántica de la consciencia

Otra interesante teoría sobre la consciencia viene de la mano de la física cuántica. Esta viene apoyada por los estudios llevados a cabo por el físico Roger Penrose y el médico anestesista Stuart Hameroff. Esta teoría despertó mucho interés hacia los años sesenta, junto con el auge de la espiritualidad de las filosofías orientales.

Tengo que confesar que, como física, esa tendencia de asociar fenómenos espirituales y subjetivos de la mente con la física cuántica me da repelús. Los místicos hablan de física cuántica como les conviene y eso me pone de los nervios.

Sobre esto me encanta la frase que se atribuye al científico Richard Feynman: «Hay que ser abierto de mente, pero no tanto como para que se te caiga el cerebro».

La física cuántica solo podemos aplicarla en escalas espaciales muy muy pequeñas. La física que se explica para entender las moléculas o los átomos no se puede utilizar para explicar cualquier cosa, aunque sea muy atractivo hacerlo.

Según la teoría cuántica sobre la consciencia, esta se da como resultado de cambios cuánticos que se producen en los circuitos neuronales, en concreto, en los microtúbulos que residen en el interior de cada neurona. Sin embargo, el cerebro no es un entorno adecuado para reproducir las condiciones del mundo cuántico. A su vez, todos los experimentos sobre el tema han fallado en demostrar esta teoría, con lo que ha ido perdiendo fuerza.

Los diferentes niveles de consciencia

Empecé el capítulo diciendo que la consciencia puede estar atribuida al *estar consciente*, al simple hecho de estar despiertos. Para muchos científicos este es el problema *fácil* de la consciencia.

Es sorprendente este terreno. Aunque cada vez sabemos identificar mejor si una persona está realmente consciente o no, en el 40 % de los casos los médicos pueden fallar en esta distinción.

Justo mientras escribía este capítulo, uno de mis mejores amigos sufrió un paro cardiaco estando en Cádiz de vacaciones con su pareja. Mario permaneció en coma varios días. La familia me pidió que, con los resultados obtenidos en el encefalograma, hablara con distintos neurocientíficos de Barcelona para ver si había alguna posibilidad de que se recuperase, ya que los médicos de Cádiz opinaban que había tanto daño neuronal irreversible que lo mejor era desconectarlo.

Han sido días muy duros, porque todas las opiniones que recibí apuntaban a lo mismo: por mucho que saliera del coma, mi amigo de tan solo treinta y seis años ya nunca podría tener un cerebro consciente, nunca volvería a ser él. Con todo su pesar, la familia decidió finalmente dejarlo ir.

Si te fijas en la dedicatoria de este libro, aparece Mario. También le dedico el libro a mi futura hija. Una vida que se fue y otra que está por llegar. Curiosamente, Mario fue el primer amigo en saber que estaba embarazada. Ironías de la vida.

A pesar de que en el caso de Mario todo estaba perdido, existen otros más favorables de personas en coma que han despertado y han recuperado todas sus funciones mentales y la consciencia. ¿Cómo se sabe cuándo va a suceder una cosa u otra? Tampoco hay aún una ciencia exacta. Detrás de estos temas todavía quedan muchas preguntas sin resolver.

Empecemos por el principio. Existen diferentes estados de consciencia dependiendo del nivel de vigilia que presenta la persona y de cuánto contenido es capaz de percibir.

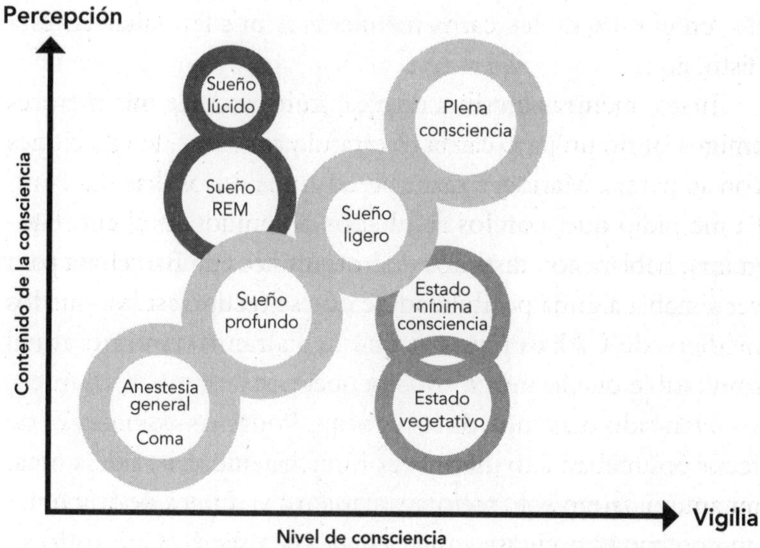

En la gráfica puedes ver que existe un estado dormido donde el nivel de vigilia es muy bajo, pero, en cambio, el contenido de la consciencia es alto; es decir, eres consciente de lo que está pasando. Esto sucede durante la etapa del sueño REM. Aún aparece más en los sueños lúcidos, cuando a nivel motor se encuentra todo en reposo, pero la consciencia está muy activa. Por eso puedo interaccionar y controlar aquello que sueño, mientras que durante el sueño profundo estoy completamente inconsciente.

El caso contrario sería lo que sucede con personas con el síndrome de enclaustramiento. Personas que no muestran movimiento del cuerpo, parecen estar en estado vegetativo, pero resulta que son conscientes de todo lo que sucede a su alrededor.

Tal y como vemos en la gráfica, el nivel más bajo de consciencia en el que podemos estar es durante el coma o cuando estamos anestesiados. Aunque nos pellizquen o nos toquen, no nos despertamos. El nivel de percepción de lo que sucede es prácticamente nulo.

Estudios que han comparado los cerebros de personas anestesiadas versus personas despiertas, muestran grandes diferencias en los córtices frontales y parietales, así como en la conectividad tálamo-cortical. Esta última es crucial para que el cerebro pueda seguir en contacto con el exterior.

El tálamo es la puerta de entrada del mundo sensorial, todo lo que percibimos de fuera, hacia el cerebro. Si se rompe esta conexión, podemos quedarnos atrapados dentro de nuestro propio cerebro. Los inputs del tálamo a la corteza cerebral son fundamentales para estimularla y que, por lo tanto, se mantenga un estado de vigilia en la persona. Por el contrario, si el tálamo reduce su actividad y sus interconexiones con las otras partes del cuerpo, entonces el cerebro se separa de la mente, como ocurre en el coma o en estados vegetativos.

Cuando las neuronas corticales y talámicas mueren, se borran todos los recuerdos de la persona. Podríamos decir que se produce la muerte de la identidad de la persona. Este daño es irreversible. No existe aún tecnología capaz de revivir estas neuronas. Esto es lo que le sucedió a mi amigo Mario, de ahí que los neurólogos tuvieran claro qué decisión se tenía que tomar en este caso.

Al estar en coma, la persona presenta una señal de actividad muy lenta (ondas de baja frecuencia) muy similar a la que se ve durante el sueño o la anestesia. Cuando esta actividad cesa por completo, ya podemos hablar de muerte cerebral. Esta se da cuando el paciente muestra un encefalograma plano, es decir, deja de existir actividad funcional en el bulbo raquídeo y hay incapacidad para respirar de manera autónoma.

Existen ejemplos sorprendentes y a la vez angustiosos de pacientes *enjaulados* en sus propios cerebros que han logrado comunicarse con el mundo exterior. En estos casos, la conexión tálamo-corteza permanece intacta, pero se han desconectado las rutas de salida de la corteza hacia la médula espinal. De ahí que no puedan moverse, pero sí sean conscientes.

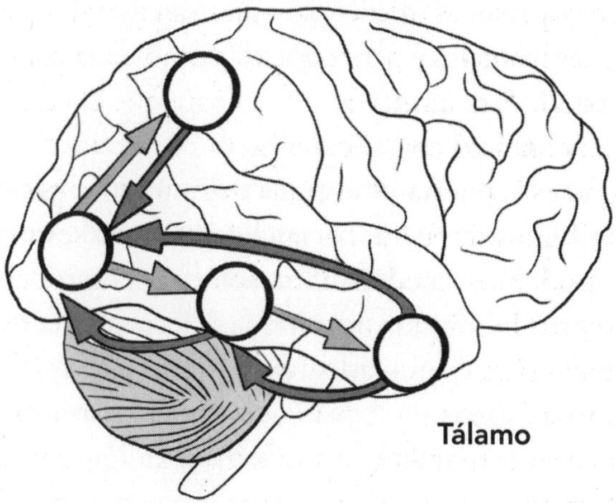

Jean-Dominique Bauby podía mover los ojos (arriba y abajo) y parpadear. Gracias a este sutil movimiento ocular, este paciente pudo escribir un libro describiendo su historia: *La escafandra y la mariposa*.

Luego está el caso de la paciente del neurocientífico Adrian Owen. Se trataba de una joven de veintitrés años que, a causa de un accidente de tráfico, había sufrido un gran daño bilateral en los lóbulos frontales del cerebro. Ella permanecía inconsciente y vegetativa. Así, al menos, concluyeron los médicos que la cuidaban. Afortunadamente, al medir su actividad neuronal, el doctor Adrian Owen descubrió que la red cortical del lenguaje se activaba cuando alguien le hablaba. Para ver si la paciente comprendía lo que se le estaba diciendo, le propuso que imaginara que estaba jugando al tenis o que imaginara cómo era su casa. A través del escáner (fMRI) se pudo comprobar que la paciente sí estaba siguiendo las instrucciones dictadas por el neurocientífico.

Más adelante, Owen hizo un segundo experimento para acabar de comprobar lo que estaba sucediendo. Tomó a personas sin ningún tipo de lesión cerebral y les hizo el mismo test. Sorprendentemente, se vio cómo las imágenes cerebrales que se creaban en estos pacientes control y en el cerebro de la paciente accidentada eran iguales.

La neurociencia tiene aún mucho que aportar en este terreno. Hay avances sorprendentes para despertar a pacientes en estado vegetativo o en coma. Se está demostrando que estimular a estos pacientes con dopamina aumenta las probabilidades de que despierten, como vimos en la referencia al ensayo —y película— *Despertares*. La dopamina parece ayudar a elevar el nivel de excitación del cerebro, lo cual puede servir para que la corteza vuelva a encenderse y funcionar.

¿Dónde está situada la consciencia en el cerebro?

Para terminar de hablar sobre la consciencia, me gustaría finalizar con mi opinión personal (basada en todo lo estudiado y explicado anteriormente) sobre cuáles son los indicios de dónde reside la consciencia en el cerebro.

Primero de todo, recordemos que para ser consciente debo estar consciente. Así que el requisito sería que la red cortico-talámica funcionara en sus plenas facultades.

En segundo lugar, sabemos que el piloto automático de la mente, la parte inconsciente del cerebro, cuenta con programas automatizados formados por circuitos neuronales donde la actividad eléctrica acostumbra a pasar una y otra vez. Si hacemos una analogía de estas conexiones con un mapa de carreteras, se trata de hábitos tanto conductuales como mentales que acostumbramos a repetir una y otra vez, creando autopistas en nuestro cerebro.

Esta red de autopistas pasa a la parte inconsciente de nuestro cerebro. La mitad de lo que hacemos en nuestro día son hábitos, no nos damos cuenta, no somos conscientes de lo que hacemos. Solemos ser conscientes de las cosas nuevas que hacemos y que requieren un esfuerzo atencional. De ahí que muchos científicos consideren que la consciencia se sitúa en la CPF, mientras que la parte inconsciente está sumergida en lo más profundo del cerebro.

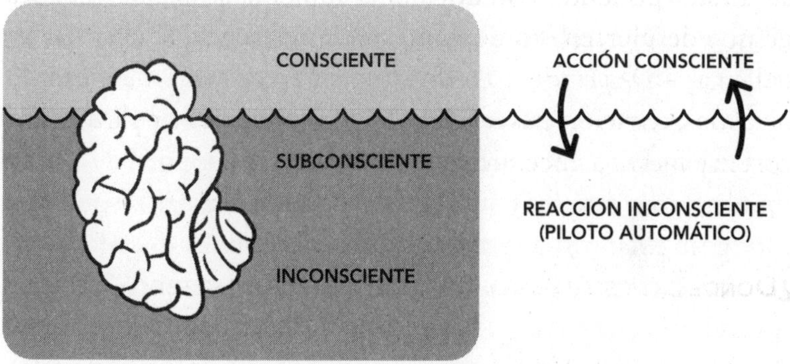

Fuente: Figura del libro *El cerebro de la gente feliz*, Ferran Cases & Sara Teller, Grijalbo, 2021.

El catedrático de medicina Francisco J. Rubia, en su libro *El cerebro espiritual*, habla de la consciencia *egoica* como aquella consciencia en la que el *YO* está presente. En este tipo de consciencia la CPF y la CCA son las líderes. Si recuerdas, en el capítulo 6 hablamos sobre la *meditación abierta*, en la que soy consciente todo el tiempo de cuanto está ocurriendo fuera y dentro de mí. ¿No es justamente de esto de lo que hablamos aquí? Muchos definen este tipo de meditación como *consciencia plena*. Lo bonito es que en este tipo de meditación se activaba a la vez la CPF y la red de *darse cuenta* o red de *saliencia* (CCA-ínsula). Para mí tiene todo el sentido del mundo que la parte más evolucionada de nuestro cerebro, la CPF, esté involucrada en la consciencia, así como la red que me ayuda a percatarme de todo lo que ocurre (percepción consciente).

Pero estoy con Antonio Damasio en que falta algo más aquí. Falta esa perspectiva del *YO*, de tener en cuenta mi mundo interior, personal y único. Faltan la emocionalidad, la subjetividad, los *qualia* y la autoconsciencia. Antonio Damasio llamó a este tipo de consciencia la *consciencia ampliada*. Podemos recogerla en las partes del cerebro que forman el *YO* y que vimos al inicio del capítulo. Eso significaría incluir partes del cerebro social, emocional y físico en la búsqueda de la consciencia en el cerebro, dejando de limitarnos solo a las partes más cognitivas.

Pero, claro, esta es solo mi suposición lógica de dónde podría hallarse la consciencia, que es a su vez un popurrí de lo que opinan otros neurocientíficos. Para realmente dar respuesta a este gran misterio aún habrá que esperar unas décadas más. O, quizá, como opinan muchos filósofos, el cerebro humano no está capacitado para desentrañar lo que muchos denominan el *problema difícil* de la consciencia.

ALGUNOS CAMINOS PARA DESARROLLAR LA CONSCIENCIA

1. *Práctica espiritual.* Rezar, cantar mantras, hacer visualizaciones o cualquier otra vía de desarrollo espiritual te servirá para conectar con tu serenidad interior y, por lo tanto, con tu consciencia.
2. *Meditación, yoga, taichí, chi kung* son caminos milenarios para ganar en consciencia, puesto que te permiten prestar atención a tu cuerpo y a tu mente.
3. *Silencio.* Ser capaz de estar con uno mismo, sin otro estímulo que distraiga nuestra mente, es una autopista al autoconocimiento.

4. *Expresión artística.* Cualquier medio que utilicemos —escritura, plástica, danza, música— para abrir el grifo de la creatividad nos permitirá acceder a aspectos interiores hasta ahora desconocidos. El arte permite elevar el iceberg de lo inconsciente hacia la superficie consciente.
5. *Amor.* Abrir nuestro corazón a una persona, a una pasión, a la humanidad entera, al universo, es otra manera, según las tradiciones espirituales, de expandir la consciencia.

Religión, espiritualidad y cerebro

¿Existen estructuras y mecanismos neurobiológicos asociados a la espiritualidad? ¿Ser espiritual o religiosa genera transformaciones en el cerebro que puedan impactar en su actividad y salud? Como ahora veremos, la respuesta a estas preguntas es sí.

Mientras que la espiritualidad como tal está centrada en trabajar el *Yo*, la religión es un tipo de espiritualidad compartida a nivel social y focalizada en un dios (o varios). Tal como dice el catedrático de medicina Francisco J. Rubia en su libro *El cerebro espiritual*: «No existe religión sin espiritualidad, pero sí espiritualidad sin religión». Según este médico, se puede definir la espiritualidad como esa sensación de alegría extraordinaria, atemporal, que puede introducirnos en una segunda realidad mucho más vívida e intensa que la cotidiana.

Estudios recientes han demostrado que las partes que se activan en las personas que rezan forman parte de la red social donde la CPF es la protagonista. Es decir, la red que se activa cuando pensamos en Dios es la misma que cuando pensamos en otras personas, en sus intenciones, deseos, expectativas, ideas… Como vimos en el capítulo en el que hablábamos sobre las redes sociales, a esta habilidad mental se le llama «teoría de la mente» o «mentalización». Somos lectores de mentes, suponemos de entrada que el otro tiene una mente con sus creencias, sus deseos, sus pensamientos... y que podemos predecirlos. Por eso se cree que la teoría de la mente es un proceso necesario, pero no suficiente para que surjan creencias divinas. De hecho, se ha comprobado que cuanta más capacidad tiene una persona de *mentalizar*, más predisposición presenta a creer en Dios. Esto encaja con el hecho de que existen más mujeres creyentes que hombres y de que casi todas las personas con autismo sean ateas.

¿Qué nos dice el hecho de que se active esta red al rezar? Pues, en primer lugar, que las creencias divinas están instauradas en procesos normales del cerebro. Y, en segundo lugar, que las personas que hablan con Dios lo viven a nivel neuronal como si hablaran con un amigo, ya que al hablar con alguien real también activamos esta parte del cerebro (teoría de la mente), y que, por lo tanto, el sentimiento de soledad se ve reducido.

En varios estudios se ha comprobado que, si se pide a los creyentes que hablen con Santa Claus o con cualquier otro personaje ficticio, ya no muestran actividad en esta zona del cerebro.

Otra de las partes que se ven activas cuando pensamos en Dios o cuando nos introducimos en un estado espiritual, es el circuito de recompensa. Es decir, ser creyentes o espirituales nos hace sentir placer, genera una recompensa para el cerebro.

La espiritualidad afecta de manera positiva al cerebro

A mí me pasa. Me hace sentir bien estar en conexión con mi lado espiritual. De ahí que el yoga me llene tanto. Aunque debo confesar que también he sentido rechazo hacia este tema.

Me eduqué en un colegio de monjas y, de pequeña, en muchas ocasiones pensé incluso en tomar los hábitos, para que veas lo devota que era. Este sentimiento cambió por completo cuando salí del colegio y empecé el instituto. Me fui al otro extremo. Empecé a sentir rabia hacia todo lo relacionado con Dios, la Iglesia o la religión. Sentía que me habían comido el coco durante años, sin permitirme decidir en qué quería creer yo. Estaba enfadada con el hecho de que me hubieran impuesto unas creencias que yo no había elegido desde mi libertad, y eso había condicionado mi comportamiento, mi forma de ser.

Cuando entré en la carrera de Física, si quedaba algún recoveco de espiritualidad dentro de mi cerebro, se esfumó de golpe. Estudiar una carrera científica te lleva casi siempre a una postura atea.

Cuando acabé mi doctorado y empecé a sufrir ataques de pánico, conecté de nuevo con el mundo espiritual, esta vez de la mano del yoga. En las formaciones de yoga, cuando se hablaba de *divinidad* había una parte de mí que seguía rechazándola. Hasta que la transformé en lo que ahora siento que conecta conmigo.

Para mí, ser espiritual es sentir que formo parte de la naturaleza, del misterio de la vida, del universo. No creo en ningún dios concreto, pero me da bienestar sentir que formo parte del universo, que no estoy sola, que todos los seres formamos parte del misterio de la vida. Me encanta admirar profundamente todo lo que existe como si de una obra de arte se tratara. Me hace sentir que puedo confiar en todo lo que me rodea.

Uno de los grandes miedos del ser humano, como comenté en el capítulo dedicado a la resiliencia, es el miedo a la muerte. Cuando tienes ataques de pánico, este miedo se hace muy tangible. El yoga me ayudó a nivel fisiológico y neuronal a reducir mis niveles de estrés para poder empezar a pensar con claridad. Pero cada vez tengo más claro que, para no dejar que el miedo condicionara mi vida, lo que me ayudó enormemente fue entrar en el terreno espiritual.

Y digo que cada vez lo tengo más claro, porque la neurociencia sabe que cuando una persona experimenta *estados místicos*, se liberan neurotransmisores como la serotonina (sube el estado de ánimo), la oxitocina (aumenta la confianza y el amor) o la dopamina (relacionada con la búsqueda de recompensas) que te hacen sentir plena y feliz.

En concreto, el aumento de la serotonina parece estar vinculado con el sentido de transcendencia de uno mismo. Este neurotransmisor también se ve elevado al ingerir drogas alucinógenas como el LSD. La elevación de los niveles de oxitocina es lo que causa el aumento de afecto, sensación de amor y cercanía que sienten las personas que entran en estos estados espirituales o religiosos.

La elevación de esta neuroquímica puede ayudar a combatir trastornos mentales como la depresión. Algunos estudios muestran que las personas con mucha vida espiritual disminuyen un 80 % el riesgo de sufrir depresión frente a las personas no creyentes ni espirituales. Se ha comprobado que las personas espirituales presentan una disminución en su red neuronal por defecto, que justo se ve hiperactivada en personas con depresión o ansiedad. Asimismo, el aumento de oxitocina que favorece el apego, la unión con el otro, puede ayudar en gran medida a reducir miedos y ansiedades.

Como ya he dicho más de una vez, para el cerebro, el antídoto del miedo es el amor. En mi experiencia personal puedo corroborar que así fue. Volver a introducir la espiritualidad en mi día a día fue un factor clave para dejar atrás la ansiedad y los miedos, y empezar a confiar en la vida, a sentirme plena y feliz.

La ciencia nos dice que cuando meditamos o realizamos prácticas religiosas o espirituales, aumentan los niveles del neurotransmisor GABA (que inhibe la actividad neuronal) y disminuyen los niveles de noradrenalina, adrenalina y cortisol, justo las hormonas que se liberan cuando sentimos estrés o ansiedad.

¿A quién no le apetece ahora ser un poco más espiritual?

¿Existe un cerebro espiritual?

Aunque las experiencias espirituales son procesadas por todo el cerebro, podemos afirmar que existe un área clave, sí. Según la neurociencia de la espiritualidad (o neuroteología), hay una zona del cerebro que cuando se desactiva o reduce su actividad facilita las experiencias espirituales.

¿Tenemos ese mecanismo para poder sentir la espiritualidad? ¿O fue Dios quien creó esta parte del cerebro para que pudiéramos sentir la espiritualidad? Desde la ciencia, solo podemos responder en afirmativo a la primera pregunta.

Antes se pensaba que la sede de la espiritualidad se encontraba en el lóbulo temporal (del que la amígdala y el hipocampo forman parte). Se había visto que las personas epilépticas, que activan intensamente esta zona del cerebro, tienden a vivir experiencias hiperreligiosas.

El neurólogo Michael Persinger construyó un casco capaz de estimular esta zona del cerebro. Por eso se denominó *el casco de Dios.* Los novecientos participantes del experimento afirmaron haber visto figuras religiosas, espirituales o incluso alienígenas (dependiendo de las creencias de base de la persona) al ser estimulada esta zona. El problema es que ningún otro científico ha podido reproducir estos resultados.

El doctor Francisco J. Rubia, del que hemos hablado con anterioridad, distingue entre la consciencia egoica y la consciencia espiritual. La primera él la halla, como dijimos, en la CPF y el CCA, mientras que la segunda, la espiritual, sugiere que se encuentra en el lóbulo temporal que forma parte del sistema límbico.

La consciencia espiritual para él está relacionada con el mundo de las emociones y de la transcendencia del *yo*, de la disolución del *yo*. Esta disolución es una característica bastante común y necesaria en todas las experiencias espirituales. Después veremos por qué. Según él, en épocas pasadas vivíamos más en este tipo de consciencia, mientras que en la actualidad estamos atrapados por la conciencia egoica.

Los últimos estudios respecto al tema focalizan la sede de la espiritualidad en el lóbulo parietal. La reducción de actividad en este lóbulo es lo que hace que perdamos el sentido del *Yo* y que aparezca una sensación de fusión con el universo.

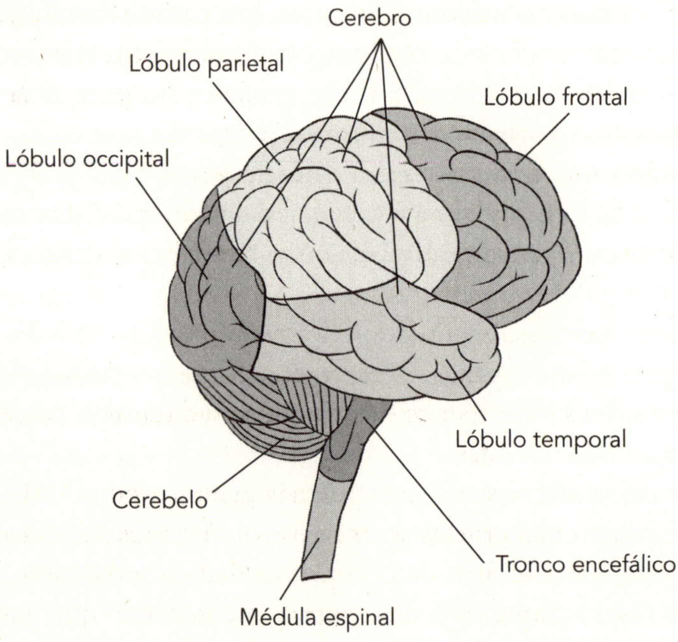

La misión de este lóbulo que forma parte de la corteza cerebral es mayormente integrar la información perceptiva, sensorial (la que viene de fuera), con la de dentro.

Este lóbulo, junto con el temporal y el prefrontal, forman parte de la RND, que también vimos que está muy implicada en el *Yo* y en la construcción de su autobiografía. Las regiones laterales del lóbulo parietal están relacionadas con la referencia del *Yo* frente a los demás.

En suma, esta parte del cerebro me sirve para reconocerme frente a otros. Cuando esta parte se desconecta o reduce su actividad, aumenta la conexión con los de fuera.

En concreto, la doctora Lisa Miller en su artículo publicado en *Cerebral Cortex* en 2019, proclama el lóbulo parietal inferior izquierdo como el área central de las experiencias espirituales. Ciertamente se ha comprobado, a partir de estudios de pacientes con lesiones o trastornos mentales, que cuando disminuye la actividad en el lóbulo parietal aumenta la experiencia espiritual.

Se cree que la corteza parietal es clave para generar la espiritualidad porque aumenta la desconexión con el *Yo* y la conexión con lo *divino*, con la naturaleza o con el cosmos. El pionero de la psicología William James ya relacionaba el aumento de transcendencia espiritual con la disminución del sentido del *Yo*.

Y si recuerdas lo que dicen los monjes budistas: «No *Yo,* no problema», esta podría ser una razón por la que las personas espirituales sufren menos depresión, se sienten más felices y también más relajadas.

Curiosamente se ha visto que hay genes como el VMAT2 que te hacen más proclive a ser espiritual. Algunos autores afirman que hasta el 50 % de la espiritualidad es hereditaria. En todo caso, aunque haya un componente genético que pueda favorecer la espiritualidad, la persona está condicionada por todo lo que vive y por su ambiente gracias a la neuroplasticidad.

En conclusión, podríamos decir que las cortezas temporales, límbicas y ejecutivas (como la CPF media) son importantes en las experiencias espirituales. Generan una intensidad emocional propia de una experiencia mística, pero la clave parece recaer en la desactivación de este lóbulo parietal que, por cierto, también está asociado al lenguaje, las matemáticas, la visión espacial, la expresión corporal, la atención, el control impulsivo y la ideación de planes.

Claro, fíjate, ¿qué pasa si todo esto se desvanece? Pues que nos sentimos libres y podemos ser nosotros mismos.

Esto es justo lo que busca el yoga, *la propia naturaleza del Ser*. En realidad es lo que todos seríamos si no estuviéramos viviendo en sociedad, cargados de tantas normas, restricciones, miedos y condicionamientos de cómo debemos de ser. Si no existiera ese Ego, esa personalidad creada para poder convivir en armonía, en sociedad, quizá estaríamos aún supeditados a una mente más intuitiva, más mamífera (relacionada con el sistema límbico) y menos racional (menos egoica).

Drogas y estados alterados de consciencia

Quizá es porque la gente se siente atada, inhibida, encarcelada, no siendo lo que realmente son, por lo que el yoga y la espiritualidad están tan de moda. Y quizá es también por eso que a muchas personas les gusta experimentar con drogas para entrar en estados de trance o de éxtasis. El autodescubrimiento nos llama mucho, en general.

Drogas como el LSD, la psilocibina de los hongos, el DMT de la ayahuasca o la mescalina del peyote nos sumergen en estados alterados de consciencia y reducen drásticamente la actividad del lóbulo parietal, contribuyendo a la disolución del *Yo*.

Una consciencia aumentada no es mejor ni peor. Lo que sí parece es que estas sustancias, bajo supervisión médica, podrían ser beneficiosas para tratar enfermedades mentales como la depresión grave.

En todo caso, dada la peligrosidad de tomar por iniciativa propia estas sustancias, que pueden desatar brotes psicóticos, quiero recordar que los estados alterados de conciencia no son coto exclusivo de las drogas. Podemos acceder a ellos a través de la meditación, del yoga, de la espiritualidad, incluso del arte en todas sus formas. Cualquier medio que nos lleve a un viaje de autodescubrimiento nos acercará a la plenitud personal, a la vez que mitigaremos emociones como la ansiedad, el estrés o el miedo.

A medida que ganemos en autoconocimiento y serenidad, nos sentiremos más conectados con nosotros mismos, con los demás y con el universo entero.

¿Es la espiritualidad fruto de la evolución?

En realidad, podemos pensar que no. De hecho, parece que va en contra de esta. A nivel evolutivo, es cierto que hemos desarrollado más intensamente las zonas *racionales* del cerebro (lóbulo frontal). En cambio, vemos que la espiritualidad hoy en día sigue vigente, y siempre ha estado ahí, de una forma u otra.

Aunque en el mundo científico hay un gran rechazo a este tema, me gusta mucho la explicación que da el neurocientífico Persinger, el inventor del mencionado *casco de Dios.*

Este desarrollo ha permitido que controlemos mejor nuestras conductas, con lo que la vida ahora es más civilizada que antes. También esta parte nos ha regalado la anticipación, imaginar, predecir qué pasará en un futuro, que nos ha ayudado enormemente a nivel de supervivencia. Pero (siempre existe un *pero)* esta anticipación también nos ha traído mucha ansiedad. Todo el mundo ahora es consciente de su propia muerte. Persinger cree que las personas tienden a creer en lo divino, a entrar en el mundo de lo espiritual para disminuir este terror intrínseco que se tiene hacia la muerte de uno mismo, o incluso para tapar el vacío existencial.

Yo añadiría que la espiritualidad es una fuerza que nos impulsa a crecer como personas. La disolución del *Yo* que se trabaja con prácticas espirituales y el aumento de estos neurotransmisores que hacen que ames al mundo favorece la relación personal con una misma y con los demás. Es decir, que sales ganando a nivel personal y social.

Sobre esto, Einstein decía: «La emoción más hermosa que podemos experimentar es la mística. Es la sembradora de todo arte y ciencia auténticos. Quien sea extraño a esta emoción... es como si estuviera muerto».

Einstein me hace pensar que la espiritualidad puede ser considerada como otra emoción más que ayuda a guiar nuestras vidas. Y no hace falta imaginarte ahora sentado en el suelo cantando mantras o yendo a la iglesia a rezar. Se pueden dar experiencias espirituales escuchando una canción, ante un cuadro, viendo un espectáculo de danza o, sencillamente, admirando una bella puesta de sol. Ante todos estos escenarios, algo de dentro (muchos llamarían alma) se despierta, se aviva.

Mientras estoy experimentando ese estado, la mente puede pensar: ¡¿Y esto para qué sirve?! Si tu parte racional necesita una respuesta, en vez de disfrutarlo porque sí, la neurociencia contestaría: para que ganes en bienestar emocional y mental.

El novelista estadounidense Henry Miller recomendaba al respecto: «Desarrolla un interés en la vida tal como la ves; las personas, las cosas, la literatura, la música... el mundo es rico, palpita lleno de tesoros, almas bellas y gente interesante. Olvídate de ti mismo».

AGRADECIMIENTOS

Quiero agradecer a todos aquellos que me habéis acompañado en este apasionante viaje. En especial a Ferran, mi gran compañero de vida, por toda la paciencia, el amor y el soporte brindado. Gracias por creer tanto en mí.

También gracias a Francesc Miralles, por ser mi guía, por ayudarme a materializar este libro, por enseñarme otras formas más amables de trabajar, por conseguir que este libro esté escrito desde la ilusión, el amor y las ganas de compartir. Gracias por confiar tanto en mí.

Y gracias a todas y todos quienes, sin daros cuenta, me habéis dado la energía y el buen humor para que el libro se fuera escribiendo solo.

Por último, gracias al yoga, por recordarme una y otra vez desde dónde hago lo que hago, cómo quiero que sea y hacia dónde quiero dirigirme.

Un abrazo enorme a todos.

BIBLIOGRAFÍA Y REFERENCIAS

Capítulo 1

ARTÍCULOS

Aguirre, W. (2009). Esteroides sexuales y sistema nervioso central. *Medwave, 9*(05).

Czoty, P. W., Riddick, N. V., Gage, H. D., Sandridge, M., Nader, S. H., Garg, S., ... & Nader, M. A. (2009). Effect of menstrual cycle phase on dopamine D2 receptor availability in female cynomolgus monkeys. *Neuropsychopharmacology, 34*(3), 548-554.

Estadística de Nulidades, Separaciones y Divorcios elaborada por el Instituto Nacional de Estadística de España, 2015.

Fisher, H. (2004). Your brain in love. *Time, 163*(3), 80-80.

Fisher, H. E., Aron, A., & Brown, L. L. (2006). Romantic love: a mammalian brain system for mate choice. *Philosophical Transactions of the Royal Society B: Biological Sciences, 361*(1476), 2173-2186.

Gogos, A., Sbisa, A. M., Sun, J., Gibbons, A., Udawela, M., & Dean, B. (2015). A role for estrogen in schizophrenia: clinical and preclinical findings. *International Journal of Endocrinology, 2015.*

González, O., García, M. & Domínguez, R. (2015). Las hormonas y la conducta sexual femenina. *Ciencia - Academia Mexicana de Ciencias, 66 (24-29),* 1405-6550.

Killingsworth, M. A., & Gilbert, D. T. (2010). A wandering mind is an unhappy mind. *Science, 330*(6006), 932-932.

LIBROS

Alonso, José Ramón, *El cerebro enamorado*, Planeta, 2022.
Calixto, Eduardo, *Un clavado a tu cerebro*, Aguilar, 2017.
Calixto, Eduardo, *El perfecto cerebro imperfecto*, Aguilar, 2021.
Fisher, Helen, *Por qué amamos*, Taurus, 2004.
Lieberman, Daniel Z. y Long, Michael, E., *Dopamina*, Península, 2021.

Capítulo 2

ARTÍCULOS

Bakas, T., Van Nieuwenhuijzen, P. S., Devenish, S. O., McGregor, I. S., Arnold, J. C., & Chebib, M. (2017). The direct actions of cannabidiol and 2-arachidonoyl glycerol at GABAA receptors. *Pharmacological Research*, *119*, 358-370.

Baumeister, R. F., & Vohs, K. D. (2003). Willpower, choice, and self-control.

Berghuis, P., Dobszay, M. B., Wang, X., Spano, S., Ledda, F., Sousa, K. M., ... & Harkany, T. (2005). Endocannabinoids regulate interneuron migration and morphogenesis by transactivating the TrkB receptor. *Proceedings of the National Academy of Sciences*, *102*(52), 19115-19120.

Bernacer, J., & Murillo, J. I. (2014). The Aristotelian conception of habit and its contribution to human neuroscience. *Frontiers in Human Neuroscience*, *8*, 883.

Cannon, C. M., & Palmiter, R. D. (2003). Reward without dopamine. *Journal of Neuroscience*, *23*(34), 10827-10831.

De Gregorio, D., McLaughlin, R. J., Posa, L., Ochoa-Sánchez, R., Enns, J., Lopez-Canul, M., ... & Gobbi, G. (2019). Cannabidiol modulates serotonergic transmission and reverses both allodynia and anxiety-like behavior in a model of neuropathic pain. *Pain*, *160*(1), 136.

Di Francesco, A., Falconi, A., Di Germanio, C., Di Bonaventura, M. V. M., Costa, A., Caramuta, S., ... & D'Addario, C. (2015). Extravirgin olive oil up-regulates CB1 tumor suppressor gene in human colon cancer cells and in rat colon via epigenetic mechanisms. *The Journal of Nutritional Biochemistry*, *26*(3), 250-258.

Matsunaga, M., Isowa, T., Yamakawa, K., Fukuyama, S., Shinoda, J., Yamada, J., & Ohira, H. (2014). Genetic variations in the human can-

nabinoid receptor gene are associated with happiness. *PloS one*, *9*(4), e93771.
McPartland, J. M., Guy, G. W., & Di Marzo, V. (2014). Care and feeding of the endocannabinoid system: a systematic review of potential clinical interventions that upregulate the endocannabinoid system. *PloS one*, *9*(3), e89566.
Monory, K., & Lutz, B. (2009). Genetic models of the endocannabinoid system. *Behavioral Neurobiology of the Endocannabinoid System*, 111-139.
Oleson, E. B., Beckert, M. V., Morra, J. T., Lansink, C. S., Cachope, R., Abdullah, R. A., ... & Cheer, J. F. (2012). Endocannabinoids shape accumbal encoding of cue-motivated behavior via CB1 receptor activation in the ventral tegmentum. *Neuron*, *73*(2), 360-373.
Pecina, S., Cagniard, B., Berridge, K. C., Aldridge, J. W., & Zhuang, X. (2003). Hyperdopaminergic mutant mice have higher "wanting" but not "liking" for sweet rewards. *Journal of Neuroscience*, *23*(28), 9395-9402.
Peciña, S., Smith, K. S., & Berridge, K. C. (2006). Hedonic hot spots in the brain. *The Neuroscientist*, *12*(6), 500-511.
Ryff, C. D., Heller, A. S., Schaefer, S. M., Van Reekum, C., & Davidson, R. J. (2016). Purposeful engagement, healthy aging, and the brain. *Current Behavioral Neuroscience Reports*, *3*, 318-327.
Schultz, W. (2000). Multiple reward signals in the brain. *Nature Reviews Neuroscience*, *1*(3), 199-207.
Schultz, W. (2015). Neuronal reward and decision signals: from theories to data. *Physiological reviews*, *95*(3), 853-951.
Skinner, B. F. (1948). 'Superstition'in the pigeon. *Journal of experimental psychology*, *38*(2), 168.

LIBROS

Clear, James, *Hábitos atómicos*, Planeta, 2020.
Lieberman, Daniel Z. y Long, Michael E., *Dopamina*, Península, 2021.
Miralles, Francesc y García, Héctor, *Ikigai*, Urano, 2016.
Moix, Jenny, *Felicidad flexible*, Aguilar, 2011.
Sacks, Oliver, *Despertares*, Anagrama, 2010.
Teller, Sara y Ferran Cases, *El cerebro de la gente feliz*, Grijalbo, 2021.

Capítulo 3

ARTÍCULOS

Arnsten, A. F. (2009). Stress signalling pathways that impair prefrontal cortex structure and function. *Nature Reviews Neuroscience, 10*(6), 410-422.

Crespo-García, M., Wang, Y., Jiang, M., Anderson, M. C., & Lei, X. (2022). Anterior cingulate cortex signals the need to control intrusive thoughts during motivated forgetting. *Journal of Neuroscience, 42*(21), 4342-4359.

DeWall, C. N., MacDonald, G., Webster, G. D., Masten, C. L., Baumeister, R. F., Powell, C., ... & Eisenberger, N. I. (2010). Acetaminophen reduces social pain: Behavioral and neural evidence. *Psychological Science, 21*(7), 931-937.

Ducharme, S., Dougherty, D. D., & Drevets, W. C. (2016). Neuroimaging and neurocircuitry of obsessive-compulsive disorder and major depressive disorder. *Psychiatric Neurotherapeutics: Contemporary Surgical and Device-Based Treatments*, 51-77.

Eisenberger, N. I. (2015). Social pain and the brain: Controversies, questions, and where to go from here. *Annual Review of Psychology, 66*, 601-629.

Eisenberger, N. I., Lieberman, M. D., & Williams, K. D. (2003). Does rejection hurt? An fMRI study of social exclusion. *Science, 302*(5643), 290-292.

Franklin, T. B., Saab, B. J., & Mansuy, I. M. (2012). Neural mechanisms of stress resilience and vulnerability. *Neuron, 75*(5), 747-761.

Freire, Y. M. O., Cueva, M. A. S., Lema, L. E. C., & Macías, M. E. P. (2021). Resiliencia y neurociencia. Reflexiones en el contexto educativo. *Revista EDUCARE-UPEL-IPB-Segunda Nueva Etapa 2.0, 25*(2), 401-415.

Frost, R. O., Marten, P., Lahart, C., & Rosenblate, R. (1990). The dimensions of perfectionism. *Cognitive therapy and research, 14*, 449-468.

Haber, S. N., & Knutson, B. (2010). The reward circuit: linking primate anatomy and human imaging. *Neuropsychopharmacology, 35*(1), 4-26.

Kim, H. (2022). Reward-Punishment Processing and Learning.

Liu, X., Hairston, J., Schrier, M., & Fan, J. (2011). Common and distinct networks underlying reward valence and processing stages: a meta-analysis of functional neuroimaging studies. *Neuroscience & Biobehavioral Reviews, 35*(5), 1219-1236.

Meyer, A., & Wissemann, K. (2020). Controlling parenting and perfectionism is associated with an increased error-related negativity (ERN) in young adults. *Social Cognitive and Affective Neuroscience, 15*(1), 87-95.

Montes-Rodríguez, C. J., & Urteaga-Urías, E. (2018). Plasticidad sináptica como sustrato de la resiliencia. *Rev. Neurol*, *67*, 453-460.

Neubauer, S., Hublin, J. J., & Gunz, P. (2018). The evolution of modern human brain shape. *Science advances*, *4*(1), eaao5961.

Panksepp, J., Lane, R. D., Solms, M., & Smith, R. (2017). Reconciling cognitive and affective neuroscience perspectives on the brain basis of emotional experience. *Neuroscience & Biobehavioral Reviews*, *76*, 187-215.

Rainville, P., Duncan, G. H., Price, D. D., Carrier, B., & Bushnell, M. C. (1997). Pain affect encoded in human anterior cingulate but not somatosensory cortex. *Science*, *277*(5328), 968-971.

Sagar, S. S., & Stoeber, J. (2009). Perfectionism, fear of failure, and affective responses to success and failure: The central role of fear of experiencing shame and embarrassment. *Journal of Sport and Exercise Psychology*, *31*(5), 602-627.

Shackman, A. J., Salomons, T. V., Slagter, H. A., Fox, A. S., Winter, J. J., & Davidson, R. J. (2011). The integration of negative affect, pain and cognitive control in the cingulate cortex. *Nature Reviews Neuroscience*, *12*(3), 154-167.

Sharot, T. (2012). The optimism bias by Tali Sharot: extract. *The Guardian*. https://www. *Theguardian. Com/science/2012/jan/01/tali-sharot-the-optimism-bias-extract.*

Stahl, J., Acharki, M., Kresimon, M., Völler, F., & Gibbons, H. (2015). Perfect error processing: Perfectionism-related variations in action monitoring and error processing mechanisms. *International Journal of Psychophysiology*, *97*(2), 153-162.

Vohs, K. D., & Heatherton, T. F. (2000). Self-regulatory failure: A resource-depletion approach. *Psychological Science*, *11*(3), 249-254.

LIBROS

Bueno, David, *Cerebroflexia*, Plataforma Editorial, 2016.

Cyrulnik, Boris, *Los patitos feos*, Debolsillo, 2013.

Hanson, Rick, *El cerebro de Buda*, Milrazones, 2011.

Katie, Byron, *Amar lo que es*, Books4pocket, 2009.

Manes, Facundo, *Ser humano,* Planeta, 2020.

Moix, Jenny, *Felicidad flexible*, Aguilar, 2011.

Neff, Kristin, *Sé amable contigo mismo*, Paidós, 2016.

Schulz, Marc y Waldinger, Robert, *Una buena vida*, Planeta, 2023.
Teller, Sara y Ferran Cases, *El cerebro de la gente feliz*, Grijalbo, 2021.

Capítulo 4

Artículos

Adolphs, R. (2003). Cognitive neuroscience of human social behaviour. *Nature Reviews Neuroscience*, *4*(3), 165-178.

Adolphs, R. (2009). The social brain: neural basis of social knowledge. *Annual Review of Psychology*, *60*, 693-716.

Arab, L. E., & Díaz, G. A. (2015). Impacto de las redes sociales e internet en la adolescencia: aspectos positivos y negativos. *Revista Médica Clínica Las Condes*, *26*(1), 7-13.

Baron-Cohen, S., Leslie, A. M., & Frith, U. (1985). Does the autistic child have a "theory of mind"? *Cognition*, *21*(1), 37-46.

Bhanji, J. P., & Delgado, M. R. (2014). The social brain and reward: social information processing in the human striatum. *Wiley Interdisciplinary Reviews: Cognitive Science*, *5*(1), 61-73.

Blakemore, S. J. (2008). The social brain in adolescence. *Nature Reviews Neuroscience*, *9*(4), 267-277.

Calvo-Merino, B., Glaser, D. E., Grèzes, J., Passingham, R. E., & Haggard, P. (2005). Action observation and acquired motor skills: an FMRI study with expert dancers. *Cerebral Cortex*, *15*(8), 1243-1249.

Cheng, H., & Liu, J. (2020). Alterations in Amygdala connectivity in internet Addiction Disorder. *Scientific Reports*, *10*(1), 2370.

Eisenberger, N. I. (2011). The neural basis of social pain: Findings and implications.

Eisenberger, N. I., Lieberman, M. D., & Williams, K. D. (2003). Does rejection hurt? An fMRI study of social exclusion. *Science*, *302*(5643), 290-292.

Frith, C. D. (2007). The social brain? *Philosophical Transactions of the Royal Society B: Biological Sciences*, *362*(1480), 671-678.

Harkness, K. L., Alavi, N., Monroe, S. M., Slavich, G. M., Gotlib, I. H., & Bagby, R. M. (2010). Gender differences in life events prior to onset of major depressive disorder: the moderating effect of age. *Journal of Abnormal Psychology*, *119*(4), 791.

He, Q., Turel, O., & Bechara, A. (2017). Brain anatomy alterations associated with Social Networking Site (SNS) addiction. *Scientific Reports, 7*(1), 1-8.

Kross, E., Egner, T., Ochsner, K., Hirsch, J., & Downey, G. (2007). Neural dynamics of rejection sensitivity. *Journal of Cognitive Neuroscience, 19*(6), 945-956.

Kuss, D. J., & Griffiths, M. D. (2017). Social networking sites and addiction: Ten lessons learned. *International Journal of Environmental Research and Public Health, 14*(3), 311.

Luo, Y., Hawkley, L. C., Waite, L. J., & Cacioppo, J. T. (2012). Loneliness, health, and mortality in old age: A national longitudinal study. *Social Science & Medicine, 74*(6), 907-914.

Meshi, D., Tamir, D. I., & Heekeren, H. R. (2015). The emerging neuroscience of social media. *Trends in Cognitive Sciences, 19*(12), 771-782.

Meyer, M. L., Williams, K. D., & Eisenberger, N. I. (2015). Why social pain can live on: Different neural mechanisms are associated with reliving social and physical pain. *PloS one, 10*(6), e0128294.

Onoda, K., Okamoto, Y., Nakashima, K. I., Nittono, H., Yoshimura, S., Yamawaki, S., ... & Ura, M. (2010). Does low self-esteem enhance social pain? The relationship between trait self-esteem and anterior cingulate cortex activation induced by ostracism. *Social Cognitive and Affective Neuroscience, 5*(4), 385-391.

Sanathara, V. A., Gardner, C. O., Prescott, C. A., & Kendler, K. S. (2003). Interpersonal dependence and major depression: Aetiological inter-relationship and gender differences. *Psychological Medicine, 33*(5), 927-931.

Sherman, L. E., Payton, A. A., Hernandez, L. M., Greenfield, P. M., & Dapretto, M. (2016). The power of the like in adolescence: Effects of peer influence on neural and behavioral responses to social media. *Psychological Science, 27*(7), 1027-1035.

Tamir, D. I., Templeton, E. M., Ward, A. F., & Zaki, J. (2018). Media usage diminishes memory for experiences. *Journal of Experimental Social Psychology, 76*, 161-168.

Turel, O., He, Q., Xue, G., Xiao, L., & Bechara, A. (2014). Examination of neural systems sub-serving Facebook "addiction". *Psychological Reports, 115*(3), 675-695.

Van Overwalle, F., & Baetens, K. (2009). Understanding others' actions and goals by mirror and mentalizing systems: a meta-analysis. *Neuroimage, 48*(3), 564-584.

Vera, V. D. G., & López, C. Q. (2021). La ansiedad y la depresión derivadas del abuso de las redes sociales: un análisis relacional. En *Memorias científicas del II Congreso en Salud Mental Digital* (p. 97).

LIBROS

Harrison, Guy P., *Think before you like*, Prometheus Books, 2017.

Rippon, Gina, *El género y nuestros cerebros: La nueva neurociencia que rompe el mito del cerebro femenino*, Galaxia Gutenberg, 2020.

Teller, Sara y Ferran Cases, *El cerebro de la gente feliz*, Grijalbo, 2021.

Capítulo 5

ARTÍCULOS

Damasio, A. R. (1996). The somatic marker hypothesis and the possible functions of the prefrontal cortex. *Philosophical Transactions of the Royal Society of London. Series B: Biological Sciences, 351*(1346), 1413-1420.

Del Negro, C. A., Funk, G. D., & Feldman, J. L. (2018). Breathing matters. *Nature Reviews Neuroscience, 19*(6), 351-367.

Feinstein, J. S., Buzza, C., Hurlemann, R., Follmer, R. L., Dahdaleh, N. S., Coryell, W. H., ... & Wemmie, J. A. (2013). Fear and panic in humans with bilateral amygdala damage. *Nature Neuroscience, 16*(3), 270-272.

Grippaudo, C., Paolantonio, E. G., Antonini, G., Saulle, R., La Torre, G., & Deli, R. (2016). Association between oral habits, mouth breathing and malocclusion. *Acta Otorhinolaryngologica Italica, 36*(5), 386.

Heck, D. H., Kozma, R., & Kay, L. M. (2019). The rhythm of memory: how breathing shapes memory function. *Journal of Neurophysiology, 122*(2), 563-571.

Herrero, J. L., Khuvis, S., Yeagle, E., Cerf, M., & Mehta, A. D. (2018). Breathing above the brain stem: volitional control and attentional modulation in humans. *Journal of Neurophysiology.*

Jerath, R., & Beveridge, C. (2020). Respiratory rhythm, autonomic modulation, and the spectrum of emotions: the future of emotion recognition and modulation. *Frontiers in Psychology, 11*, 1980.

Kox, M., van Eijk, L. T., Zwaag, J., van den Wildenberg, J., Sweep, F. C., van der Hoeven, J. G., & Pickkers, P. (2014). Voluntary activation of the sympathetic nervous system and attenuation of the innate immune response in humans. *Proceedings of the National Academy of Sciences*, *111*(20), 7379-7384.

Lin, I. M., Tai, L. Y., & Fan, S. Y. (2014). Breathing at a rate of 5.5 breaths per minute with equal inhalation-to-exhalation ratio increases heart rate variability. *International Journal of Psychophysiology*, *91*(3), 206-211.

Mather, M., & Thayer, J. F. (2018). How heart rate variability affects emotion regulation brain networks. *Current opinion in behavioral sciences*, *19*, 98-104.

Nobis, W. P., Schuele, S., Templer, J. W., Zhou, G., Lane, G., Rosenow, J. M., & Zelano, C. (2018). Amygdala-stimulation-induced apnea is attention and nasal-breathing dependent. *Annals of Neurology*, *83*(3), 460-471.

Novaes, M. M., Palhano-Fontes, F., Onias, H., Andrade, K. C., Lobão-Soares, B., Arruda-Sanchez, T., ... & de Araujo, D. B. (2020). Effects of yoga respiratory practice (Bhastrika pranayama) on anxiety, affect, and brain functional connectivity and activity: a randomized controlled trial. *Frontiers in Psychiatry*, *11*, 467.

Pal, G. K., Agarwal, A., Karthik, S., Pal, P., & Nanda, N. (2014). Slow yogic breathing through right and left nostril influences sympathovagal balance, heart rate variability, and cardiovascular risks in young adults. *North American Journal of Medical Sciences*, *6*(3), 145.

Perl, O. (2019). *The Inspirational Brain: Phase-Locking of Human Non-Olfactory Cognition to Sniffing* (Doctoral dissertation, The Weizmann Institute of Science (Israel)).

Raghuraj, P., & Telles, S. (2008). Immediate effect of specific nostril manipulating yoga breathing practices on autonomic and respiratory variables. *Applied Psychophysiology and Biofeedback*, *33*, 65-75.

Saoji, A. A., Raghavendra, B. R., & Manjunath, N. K. (2019). Effects of yogic breath regulation: A narrative review of scientific evidence. *Journal of Ayurveda and Integrative Medicine*, *10*(1), 50-58.

Singh, K., Bhargav, H., & Srinivasan, T. M. (2016). Effect of uninostril yoga breathing on brain hemodynamics: A functional near-infrared spectroscopy study. *International Journal of Yoga*, *9*(1), 12.

Telles, S., Sharma, S. K., & Balkrishna, A. (2014). Blood pressure and heart rate variability during yoga-based alternate nostril breathing practice and breath awareness. *Medical Science Monitor Basic Research*, *20*, 184.

Telles, S., Verma, S., Sharma, S. K., Gupta, R. K., & Balkrishna, A. (2017). Alternate-nostril yoga breathing reduced blood pressure while increasing performance in a vigilance test. *Medical Science Monitor Basic Research*, *23*, 392.

Thayer, J. F., Yamamoto, S. S., & Brosschot, J. F. (2010). The relationship of autonomic imbalance, heart rate variability and cardiovascular disease risk factors. *International Journal of Cardiology*, *141*(2), 122-131.

Yackle, K., Schwarz, L. A., Kam, K., Sorokin, J. M., Huguenard, J. R., Feldman, J. L., ... & Krasnow, M. A. (2017). Breathing control center neurons that promote arousal in mice. *Science*, *355*(6332), 1411-1415.

Zaccaro, A., Piarulli, A., Laurino, M., Garbella, E., Menicucci, D., Neri, B., & Gemignani, A. (2018). How breath-control can change your life: a systematic review on psycho-physiological correlates of slow breathing. *Frontiers in Human Neuroscience*, *12*, 353.

Zelano, C., Jiang, H., Zhou, G., Arora, N., Schuele, S., Rosenow, J., & Gottfried, J. A. (2016). Nasal respiration entrains human limbic oscillations and modulates cognitive function. *Journal of Neuroscience*, *36*(49), 12448-12467.

LIBROS

Castellanos, Nazareth, *El espejo del cerebro*, La Huerta Grande, 2021.

—, *Neurociencia del cuerpo*, Kairós, 2022.

Nestor, James, *Respira*, Planeta, 2021.

Capítulo 6

ARTÍCULOS

Andrews-Hanna, J. R., Reidler, J. S., Sepulcre, J., Poulin, R., & Buckner, R. L. (2010). Functional-anatomic fractionation of the brain's default network. *Neuron*, *65*(4), 550-562.

Bacon, C. J., Myers, T. R., & Karageorghis, C. I. (2012). Effect of music-movement synchrony on exercise oxygen consumption. *Journal of Sports Medicine and Physical Fitness*, *52*(4), 359.

Blood, A. J., & Zatorre, R. J. (2001). Intensely pleasurable responses to music correlate with activity in brain regions implicated in reward and emotion. *Proceedings of the National Academy of Sciences*, *98*(20), 11818-11823.

Bremer, B., Wu, Q., Mora Álvarez, M. G., Hölzel, B. K., Wilhelm, M., Hell, E., ... & Koch, K. (2022). Mindfulness meditation increases default mode, salience, and central executive network connectivity. *Scientific Reports*, *12*(1), 13219.

Brewer, J. A., Worhunsky, P. D., Gray, J. R., Tang, Y. Y., Weber, J., & Kober, H. (2011). Meditation experience is associated with differences in default mode network activity and connectivity. *Proceedings of the National Academy of Sciences*, *108*(50), 20254-20259.

Chiesa, A., Serretti, A., & Jakobsen, J. C. (2013). Mindfulness: Top–down or bottom–up emotion regulation strategy? *Clinical Psychology Review*, *33*(1), 82-96.

Custodio, N., & Cano-Campos, M. (2017). Efectos de la música sobre las funciones cognitivas. *Revista de Neuro-psiquiatría*, *80*(1), 60-69.

Farb, N. A., Segal, Z. V., Mayberg, H., Bean, J., McKeon, D., Fatima, Z., & Anderson, A. K. (2007). Attending to the present: mindfulness meditation reveals distinct neural modes of self-reference. *Social Cognitive and Affective Neuroscience*, *2*(4), 313-322.

Ferreri, L., Mas-Herrero, E., Zatorre, R. J., Ripollés, P., Gomez-Andres, A., Alicart, H., ... & Rodriguez-Fornells, A. (2019). Dopamine modulates the reward experiences elicited by music. *Proceedings of the National Academy of Sciences*, *116*(9), 3793-3798.

Garland, E. L., Hanley, A. W., Hudak, J., Nakamura, Y., & Froeliger, B. (2022). Mindfulness-induced endogenous theta stimulation occasions self-transcendence and inhibits addictive behavior. *Science Advances*, *8*(41), eabo4455.

Jacoby, N., Polak, R., Grahn, J., Cameron, D., Lee, K. M., Godoy, R., ... & McDermott, J. H. (2021). Universality and cross-cultural variation in mental representations of music revealed by global comparison of rhythm priors.

Jauset Berrocal, J. A. (2012). Música y neurociencia: la musicoterapia: sus fundamentos, efectos y aplicaciones terapéuticas. *Música y neurociencia*.

Keulers, E. H., & Jonkman, L. M. (2019). Mind wandering in children: Examining task-unrelated thoughts in computerized tasks and a classroom lesson, and the association with different executive functions. *Journal of Experimental Child Psychology*, *179*, 276-290.

Killingsworth, M. A., & Gilbert, D. T. (2010). A wandering mind is an unhappy mind. *Science*, *330*(6006), 932-932.

Lee, H., & Noppeney, U. (2011). Long-term music training tunes how the brain temporally binds signals from multiple senses. *Proceedings of the National Academy of Sciences*, *108*(51), E1441-E1450.

Lutz, A., Slagter, H. A., Dunne, J. D., & Davidson, R. J. (2008). Attention regulation and monitoring in meditation. *Trends in Cognitive Sciences*, *12*(4), 163-169.

Tang, Y. Y., Hölzel, B. K., & Posner, M. I. (2015). The neuroscience of mindfulness meditation. *Nature reviews neuroscience*, *16*(4), 213-225.

Vuust, P., Heggli, O. A., Friston, K. J., & Kringelbach, M. L. (2022). Music in the brain. *Nature Reviews Neuroscience*, *23*(5), 287-305.

Zhong, W., Ciatipis, M., Wolfenstetter, T., Jessberger, J., Müller, C., Ponsel, S., … & Draguhn, A. (2017). Selective entrainment of gamma subbands by different slow network oscillations. *Proceedings of the National Academy of Sciences*, *114*(17), 4519-4524.

LIBROS

Bar, Moshe, *Divagando*, Kairós, 2022.

Castellanos, Nazareth, *El espejo del cerebro*, La Huerta Grande, 2021.

Faulkner, William, *Las palmeras salvajes*, Edhasa, 2017.

Hanson, Rick, *El cerebro de Buda*, Milrazones, 2011.

Jausset Berrocal, Jordi Àngel, *Cerebro y música, una pareja saludable*, Círculo Rojo, 2013.

Katie, Byron, *Amar lo que es*, Books4pocket, 2009.

Le Van Quyen, Michel, *Cerebro y silencio,* Plataforma, 2019.

Neff, Kristin, *Sé amable contigo mismo*, Paidós, 2016.

Ricard, Matthieu, *Cerebro y meditación*, Kairós, 2018.

Capítulo 7

ARTÍCULOS

Åberg, M. A., Pedersen, N. L., Torén, K., Svartengren, M., Bäckstrand, B., Johnsson, T., … & Kuhn, H. G. (2009). Cardiovascular fitness is associated with cognition in young adulthood. *Proceedings of the National Academy of Sciences, 106*(49), 20906-20911.

Boaventura, P., Jaconiano, S., & Ribeiro, F. (2022). Yoga and Qigong for health: two sides of the same coin? *Behavioral Sciences, 12*(7), 222.

Brenes, G. A., Divers, J., Miller, M. E., Anderson, A., Hargis, G., & Danhauer, S. C. (2020). Comparison of cognitive-behavioral therapy and yoga for the treatment of late-life worry: A randomized preference trial. *Depression and Anxiety, 37*(12), 1194-1207.

Brooks, S. J., Parks, S. M., & Stamoulis, C. (2021). Widespread positive direct and indirect effects of regular physical activity on the developing functional connectome in early adolescence. *Cerebral Cortex, 31*(10), 4840-4852.

Cohen, H., Liu, T., Kozlovsky, N., Kaplan, Z., Zohar, J., & Mathé, A. A. (2012). The neuropeptide Y (NPY)-ergic system is associated with behavioral resilience to stress exposure in an animal model of post-traumatic stress disorder. *Neuropsychopharmacology, 37*(2), 350-363.

Cramer, H., Lauche, R., Anheyer, D., Pilkington, K., de Manincor, M., Dobos, G., & Ward, L. (2018). Yoga for anxiety: A systematic review and meta-analysis of randomized controlled trials. *Depression and Anxiety, 35*(9), 830-843.

Della Gatta, P. A., Garnham, A. P., Peake, J. M., & Cameron-Smith, D. (2014). Effect of exercise training on skeletal muscle cytokine expression in the elderly. *Brain, Behavior, and Immunity, 39*, 80-86.

Desai, R., Tailor, A., & Bhatt, T. (2015). Effects of yoga on brain waves and structural activation: A review. *Complementary Therapies in Clinical practice, 21*(2), 112-118.

Erickson, K. I., Hillman, C. H., & Kramer, A. F. (2015). Physical activity, brain, and cognition. *Current Opinion in Behavioral Sciences, 4*, 27-32.

Erickson, K. I., Voss, M. W., Prakash, R. S., Basak, C., Szabo, A., Chaddock, L., … & Kramer, A. F. (2011). Exercise training increases size of hippocampus and improves memory. *Proceedings of the National Academy of Sciences, 108*(7), 3017-3022.

Gomez-Pinilla, F., Vaynman, S., & Ying, Z. (2008). Brain-derived neurotrophic factor functions as a metabotrophin to mediate the effects of exercise on cognition. *European Journal of Neuroscience, 28*(11), 2278-2287.

Gothe, N. P., Erlenbach, E. D., Streeter, S. L., & Lehovec, L. (2020). Effects of yoga, aerobic, and stretching and toning exercises on cognition in adult cancer survivors: protocol of the STAY Fit pilot randomized controlled trial. *Trials*, *21*(1), 1-9.

Gothe, N. P., Hayes, J. M., Temali, C., & Damoiseaux, J. S. (2018). Differences in brain structure and function among yoga practitioners and controls. *Frontiers in Integrative Neuroscience*, *12*, 26.

Gothe, N. P., Khan, I., Hayes, J., Erlenbach, E., & Damoiseaux, J. S. (2019). Yoga effects on brain health: a systematic review of the current literature. *Brain Plasticity*, *5*(1), 105-122.

Hillman, C. H., Erickson, K. I., & Kramer, A. F. (2008). Be smart, exercise your heart: exercise effects on brain and cognition. *Nature Reviews Neuroscience*, *9*(1), 58-65.

Hillman, C. H., Pontifex, M. B., & Themanson, J. R. (2009). Acute aerobic exercise effects on event-related brain potentials. *Exercise and Cognitive Function*, *8*, 161-178.

Holzgreve, F., Maltry, L., Hänel, J., Schmidt, H., Bader, A., Frei, M., ... & van Mark, A. (2020). The office work and stretch training (Ost) study: an individualized and standardized approach to improve the quality of life in office workers. *International Journal of Environmental Research and Public Health*, *17*(12), 4522.

Jayaram, N., Varambally, S., Behere, R. V., Venkatasubramanian, G., Arasappa, R., Christopher, R., & Gangadhar, B. N. (2013). Effect of yoga therapy on plasma oxytocin and facial emotion recognition deficits in patients of schizophrenia. *Indian Journal of Psychiatry*, *55*(Suppl 3), S409-S413.

Leckie, R. L., Oberlin, L. E., Voss, M. W., Prakash, R. S., Szabo-Reed, A., Chaddock-Heyman, L., ... & Erickson, K. I. (2014). BDNF mediates improvements in executive function following a 1-year exercise intervention. *Frontiers in Human Neuroscience*, *8*, 985.

Lieberman, D. E., Kistner, T. M., Richard, D., Lee, I. M., & Baggish, A. L. (2021). The active grandparent hypothesis: Physical activity and the evolution of extended human healthspans and lifespans. *Proceedings of the National Academy of Sciences*, *118*(50), e2107621118.

Liu, H. W., Kao, H. H., & Wu, C. H. (2019). Exercise training upregulates SIRT1 to attenuate inflammation and metabolic dysfunction in kidney and liver of diabetic db/db mice. *Nutrition & Metabolism*, *16*(1), 1-10.

Liu, Y., Yan, T., Chu, J. M. T., Chen, Y., Dunnett, S., Ho, Y. S., ... & Chang, R. C. C. (2019). The beneficial effects of physical exercise in the brain and related pathophysiological mechanisms in neurodegenerative diseases. *Laboratory Investigation*, *99*(7), 943-957.

Martins, M. J., Constância, M., Neves, D., & Simm, A. (2017). Biomarkers of aging: from cellular senescence to age-associated diseases. *Oxidative Medicine and Cellular Longevity*, *2017*.

Mota-Pereira, J., Silverio, J., Carvalho, S., Ribeiro, J. C., Fonte, D., & Ramos, J. (2011). Moderate exercise improves depression parameters in treatment-resistant patients with major depressive disorder. *Journal of Psychiatric Research*, *45*(8), 1005-1011.

Nummenmaa, L., Glerean, E., Hari, R., & Hietanen, J. K. (2014). Bodily maps of emotions. *Proceedings of the National Academy of Sciences*, *111*(2), 646-651.

Pal, R., Singh, S. N., Chatterjee, A., & Saha, M. (2014). Age-related changes in cardiovascular system, autonomic functions, and levels of BDNF of healthy active males: role of yogic practice. *Age*, *36*, 1-17.

Pascoe, M. C., J de Manincor, M., Hallgren, M., Baldwin, P. A., Tseberja, J., & Parker, A. G. (2021). Psychobiological mechanisms underlying the mental health benefits of yoga-based interventions: A narrative review. *Mindfulness*, 1-13.

Pereira, A. C., Huddleston, D. E., Brickman, A. M., Sosunov, A. A., Hen, R., McKhann, G. M., ... & Small, S. A. (2007). An in vivo correlate of exercise-induced neurogenesis in the adult dentate gyrus. *Proceedings of the National Academy of Sciences*, *104*(13), 5638-5643.

Pindus, D. M., Zwilling, C. E., Jarrett, J. S., Talukdar, T., Schwarb, H., Anderson, E., ... & Hillman, C. H. (2020). Opposing associations between sedentary time and decision-making competence in young adults revealed by functional connectivity in the dorsal attention network. *Scientific Reports*, *10*(1), 13993.

Rapuano, K. M., Laurent, J. S., Hagler Jr., D. J., Hatton, S. N., Thompson, W. K., Jernigan, T. L., ... & Watts, R. (2020). Nucleus accumbens cytoarchitecture predicts weight gain in children. *Proceedings of the National Academy of Sciences*, *117*(43), 26977-26984.

Ronan, L., Alexander-Bloch, A., & Fletcher, P. C. (2020). Childhood obesity, cortical structure, and executive function in healthy children. *Cerebral Cortex*, *30*(4), 2519-2528.

Royo, I. P. Neuroeducación física. La Educación Física al servicio del Aprendizaje y la Salud. *XII Jornades d'Educació Emocional*, 92.

Simon, N. M., Hofmann, S. G., Rosenfield, D., Hoeppner, S. S., Hoge, E. A., Bui, E., & Khalsa, S. B. S. (2021). Efficacy of yoga vs cognitive behavioral therapy vs stress education for the treatment of generalized anxiety disorder: a randomized clinical trial. *JAMA Psychiatry*, *78*(1), 13-20.

Sofi, F., Valecchi, D., Bacci, D., Abbate, R., Gensini, G. F., Casini, A., & Macchi, C. (2011). Physical activity and risk of cognitive decline: a meta-analysis of prospective studies. *Journal of Internal Medicine*, *269*(1), 107-117.

Streeter, C. C., Whitfield, T. H., Owen, L., Rein, T., Karri, S. K., Yakhkind, A., ... & Jensen, J. E. (2010). Effects of yoga versus walking on mood, anxiety, and brain GABA levels: a randomized controlled MRS study. *The journal of Alternative and Complementary Medicine*, *16*(11), 1145-1152.

Trott, M., Jackson, S. E., Firth, J., Jacob, L., Grabovac, I., Mistry, A., ... & Smith, L. (2021). A comparative meta-analysis of the prevalence of exercise addiction in adults with and without indicated eating disorders. *Eating and Weight Disorders-Studies on Anorexia, Bulimia and Obesity*, *26*, 37-46.

Van Praag, H., Fleshner, M., Schwartz, M. W., & Mattson, M. P. (2014). Exercise, energy intake, glucose homeostasis, and the brain. *Journal of Neuroscience*, *34*(46), 15139-15149.

Villemure, C., Čeko, M., Cotton, V. A., & Bushnell, M. C. (2014). Insular cortex mediates increased pain tolerance in yoga practitioners. *Cerebral Cortex*, *24*(10), 2732-2740.

Villemure, C., Čeko, M., Cotton, V. A., & Bushnell, M. C. (2015). Neuroprotective effects of yoga practice: age-, experience-, and frequency-dependent plasticity. *Frontiers in Human Neuroscience*, *9*, 281.

Weinstein, A. M., Voss, M. W., Prakash, R. S., Chaddock, L., Szabo, A., White, S. M., ... & Erickson, K. I. (2012). The association between aerobic fitness and executive function is mediated by prefrontal cortex volume. *Brain, Behavior, and Immunity*, *26*(5), 811-819.

Winter, B., Breitenstein, C., Mooren, F. C., Voelker, K., Fobker, M., Lechtermann, A., ... & Knecht, S. (2007). High impact running improves learning. *Neurobiology of Learning and Memory*, *87*(4), 597-609.

Ying, Z., Roy, R. R., Zhong, H., Zdunowski, S., Edgerton, V. R., & Gomez-Pinilla, F. (2008). BDNF–exercise interactions in the recovery of symmetrical stepping after a cervical hemisection in rats. *Neuroscience*, *155*(4), 1070-1078.

Zhang, X., Zong, B., Zhao, W., & Li, L. (2021). Effects of mind–body exercise on brain structure and function: A systematic review on MRI studies. *Brain Sciences*, *11*(2), 205.

LIBROS

Heisz, Jennifer, *Move the Body, Heal the Mind*, HarperCollins, 2022.

Capítulo 8

ARTÍCULOS

Berridge, K. C., & Kringelbach, M. L. (2015). Pleasure systems in the brain. *Neuron*, *86*(3), 646-664.

Bordoni, A., Danesi, F., Dardevet, D., Dupont, D., Fernandez, A. S., Gille, D., … & Vergères, G. (2017). Dairy products and inflammation: A review of the clinical evidence. *Critical Reviews in Food Science and Nutrition*, *57*(12), 2497-2525.

Borre, Y. E., O'Keeffe, G. W., Clarke, G., Stanton, C., Dinan, T. G., & Cryan, J. F. (2014). Microbiota and neurodevelopmental windows: implications for brain disorders. *Trends in Molecular Medicine*, *20*(9), 509-518.

Brocchi, A., Rebelos, E., Dardano, A., Mantuano, M., & Daniele, G. (2022). Effects of intermittent fasting on brain metabolism. *Nutrients*, *14*(6), 1275.

Chen, X., Gao, X., Qin, J., Wang, C., Xiao, M., Tian, Y., … & Chen, H. (2021). Resting-state functional network connectivity underlying eating disorder symptoms in healthy young adults. *NeuroImage: Clinical*, *30*, 102671.

Galioto, R., Spitznagel, M. B., Strain, G., Devlin, M., Cohen, R., Paul, R., … & Gunstad, J. (2012). Cognitive function in morbidly obese individuals with and without binge eating disorder. *Comprehensive Psychiatry*, *53*(5), 490-495.

Ganley, R. M. (1989). Emotion and eating in obesity: A review of the literature. *International Journal of Eating Disorders*, *8*(3), 343-361.

Godfrey, K. M., Juarascio, A., Manasse, S., Minassian, A., Risbrough, V., & Afari, N. (2019). Heart rate variability and emotion regulation among individuals with obesity and loss of control eating. *Physiology & Behavior*, *199*, 73-78.

Goldin, P. R., McRae, K., Ramel, W., & Gross, J. J. (2008). The neural bases of emotion regulation: reappraisal and suppression of negative emotion. *Biological Psychiatry*, *63*(6), 577-586.

Gómez-Pinilla, F. (2008). Brain foods: the effects of nutrients on brain function. *Nature Reviews Neuroscience*, *9*(7), 568-578.

Gross, J. J. (2002). Emotion regulation: Affective, cognitive, and social consequences. *Psychophysiology*, *39*(3), 281-291.

Gudden, J., Arias Vasquez, A., & Bloemendaal, M. (2021). The effects of intermittent fasting on brain and cognitive function. *Nutrients*, *13*(9), 3166.

Hou, T., Su, W., Duncan, M. J., Olga, V. A., Guo, Z., & Gong, M. C. (2021). Time-restricted feeding protects the blood pressure circadian rhythm in diabetic mice. *Proceedings of the National Academy of Sciences*, *118*(25), e2015873118.

Kaye, W. H., Wagner, A., Fudge, J. L., & Paulus, M. (2011). Neurocircuity of eating disorders. *Behavioral Neurobiology of Eating Disorders*, 37-57.

Kip, E., & Parr-Brownlie, L. C. (2023). Healthy lifestyles and wellbeing reduce neuroinflammation and prevent neurodegenerative and psychiatric disorders. *Frontiers in Neuroscience*, *17*, 1092537.

Leo, E. E. M., & Campos, M. R. S. (2020). Effect of ultra-processed diet on gut microbiota and thus its role in neurodegenerative diseases. *Nutrition*, *71*, 110609.

Longo, V. D., Di Tano, M., Mattson, M. P., & Guidi, N. (2021). Intermittent and periodic fasting, longevity and disease. *Nature aging*, *1*(1), 47-59.

Martin, C. R., Osadchiy, V., Kalani, A., & Mayer, E. A. (2018). The brain-gut-microbiome axis. *Cellular and Molecular Gastroenterology and Hepatology*, *6*(2), 133-148.

Medawar, E., Huhn, S., Villringer, A., & Veronica Witte, A. (2019). The effects of plant-based diets on the body and the brain: a systematic review. *Translational psychiatry*, *9*(1), 226.

Micanti, F., Iasevoli, F., Cucciniello, C., Costabile, R., Loiarro, G., Pecoraro, G., ... & Galletta, D. (2017). The relationship between emotional regulation and eating behaviour: a multidimensional analysis of obesity psychopathology. *Eating and Weight Disorders-Studies on Anorexia, Bulimia and Obesity*, *22*, 105-115.

Mujica-Parodi, L. R., Amgalan, A., Sultan, S. F., Antal, B., Sun, X., Skiena, S., ... & Clarke, K. (2020). Diet modulates brain network stability, a biomarker for brain aging, in young adults. *Proceedings of the National Academy of Sciences*, *117*(11), 6170-6177.

Naghshi, S., Sadeghi, O., Willett, W. C., & Esmaillzadeh, A. (2020). Dietary intake of total, animal, and plant proteins and risk of all cause, cardiovascular, and cancer mortality: systematic review and dose-response meta-analysis of prospective cohort studies. *bmj*, *370*.

Oliver, G., & Wardle, J. (1999). Perceived effects of stress on food choice. *Physiology & Behavior*, *66*(3), 511-515.

Palomino-Pérez, A. M. (2020). Rol de la emoción en la conducta alimentaria. *Revista chilena de nutrición*, *47*(2), 286-291.

Qian, J., Vujovic, N., Nguyen, H., Rahman, N., Heng, S. W., Amira, S., ... & Chellappa, S. L. (2022). Daytime eating prevents mood vulnerability in night work. *Proceedings of the National Academy of Sciences*, *119*(38), e2206348119.

Schmid, O., Padel, S., Halberg, N., Huber, M., Darnhofer, I., Micheloni, C., ... & Cuoco, E. (2009). Strategic Research Agenda for organic food and farming.

Selva, J. M. M., & Navarro, J. P. S. (2021). Regulación emocional y obesidad: un enfoque psicobiológico. *Journal of Behavior and Feeding*, *1*(1), 26-38.

Sherwin, E., Bordenstein, S. R., Quinn, J. L., Dinan, T. G., & Cryan, J. F. (2019). Microbiota and the social brain. *Science*, *366*(6465), eaar2016.

Siep, N., Roefs, A., Roebroeck, A., Havermans, R., Bonte, M., & Jansen, A. (2012). Fighting food temptations: the modulating effects of short-term cognitive reappraisal, suppression and up-regulation on mesocorticolimbic activity related to appetitive motivation. *Neuroimage*, *60*(1), 213-220.

Sokolov, A. N., Pavlova, M. A., Klosterhalfen, S., & Enck, P. (2013). Chocolate and the brain: neurobiological impact of cocoa flavanols on cognition and behavior. *Neuroscience & Biobehavioral Reviews*, *37*(10), 2445-2453.

Spencer, S. J., Korosi, A., Layé, S., Shukitt-Hale, B., & Barrientos, R. M. (2017). Food for thought: how nutrition impacts cognition and emotion. *npj Science of Food*, *1*(1), 7.

Steward, T., Menchon, J. M., Jiménez-Murcia, S., Soriano-Mas, C., & Fernandez-Aranda, F. (2018). Neural network alterations across eating disorders: a narrative review of fMRI studies. *Current neuropharmacology*, *16*(8), 1150-1163.

Strasser, B., Gostner, J. M., & Fuchs, D. (2016). Mood, food, and cognition: role of tryptophan and serotonin. *Current Opinion in Clinical Nutrition & Metabolic Care*, *19*(1), 55-61.

Su, T., Gong, J., Tang, G., Qiu, S., Chen, P., Chen, G., ... & Wang, Y. (2021). Structural and functional brain alterations in anorexia nervosa: a multimodal meta-analysis of neuroimaging studies. *Human Brain Mapping*, *42*(15), 5154-5169.

Tan, H. E., Sisti, A. C., Jin, H., Vignovich, M., Villavicencio, M., Tsang, K. S., ... & Zuker, C. S. (2020). The gut–brain axis mediates sugar preference. *Nature*, *580*(7804), 511-516.

Vainik, U., Dagher, A., Dubé, L., & Fellows, L. K. (2013). Neurobehavioural correlates of body mass index and eating behaviours in adults: a systematic review. *Neuroscience & Biobehavioral Reviews*, *37*(3), 279-299.

Vainik, U., García-García, I., & Dagher, A. (2019). Uncontrolled eating: a unifying heritable trait linked with obesity, overeating, personality and the brain. *European Journal of Neuroscience*, *50*(3), 2430-2445.

Volkow, N. D., Wang, G. J., & Baler, R. D. (2011). Reward, dopamine and the control of food intake: implications for obesity. *Trends in Cognitive Sciences*, *15*(1), 37-46.

Volkow, N. D., Wang, G. J., Telang, F., Fowler, J. S., Goldstein, R. Z., Alia-Klein, N., ... & Pradhan, K. (2009). Inverse association between BMI and prefrontal metabolic activity in healthy adults. *Obesity*, *17*(1), 60-65.

Wagner, A., Aizenstein, H., Venkatraman, V. K., Bischoff-Grethe, A., Fudge, J., May, J. C., ... & Kaye, W. H. (2010). Altered striatal response to reward in bulimia nervosa after recovery. *International Journal of Eating Disorders*, *43*(4), 289-294.

LIBROS

Clerget, Stéphane, *Sobrepeso emocional,* Books4pocket, 2015.

Cryan, John F., Anderson, Scott C. y Dinan, Ted, *La revolución psicobiótica,* RBA Libros, 2020.

Larrea, Beatriz, *Tu cuerpo en llamas,* La Esfera de los Libros, 2022.
Marín, Raquel, *Pon en forma tu cerebro,* Roca Editorial, 2019.

Capítulo 9

ARTÍCULOS

Cartwright, R., Baehr, E., Kirkby, J., Pandi-Perumal, S. R., & Kabat, J. (2003). REM sleep reduction, mood regulation and remission in untreated depression. *Psychiatry Research, 121*(2), 159-167.

Dela Pena, I. J. I., Hong, E., De La Pena, J. B., Kim, H. J., Botanas, C. J., Hong, Y. S., ... & Cheong, J. H. (2015). Milk collected at night induces sedative and anxiolytic-like effects and augments pentobarbital-induced sleeping behavior in mice. *Journal of Medicinal Food, 18*(11), 1255-1261.

Gabriel, B. M., & Zierath, J. R. (2019). Circadian rhythms and exercise —re-setting the clock in metabolic disease. *Nature Reviews Endocrinology, 15*(4), 197-206.

Krause, A. J., Simon, E. B., Mander, B. A., Greer, S. M., Saletin, J. M., Goldstein-Piekarski, A. N., & Walker, M. P. (2017). The sleep-deprived human brain. *Nature Reviews Neuroscience, 18*(7), 404-418.

Kripke, D. F., Garfinkel, L., Wingard, D. L., Klauber, M. R., & Marler, M. R. (2002). Mortality associated with sleep duration and insomnia. *Archives of General Psychiatry, 59*(2), 131-136.

Kripke, D. F., Simons, R. N., Garfinkel, L., & Hammond, E. C. (1979). Short and long sleep and sleeping pills: is increased mortality associated? *Archives of General Psychiatry, 36*(1), 103-116.

Mendoza, L. A., Caballero, S., Ormea, V., Aquino, R., Yaya, E., Portugal, A., ... & Muñoz, A. (2017). Neurociencia del sueño: rol en los procesos de aprendizaje y calidad de vida. *Apuntes de Ciencia & Sociedad, 7*(2).

Nasrini, J., Hermosillo, E., Dinges, D. F., Moore, T. M., Gur, R. C., & Basner, M. (2020). Cognitive performance during confinement and sleep restriction in NASA's Human Exploration Research Analog (HERA). *Frontiers in Physiology, 11*, 394.

Pellegrino, R., Kavakli, I. H., Goel, N., Cardinale, C. J., Dinges, D. F., Kuna, S. T., ... & Pack, A. I. (2014). A novel BHLHE41 variant is associated with short sleep and resistance to sleep deprivation in humans. *Sleep*, *37*(8), 1327-1336.

Stickgold, R. (2005). Sleep-dependent memory consolidation. *Nature*, *437*(7063), 1272-1278.

Velayos, J. L., Moleres, F. J., Irujo, A., Yllanes, D., & Paternain, B. (2007). Anatomical basis of sleep.

Walker, M. P., & Stickgold, R. (2004). Sleep-dependent learning and memory consolidation. *Neuron*, *44*(1), 121-133.

Wolff, C. A., & Esser, K. A. (2019). Exercise timing and circadian rhythms. *Current Opinion in Physiology*, *10*, 64-69.

LIBROS

Estivill, Eduard y Estivill, Carla, *El método Tokei*, Plaza & Janés, 2021.

Marín, Raquel, *Pon en forma tu cerebro*, Roca Editorial, 2019.

Marín, Raquel, *Alimenta el sueño para un cerebro sano*, Roca Editorial, 2022.

Roure, Nuria, *Por fin duermo*, Vergara, 2022.

Sharma, Robin, *El Club de las 5 de la mañana*, Grijalbo, 2018.

Shelley, Mary, *Frankenstein*, Austral, 2015.

Teller, Sara y Ferran Cases, *El cerebro de la gente feliz*, Grijalbo, 2021.

Walker, Matthew, *Por qué dormimos*, Capitan Swing, 2020.

Capítulo 10

ARTÍCULOS

Arias-Carrión, O., Stamelou, M., Murillo-Rodríguez, E., Menéndez-González, M., & Pöppel, E. (2010). Dopaminergic reward system: a short integrative review. *International Archives of Medicine*, *3*(1), 1-6.

Beaty, R. E., Kenett, Y. N., Christensen, A. P., Rosenberg, M. D., Benedek, M., Chen, Q., … & Silvia, P. J. (2018). Robust prediction of individual creative ability from brain functional connectivity. *Proceedings of the National Academy of Sciences*, *115*(5), 1087-1092.

Chen, A. C., Oathes, D. J., Chang, C., Bradley, T., Zhou, Z. W., Williams, L. M., … & Etkin, A. (2013). Causal interactions between fronto-parietal central executive and default-mode networks in humans. *Proceedings of the National Academy of Sciences, 110*(49), 19944-19949.

Dietrich, A. (2006). Transient hypofrontality as a mechanism for the psychological effects of exercise. *Psychiatry Research, 145*(1), 79-83.

Ebrahim, I. O., Shapiro, C. M., Williams, A. J., & Fenwick, P. B. (2013). Alcohol and sleep I: effects on normal sleep. *Alcoholism: Clinical and Experimental Research, 37*(4), 539-549.

Gold, J., & Ciorciari, J. (2020). A review on the role of the neuroscience of flow states in the modern world. *Behavioral Sciences, 10*(9), 137.

Gruber, M. J., Gelman, B. D., & Ranganath, C. (2014). States of curiosity modulate hippocampus-dependent learning via the dopaminergic circuit. *Neuron, 84*(2), 486-496.

Kidd, C., & Hayden, B. Y. (2015). The psychology and neuroscience of curiosity. *Neuron, 88*(3), 449-460.

Konovalov, A., & Krajbich, I. (2018). Neurocomputational dynamics of sequence learning. *Neuron, 98*(6), 1282-1293.

Krop, H. D., Alegre, C. E., & Williams, C. D. (1969). Effect of induced stress on convergent and divergent thinking. *Psychological Reports, 24*(3), 895-898.

Kurniawan, I. T., Guitart-Masip, M., & Dolan, R. J. (2011). Dopamine and effort-based decision making. *Frontiers in Neuroscience*, 81.

Leroy, A., & Cheron, G. (2020). EEG dynamics and neural generators of psychological flow during one tightrope performance. *Scientific Reports, 10*(1), 1-13.

Panksepp, J. (2004). *Affective neuroscience: The Foundations of Human and Animal Emotions.* Oxford University Press.

Partington, S., Partington, E., & Olivier, S. (2009). The dark side of flow: A qualitative study of dependence in big wave surfing. *The Sport Psychologist, 23*(2), 170-185.

Schaefer, S. M., Morozink Boylan, J., Van Reekum, C. M., Lapate, R. C., Norris, C. J., Ryff, C. D., & Davidson, R. J. (2013). Purpose in life predicts better emotional recovery from negative stimuli. *PloS one, 8*(11), e80329.

Schüler, J., & Nakamura, J. (2013). Does flow experience lead to risk? How and for whom. *Applied Psychology: Health and Well-Being, 5*(3), 311-331.

Takano, K., & Tanno, Y. (2009). Self-rumination, self-reflection, and depression: Self-rumination counteracts the adaptive effect of self-reflection. *Behaviour Research and Therapy, 47*(3), 260-264.

Thorson, E., & Lang, A. (1992). The effects of television videographics and lecture familiarity on adult cardiac orienting responses and memory. *Communication Research*, *19*(3), 346-369.
Ulrich, M., Keller, J., & Grön, G. (2016). Neural signatures of experimentally induced flow experiences identified in a typical fMRI block design with BOLD imaging. *Social Cognitive and Affective Neuroscience*, *11*(3), 496-507.
Ulrich, M., Keller, J., Hoenig, K., Waller, C., & Grön, G. (2014). Neural correlates of experimentally induced flow experiences. *Neuroimage*, *86*, 194-202.
Van der Linden, D., Tops, M., & Bakker, A. B. (2021). Go with the flow: A neuroscientific view on being fully engaged. *European Journal of Neuroscience*, *53*(4), 947-963.
Van Der Linden, D., Tops, M., & Bakker, A. B. (2021). The neuroscience of the flow state: involvement of the locus coeruleus norepinephrine system. *Frontiers in Psychology*, *12*, 645498.
Vogel, S., & Schwabe, L. (2016). Learning and memory under stress: implications for the classroom. *npj Science of Learning*, *1*(1), 1-10.

LIBROS

Csíkszentmihályi, Mihály, *Flow*, Kairós, 1997.
De Bono, Edward, *El pensamiento lateral*, Paidós, 2013.
Garcez, Zander, *Humans In Flow,* Mind's Eye Press, 2020.
Gladwell, Malcolm, *Fuera de serie*, Taurus, 2009.
Goleman, Daniel, Kaufman, Paul y Ray, Michael, *El espíritu creativo*, B de Bolsillo, 2018.
Kotler, Steven, *The art of impossible*, Harper Wave, 2021.

Capítulo 11

ARTÍCULOS

Alkire, M. T., Hudetz, A. G., & Tononi, G. (2008). Consciousness and anesthesia. *Science*, *322*(5903), 876-880.
Anderson, M. R., Miller, L., Wickramaratne, P., Svob, C., Odgerel, Z., Zhao, R., & Weissman, M. M. (2017). Genetic correlates of spiritua-

lity/religion and depression: A study in offspring and grandchildren at high and low familial risk for depression. *Spirituality in Clinical Practice*, *4*(1), 43.

Barnby, J. M., Bailey, N. W., Chambers, R., & Fitzgerald, P. B. (2015). How similar are the changes in neural activity resulting from mindfulness practice in contrast to spiritual practice? *Consciousness and Cognition*, *36*, 219-232.

Beauregard, M., & Paquette, V. (2006). Neural correlates of a mystical experience in Carmelite nuns. *Neuroscience letters*, *405*(3), 186-190.

Bor, D., & Seth, A. K. (2012). Consciousness and the prefrontal parietal network: insights from attention, working memory, and chunking. *Frontiers in Psychology*, *3*, 63.

Borg, J., Andrée, B., Soderstrom, H., & Farde, L. (2003). The serotonin system and spiritual experiences. *American Journal of Psychiatry*, *160*(11), 1965-1969.

Crescentini, C., Di Bucchianico, M., Fabbro, F., & Urgesi, C. (2015). Excitatory stimulation of the right inferior parietal cortex lessens implicit religiousness/spirituality. *Neuropsychologia*, *70*, 71-79.

Dehaene-Lambertz, G., Hertz-Pannier, L., Dubois, J., Mériaux, S., Roche, A., Sigman, M., & Dehaene, S. (2006). Functional organization of perisylvian activation during presentation of sentences in preverbal infants. *Proceedings of the National Academy of Sciences*, *103*(38), 14240-14245.

Dennett, D. C. (2005). *Sweet dreams: Philosophical obstacles to a science of consciousness.* MIT press.

Dubois, J., Dehaene-Lambertz, G., Kulikova, S., Poupon, C., Hüppi, P. S., & Hertz-Pannier, L. (2014). The early development of brain white matter: a review of imaging studies in fetuses, newborns and infants. *Neuroscience*, *276*, 48-71.

Dubois, J., Hertz-Pannier, L., Dehaene-Lambertz, G., Cointepas, Y., & Le Bihan, D. (2006). Assessment of the early organization and maturation of infants' cerebral white matter fiber bundles: a feasibility study using quantitative diffusion tensor imaging and tractography. *Neuroimage*, *30*(4), 1121-1132.

Ferguson, M. A., Nielsen, J. A., King, J. B., Dai, L., Giangrasso, D. M., Holman, R., ... & Anderson, J. S. (2018). Reward, salience, and attentional networks are activated by religious experience in devout Mormons. *Social Neuroscience*, *13*(1), 104-116.

Fischer, D. B., Boes, A. D., Demertzi, A., Evrard, H. C., Laureys, S., Edlow, B. L., ... & Geerling, J. C. (2016). A human brain network derived from coma-causing brainstem lesions. *Neurology*, *87*(23), 2427-2434.

Foster, C. (2011). *Wired For God?: The Biology of Spiritual Experience*. Hachette UK.

Gallegos, H. B. (2020). Neurociencia, Espiritualidad y Religión. *Revista De Educación Religiosa*, *2*(1), 103-130.

García Castro, J. (2019). Nuevas teorías sobre la consciencia. *Eneurobiología*, *10*(24).

Grafman, J., Cristofori, I., Zhong, W., & Bulbulia, J. (2020). The neural basis of religious cognition. *Current Directions in Psychological Science*, *29*(2), 126-133.

Greenfield, B. L., Hallgren, K. A., Venner, K. L., Hagler, K. J., Simmons, J. D., Sheche, J. N., ... & Lupee, D. (2015). Cultural adaptation, psychometric properties, and outcomes of the Native American Spirituality Scale. *Psychological Services*, *12*(2), 123.

Grigorenko, E. L. (2011). Closeness of all kinds: The role of oxytocin and vasopressin in the physiology of spiritual and religious behavior. *Thriving and Spirituality Among Youth: Research perspectives and future possibilities*, 33-60.

Johnstone, B., Bodling, A., Cohen, D., Christ, S. E., & Wegrzyn, A. (2012). Right parietal lobe-related "selflessness" as the neuropsychological basis of spiritual transcendence. *International Journal for the Psychology of Religion*, *22*(4), 267-284.

Lau, H., & Rosenthal, D. (2011). Empirical support for higher-order theories of conscious awareness. *Trends in Cognitive Sciences*, *15*(8), 365-373.

Lou, H. C., Changeux, J. P., & Rosenstand, A. (2017). Towards a cognitive neuroscience of self-awareness. *Neuroscience & Biobehavioral Reviews*, *83*, 765-773.

McNamara Barry, C., Nelson, L., Davarya, S., & Urry, S. (2010). Religiosity and spirituality during the transition to adulthood. *International Journal of Behavioral Development*, *34*(4), 311-324.

Miller, L., Balodis, I. M., McClintock, C. H., Xu, J., Lacadie, C. M., Sinha, R., & Potenza, M. N. (2019). Neural correlates of personalized spiritual experiences. *Cerebral Cortex*, *29*(6), 2331-2338.

Newberg, A. B. (2014). The neuroscientific study of spiritual practices. *Frontiers in Psychology*, 215.

Owen, A. M. (2013). Detecting consciousness: a unique role for neuroimaging. *Annual Review of Psychology*, *64*, 109-133.
Persinger, M. A., Saroka, K. S., Koren, S. A., & St-Pierre, L. S. (2010). The electromagnetic induction of mystical and altered states within the laboratory. *Journal of Consciousness Exploration & Research*, *1*(7), 808-830.
Schjødt, U., Stødkilde-Jørgensen, H., Geertz, A. W., & Roepstorff, A. (2008). Rewarding prayers. *Neuroscience Letters*, *443*(3), 165-168.
Seth, A. K., & Bayne, T. (2022). Theories of consciousness. *Nature Reviews Neuroscience*, *23*(7), 439-452.
Storm, J. F., Boly, M., Casali, A. G., Massimini, M., Olcese, U., Pennartz, C. M., & Wilke, M. (2017). Consciousness regained: disentangling mechanisms, brain systems, and behavioral responses. *Journal of Neuroscience*, *37*(45), 10882-10893.
Stuart, H. (1998). Quantum computation in brain microtubules? The Penrose–Hameroff 'Orch OR 'model of consciousness. *Philosophical Transactions of the Royal Society of London. Series A: Mathematical, Physical and Engineering Sciences*, *356*(1743), 1869-1896.
Tenke, C. E., Kayser, J., Svob, C., Miller, L., Alvarenga, J. E., Abraham, K., ... & Bruder, G. E. (2017). Association of posterior EEG alpha with prioritization of religion or spirituality: a replication and extension at 20-year follow-up. *Biological Psychology*, *124*, 79-86.
Toker, D., Müller, E., Miyamoto, H., Riga, M. S., Lladó-Pelfort, L., Yamakawa, K., ... & Monti, M. (2023). Criticality supports cross-frequency cortical-thalamic information transfer during conscious states.
Yaden, D. B., Iwry, J., & Newberg, A. B. (2016). Neuroscience and religion: Surveying the field. *Religion: Mental Religion: Part of the Macmillan Interdisciplinary Handbooks: Religion Series*, 277-299.

LIBROS

Bauby, Jean-Dominique, *La escafandra y la mariposa*, Emecé Editores, 2008.
Campillo Álvarez, José Enrique, *La consciencia humana*, Arpa Editores, 2021.
Damasio, Antonio, *El extraño orden de las cosas,* Planeta, 2020.
—, *Sentir y saber*, Destino, 2021.
Dehaene, Stanislas, *La conciencia en el cerebro,* Siglo XXI, 2015.

Eger, Edith, *La bailarina de Auschwitz*, Planeta, 2018.
Rubia, Francisco J., *El cerebro espiritual*, Fragmenta, 2015.
Sacks, Oliver, *Despertares*, Anagrama, 2010.
—, *El hombre que confundió a su mujer con un sombrero*, Anagrama, 2008.
Seth, Anil, *La creación de yo,* Sexto piso, 2023.
Siegel, Daniel J., *Consciente*, Paidós, 2020.